Grażyna Werner

Übungsbuch Polnisch

Grażyna Werner

Übungsbuch Polnisch

Grammatik- und Wortschatzübungen

Sprachniveau A1–B1

Layout und Satz: Diana Becker

3., unveränd. Auflage 2016

Printed in Germany
ISBN: 978-3-941323-06-3

Inhaltsübersicht

Vorbemerkung

Dieses Buch ist für Polnischlernende geeignet, die ihre Kenntnisse auffrischen, erweitern oder testen wollen. Es kann sowohl als Ergänzung zu einem Lehrwerk als auch als eigenständiges Übungsmaterial in Kursen und im Selbststudium verwendet werden.

Die vorliegende 2. Auflage wurde gegenüber der Vorgängerversion vollständig neu bearbeitet und beträchtlich erweitert.

Der Schwerpunkt des Buches liegt auf Übungen zum Sprachniveau A2 des Europäischen Referenzrahmens. Schwierigere Übungen (d. h. solche, deren Anforderungen über dieses Niveau hinausgehen) sind mit einem + versehen.

Die zehn Module des *Übungsbuches Polnisch* sind ähnlich aufgebaut:
1. einführende Redemittel
2. Musterdialoge zum Lesen (im Gruppenunterricht können sie auch nachgespielt und variiert werden)
3. Lückendialoge mit Vorgaben
4. Übungen zu Grammatik, Lexik und Leseverstehen mit ergänzenden Informationen zu ausgewählten Schwerpunkten als Hilfestellung für die erfolgreiche Durchführung der Übungen.

Alle Übungen tragen einen geschlossenen Charakter, das heißt, es gibt immer nur *eine* Lösung oder aber die Anzahl der möglichen Lösungen ist begrenzt. Am Ende des Buches sind die Lösungen der Übungen zusammengestellt, so dass jeder Lernende seine Leistungen selbst überprüfen kann.

Wir wünschen Ihnen viel Spaß und Erfolg bei der Arbeit mit diesem Buch und beim Verbessern Ihrer Polnischkenntnisse.

Autorin und Verlag

Kto to jest?

Wer ist das?

Begrüßung und Verabschiedung (formell)

Dzień dobry!	Guten Morgen!/Guten Tag!
Dobry wieczór!	Guten Abend!
Do widzenia!	Auf Wiedersehen!
Dobranoc!	Gute Nacht!
Do usłyszenia!	Auf Wiederhören!

Dialog 1

Andrzej Karwacki: Dzień dobry. Moje nazwisko Karwacki.
Teresa Marczak: Dzień dobry. Marczak, Teresa Marczak.
Andrzej Karwacki: Przepraszam, a gdzie jest dyrektor Kamiński?
Teresa Marczak: Przykro mi, dyrektor Kamiński jest chory. Jestem jego asystentką.
Andrzej Karwacki: Wobec tego zna pani sprawę?
Teresa Marczak: Oczywiście. Proszę usiąść. Tutaj jest dokumentacja.
Andrzej Karwacki: Bardzo pani dziękuję.

Dialog 2

Recepcjonistka: Przychodnia dentystyczna, dzień dobry.
Florian Kowalski: Dzień dobry. Czy doktor Maciejewski dzisiaj przyjmuje?
Recepcjonistka: Tak, proszę pana. Po południu.
Florian Kowalski: To poproszę o numerek.
Recepcjonistka: Przepraszam, a jak się pan nazywa?
Florian Kowalski: Kowalski.
Recepcjonistka: A pańskie imię?
Florian Kowalski: Florian.
Recepcjonistka: Ulica Mickiewicza osiem?
Florian Kowalski: Zgadza się.
Recepcjonistka: Ma pan numer siedem.
Florian Kowalski: Dziękuję bardzo. Do usłyszenia!

Begrüßung und Verabschiedung, informell

Cześć!/Serwus! Hallo!/Tschüss!

Dialog 3

Robert: Cześć Marek!
Marek: Serwus, Robert!
Robert: Poznajcie się: to jest moja żona, a to mój kolega, Marek Bielecki.
Iwona: Dzień dobry. Iwona Tomczyk.
Marek: Bardzo mi miło. Marek Bielecki.

Dialog 4

Alicja: Cześć Lucyna!
Lucyna: Cześć Alicja! Co słychać?
Alicja: Wszystko w porządku. Może wpadniesz jutro do mnie na kawę?
Lucyna: Chętnie.
Alicja: Nie gniewaj się, ale nie mam czasu, jestem umówiona w banku.
Lucyna: W takim razie do jutra.
Alicja: Cześć, do jutra!

1 Ergänzen Sie die Dialoge unter Verwendung der genannten Wörter.
Proszę uzupełnić dialogi używając podanych słów.

A. numer • imię • zarezerwowany • dobry • pana • klucz

Janusz Gorecki: .... wieczór.
Recepcjonistka: Dobry wieczór. Słucham ....
Janusz Gorecki: Mam .... pokój na nazwisko Gorecki.
Recepcjonistka: Chwileczkę … Zbigniew Górecki?
Janusz Gorecki: Nie, Gorecki. A na .... mam Janusz.
Recepcjonistka: Bardzo przepraszam. Pan Gorecki. Pokój ....osiem.
Proszę, oto .... dla pana.
Janusz Gorecki: Bardzo dziękuję.

B. jest • proszę • nazwisko • dobry • doktor

Rafał Pawełczyk: Dzień .... Czy profesor Niewiadomski jest u siebie?
Sekretarka: Profesor .... zajęty. Pańskie ....?
Rafał Pawełczyk: Pawełczyk. .... Rafał Pawełczyk.
Sekretarka: Ach, to pan! .... usiąść. Już dzwonię do profesora.

C. cześć • żona • jest • mi • wieczór • moja

Jurek: ...., Stefan!
Stefan: Serwus, Jurek! Sam jesteś?
Jurek: Tak, ... żona ma dzisiaj konferencję.
Stefan: Poznajcie się: to .... mój brat Michał, a to jego .... Bożena.
Jurek: Dobry .... Bardzo .... miło.

D. siostra • miło • jestem • Ewa • moja • cześć

Hania: Cześć, ...!
Ewa: Cześć, Hanka!
Hania: Poznajcie się: moja .... Beata, a to – .... koleżanka, Ewa.
Ewa: ...., Beata. .... Ewa.
Beata: Cześć. .... mi.

Die Verben „być" (sein) und „mieć" (haben)

być		**mieć**	
ja	jestem	ja	mam
ty	jesteś	ty	masz
on, ona, ono	jest	on, ona, ono	ma
Pan, Pani	jest	Pan, Pani	ma
my	jesteśmy	my	mamy
wy	jesteście	wy	macie
oni, one	są	oni, one	mają
Państwo	są	Państwo	mają
Panowie, Panie	są	Panowie, Panie	mają

2 Suchen Sie rechts die richtige Übersetzung der links stehenden Sätze.
Proszę znaleźć po prawej stronie tłumaczenia zdań ze strony lewej.

A.
1. Marcin jest chory.
2. Jestem Irena Nowakowska.
3. Czy pan jest chory?
4. Irena Nowakowska jest w domu.
5. Jesteśmy na urlopie.
6. Dzieci są chore.
7. To jest mój brat.
8. Skąd jesteście?
9. Skąd państwo są?

a. Irena Nowakowska ist zu Hause.
b. Das ist mein Bruder.
c. Die Kinder sind krank.
d. Woher seid ihr?
e. Ich bin Irena Nowakowska.
f. Marcin ist krank.
g. Woher sind Sie?
h. Wir sind im Urlaub.
i. Sind Sie krank?

B.

1. We wtorek mam konferencję.
2. Czy masz jakiś problem?
3. Mój brat ma nowy samochód.
4. Czy ma pan adres mailowy?
5. W czwartek mamy zebranie.
6. Czy macie samochód?
7. Dzieci mają wakacje.
8. W maju mam urlop.
9. Czy państwo mają mój adres?
10. Mamy jeszcze dwa wolne pokoje.

a. Mein Bruder hat ein neues Auto.
b. Habt ihr ein Auto?
c. Haben Sie eine E-Mail-Adresse?
d. Am Dienstag habe ich eine Konferenz.
e. Haben Sie meine Anschrift?
f. Die Kinder haben Ferien.
g. Wir haben noch zwei freie Zimmer.
h. Im Mai habe ich Urlaub.
i. Am Donnerstag haben wir eine Versammlung.
j. Hast du ein Problem?

3 Übersetzen Sie ins Deutsche.
Proszę przetłumaczyć na niemiecki.

1. To jest mój adres mailowy. ....
2. Czy macie samochód? ....
3. Pokój numer osiem jest wolny. ....
4. Julia jest zajęta. ....
5. Nie mam czasu. ....
6. Moja siostra ma na imię Dorota. ....
7. Moja koleżanka ma problem. ....
8. Czy masz mój adres? ....
9. Agata i Magda są chore. ....
10. Samochód jest w garażu. ....

4 Übersetzen Sie ins Polnische.
Proszę przetłumaczyć na polski.

1. Anna hat Urlaub im Mai. ....
2. Das ist mein Kollege, Jacek Grochalski. ....
3. Die Sekretärin ist im Urlaub. ....
4. Ich habe ein Problem. ....
5. Der Vorname meines Bruders ist Daniel. ....
6. Verzeihung, wie heißen Sie? ....
7. Wo sind die Kinder? ....
8. Professor Tomkowiak hat eine Konferenz. ....

5 Ergänzen Sie die Lücken mit den passenden Formen des Verbs *być*.
Proszę uzupełnić luki odpowiednimi formami czasownika *być*.

A. Piotr Nowicki: Dzień dobry. .... umówiony z profesorem Majewskim.
Sekretarka: Dzień dobry panu. Profesor .... w swoim gabinecie.

B. Eliza: Popatrz, to .... moja rodzina: to .... mój brat Tomek, a to moja siostra Gabriela.
Joanna: A to .... twoi rodzice, prawda?
Eliza: Tak, to mama i tato.
Joanna: A gdzie ty ....?
Eliza: Ja robiłam zdjęcie. Ale .... na innym, tutaj. A to .... moja babcia.

C.

Kochana Haniu,
(my) .... na urlopie na Mazurach. Pogoda .... wspaniała. *(ja)* Już .... trochę opalona. Dzieci .... zachwycone, kąpią się w jeziorze i biegają po lesie.
Mamy nadzieję, że Wy też .... zadowoleni z Waszego urlopu w Grecji.
Moc pozdrowień
Agnieszka, Janusz, Kasia i Franio.

6 Ergänzen Sie die Lücken mit den passenden Formen des Verbs *mieć*.
Proszę uzupełnić luki odpowiednimi formami czasownika *mieć*.

A. Zbyszek: Cześć Marcin! Czy .... czas?
Marcin: Tak, ... A o co chodzi?
Zbyszek: .... problem. Możesz mi pomóc?
Marcin: No jasne!

B. Karol: Dobry wieczór. Szukam noclegu.
Recepcjonistka: Dobry wieczór. Czy .... pan rezerwację?
Karol: Niestety nie .... Może pani .... jeszcze jakiś wolny pokój?
Recepcjonistka: Chyba jeszcze coś *(my)* .... Momencik, już sprawdzam w komputerze. Tak, *(ja)* .... dla pana pokój. Proszę, tu jest klucz.
Karol: Jaki to pokój?
Recepcjonistka: Jednoosobowy z prysznicem i toaletą. W pokoju .... pan telefon oraz telewizor.

C. Larysa: Czy *(wy)* .... jakieś plany na wieczór?
Alice: Jeszcze nie. A ty?
Larysa: Ja .... ochotę na spacer po Starym Mieście.
Alice: To niezły pomysł. Gilbert, co ty na to?
Gilbert: Nie wiem, ja .... ochotę na lody.
Larysa: Wiesz, na rynku Starego Miasta są bardzo dobre lody.
Gilbert: To chyba *(my)* .... powód, żeby tam pojechać.

Der Genus der Substantive

Die polnische Sprache kennt drei Geschlechter der Substantive im Singular (männlich, weiblich, sächlich) sowie zwei im Plural (Personalform, Sachform).

Singular

Männlich (maskulin) sind fast alle Substantive mit konsonantischem Auslaut (außer auf -um): profesor • komputer • urlop • uniwersytet • maj • problem • pokój • hotel …
außerdem einige Substantive mit der Endung -a: kolega • poeta • dentysta • dyplomata • ortopeda • artysta … sowie album • kostium
Das Personalpronomen lautet **on**.

Weiblich (feminin) sind vor allem Substantive mit der Endung -a: konferencja • siostra • kawa • sekretarka • asystentka • ulica • biblioteka …
außerdem einige Substantive auf -i: pani • dozorczyni (Hausmeisterin, Concierge) • gospodyni (Wirtin) …
und eine Reihe von konsonantisch auslautenden Substantiven: mysz (Maus) • miłość (Liebe) • kradzież (Diebstahl) • marchew (Möhre) …
Das Personalpronomen lautet **ona**.

Sächlich (neutral) sind Substantive mit den Endungen -o, -e, -ę, -i, -um:
dziecko • radio • zdanie • słowo • imię • kino • kiwi • muzeum • gimnazjum • akwarium ...
Das Personalpronomen lautet **ono**.

Plural

Personalform (PF) gilt für alle Substantive, die männliche Personen bezeichnen: panowie • profesorowie • koledzy • dentyści …
Das Personalpronomen lautet **oni**.

Sachform (SF) bezieht sich auf alle anderen Substantive: panie • siostry • myszy • dzieci • radia • pokoje • numery • banki …
Das Personalpronomen lautet **one**.

7 Geben Sie das grammatische Geschlecht der folgenden Substantive an.
Markieren Sie: m = maskulin, f = feminin, n = neutral.
Proszę pogrupować rzeczowniki według ich rodzaju w liczbie pojedynczej.

☐ automat	☐ akwarium	☐ banan	☐ dom	☐ dziecko
☐ autobus	☐ astronom	☐ biuro	☐ dach	☐ deser
☐ antybiotyk	☐ ananas	☐ cytryna	☐ dyrektor	☐ dyktando
☐ autorka	☐ biblioteka	☐ cukier	☐ dama	☐ drogeria
☐ apteka	☐ bank	☐ cukinia	☐ dramat	☐ ekonomia

☐ fabryka ☐ jogurt ☐ mleko ☐ pasta ☐ telewizja
☐ fizyk ☐ kawa ☐ moda ☐ piwo ☐ telewizor
☐ fizyka ☐ kakao ☐ metro ☐ radio ☐ telefon
☐ film ☐ kino ☐ minister ☐ rum ☐ temat
☐ firma ☐ karta ☐ mango ☐ recepta ☐ ulica
☐ geografia ☐ kontroler ☐ mama ☐ recepcja ☐ uniwersytet
☐ gimnastyka ☐ kilometr ☐ numer ☐ recepcjonistka ☐ wino
☐ gulasz ☐ konferencja ☐ optyk ☐ studentka ☐ waga
☐ historia ☐ lektura ☐ operacja ☐ sport ☐ wagon
☐ higiena ☐ lekcja ☐ pan ☐ system ☐ wariant
☐ hotel ☐ literat ☐ pantera ☐ sałata ☐ zupa
☐ herbata ☐ lew ☐ program ☐ samochód
☐ imię ☐ lawenda ☐ problem ☐ termin
☐ instytut ☐ litr ☐ pingwin ☐ teatr

8 Personal- oder Sachform? Markieren Sie: P = Personalform, S = Sachform.
Rodzaj męskoosobowy czy niemęskoosobowy? Proszę uporządkować te rzeczowniki.

A. ☐ autobusy ☐ chirurdzy ☐ komputery ☐ panie ☐ uniwersytety
☐ banki ☐ dentyści ☐ krawaty ☐ panowie ☐ wagony
☐ bankierzy ☐ dyrektorzy ☐ koledzy ☐ profesorowie
☐ automaty ☐ dzieci ☐ kostiumy ☐ poeci
☐ asystentki ☐ domy ☐ liczby ☐ studentki
☐ banany ☐ hotele ☐ muzea ☐ studenci

B. Diese Substantive gibt es nur im Plural.
Te rzeczowniki występują tylko w liczbie mnogiej.

☐ drzwi (Tür) ☐ pieniądze (Geld) ☐ usta (Mund)
☐ nożyczki (Schere) ☐ spodnie (Hose) ☐ okulary (Brille)

9 Tragen Sie das passende Pronomen ein. *(on – ona – ono – oni – one)*
Proszę wpisać odpowiedni zaimek. *(on – ona – ono – oni – one)*

1. To są moi bracia. .... są bliźniakami.
2. To jest pani Iwicka. .... jest sekretarką.
3. Lidia jest moją kuzynką. .... studiuje chemię.
4. Nasz szef jest chory. .... ma grypę.
5. Larysa i Michaela są studentkami. .... uczą się polskiego.
6. Dziecko jest zajęte. .... ogląda film.
7. Czy znasz ten film? .... jest bardzo interesujący.
8. To jest moje gimnazjum. .... jest bardzo dobre.
9. Bogdan ma dwie siostry. .... chodzą do liceum.
10. Andrzej i Dorota mieszkają w Krakowie. .... pracują w banku.
11. Mam komputer. Ale .... jest zepsuty.

Das Adjektiv

Das Adjektiv wird in polnischen Wörterbüchern immer in der Grundform (maskulin Singular) angegeben. Im Kontext stimmt es aber mit dem dazugehörigen Substantiv in Geschlecht, Zahl und Deklinationsfall überein. Einige Beispiele:

Singular			**Plural**	
mask.	**fem.**	**neutr.**	**PF**	**SF**
dobry film	dobra muzyka	dobre liceum	dobrzy ludzie	dobre siostry
stary dom	stara willa	stare radio	starzy ludzie	stare meble

10 Ergänzen Sie die Tabelle.
Proszę uzupełnić tabelę.

nowy	nowy	komputer	nowa	komedia	nowe	lotnisko
mały	....	mikroskop	....	apteka	....	mieszkanie
dobry	....	urlop	....	sekretarka	....	gimnazjum
stary	....	dom	....	historia	....	auto
krótki	....	film	....	anekdota	....	zdanie
długi	....	film	....	droga	....	dyktando
polski	....	język	....	gramatyka	....	miasto
niemiecki	....	literat	....	muzyka	....	słowo
francuski	....	ser	....	moda	....	wino
kolorowy	....	plakat	....	telewizja	....	zdjęcie
intensywny	....	kurs	....	nauka	....	szkolenie
czerwony	....	autobus	....	walizka	....	wino

11 Setzen Sie das Adjektiv in der richtigen Form ein.
Proszę wstawić przymiotnik we właściwej formie.

1. dobry: Ten bigos jest bardzo ....
2. interesujący: To naprawdę .... historia.
3. japoński: To jest .... samochód.
4. nowy: Moja .... koleżanka ma na imię Hania.
5. francuski: .... kuchnia jest wspaniała.
6. mały: Moje dziecko jest jeszcze ....
7. słoneczny: Ten taras jest ....
8. intensywny: To jest kurs ....
9. luksusowy: W centrum jest .... hotel.
10. komórkowy: Telefon .... jest bardzo praktyczny.
11. polski: Żubrówka to .... wódka.
12. trudny: To jest .... słowo.

12 Suchen Sie zu jedem Adjektiv ein passendes Substantiv.
Proszę znaleźć dla każdego przymiotnika pasujący rzeczownik.

1. nowy	a. książka
2. polski	b. lotnisko
3. niemiecki	c. bigos
4. brazylijska	d. komputer
5. stara	e. kawa
6. duże	f. piwo
7. dobre	g. kanclerz

13 Ergänzen Sie die Tabelle.
Proszę uzupełnić tabelę.

nowy	nowi	koledzy	nowe	koleżanki
zagraniczny	....	goście	....	listy
smutny	....	ludzie	....	historie
ciekawy	....	ludzie	....	filmy
prawdziwy	....	przyjaciele	....	historie
zdolny	....	uczniowie	....	dzieci
znany	....	aktorzy	....	historie
zdrowy	....	rodzice	....	dzieci
surowy	....	nauczyciele	....	owoce
inteligentny	....	uczniowie	....	uczennice
sprawiedliwy	....	sędziowie	....	oceny
spokojny	....	chłopcy	....	dzieci
zdenerwowany	....	klienci	....	studentki
silny	....	mężczyźni	....	lekarstwa
romantyczny	....	poeci	....	filmy
dobry	dobrzy	fachowcy	dobre	koleżanki
chory	....	studenci	....	dzieci
polski	polscy	specjaliści	polskie	książki
niemiecki	....	aktorzy	....	miasta
amerykański	....	sportowcy	....	studentki
holenderski	....	malarze	....	pomidory
japoński	....	turyści	....	miasta

14 Ordnen Sie den Substantiven die richtigen Adjektivformen zu.
Proszę dopasować do rzeczowników właściwe formy przymiotników.

1. zły • zła • złe
   źli • złe
   a. .... koledzy c. .... pies
   b. .... rezultaty d. .... diagnoza

2. miły • miła
   miłe • mili • miłe
   a. .... sąsiad c. .... dziecko
   b. .... ludzie d. .... niespodzianka

3. wesoły • wesoła wesołe • weseli • wesołe
   a. ....dzieci
   b. ....dziecko
   c. ....studenci
   d. ....historia

4. dorosły • dorosła dorosłe • dorośli dorosłe
   a. ....syn
   b. ....synowie
   c. ....córki
   d. ....osoba

5. wspaniały • wspaniała wspaniałe • wspaniali wspaniałe
   a. ....lekarz
   b. ....zabawa
   c. ....wakacje
   d. ....rodzice

6. szczupły • szczupła szczupłe • szczupli szczupłe
   a. ....kobieta
   b. ....studentki
   c. ....ludzie
   d. ....dziecko

7. blady • blada • blade bladzi • blade
   a. ....pacjent
   b. ....dziecko
   c. ....synowie
   d. ....twarz

8. chudy • chuda • chude chudzi • chude
   a. ....lata
   b. ....uczniowie
   c. ....ser
   d. ....szynka

9. pracowity • pracowita pracowite • pracowici pracowite
   a. ....pszczoły
   b. ....dzień
   c. ....uczennica
   d. ....studenci

10. głupi • głupia • głupie głupi • głupie
   a. ....dowcip
   b. ....gęś
   c. ....ludzie
   d. ....zabawy

Der Possessivbegleiter

ja	mój komputer	moja biblioteka	moje radio	moi koledzy	moje karty
ty	twój komputer	twoja biblioteka	twoje radio	twoi koledzy	twoje karty
on	jego komputer	jego biblioteka	jego radio	jego koledzy	jego karty
ona	jej komputer	jej biblioteka	jej radio	jej koledzy	jej karty
ono	jego komputer	jego biblioteka	jego radio	jego koledzy	jego karty
my	nasz komputer	nasza biblioteka	nasze radio	nasi koledzy	nasze karty
wy	wasz komputer	wasza biblioteka	wasze radio	wasi koledzy	wasze karty
oni	ich komputer	ich biblioteka	ich radio	ich koledzy	ich karty
one	ich komputer	ich biblioteka	ich radio	ich koledzy	ich karty

15 Verwenden Sie den passenden Possessivbegleiter.
Proszę użyć odpowiedniego zaimka dzierżawczego.

0. ja i mój brat
1. ja i .... samochód
2. ty i .... asystentka
3. Ewa i .... kolega
4. Piotr i .... komputer
5. my i .... dziecko
6. ja i .... dzieci
7. dziecko i .... mama
8. oni i .... koledzy
9. wy i .... szef
10. one i .... profesor
11. wy i .... mama
12. Alicja i .... problem
13. my i .... dyrektor
14. oni i .... dom
15. ty i .... koledzy
16. dziecko i .... spodnie
17. dziecko i .... akwarium
18. one i .... bilety
19. Stefan i .... synowie
20. Beata i .... biuro
21. ja i .... deser
22. Marta i .... kamera
23. my i .... konferencja

16 Ergänzen Sie die Texte mit den passenden Possessivbegleitern.
Proszę uzupełnić teksty używając odpowienich zaimków dzierżawczych.

A. Ja jestem Dorota Tomaszewska. A to jest .... rodzina: .... mama, ... ojciec, ... brat Karol i .... siostra Iwona. .... brat jest żonaty. .... żona ma na imię Agnieszka. Karol i Agnieszka mają synka. .... synek ma na imię Adrian.

B. Nazywam się Krzysztof Jaworski. Jestem informatykiem, pracuję w biurze. .... praca jest interesująca. .... koleżanki i .... koledzy są bardzo sympatyczni, ale ....* szef jest cholerykiem.

* zwei Lösungsmöglichkeiten: mein/unser

C. Cześć! To jest .... brat Tomek, a to ja, Amelka. Mieszkamy na parterze. ....* mama pracuje jako stewardesa, a .... tato jest nauczycielem. A to są .... koledzy: Hubert, Mirek i Jacek. I .... koleżanki: Irmina i Karolina. A to jest pies Irminy. .... pies wabi się Reks.

* außer im ersten und letzten Satz: unsere/unser

17+ Betrachten Sie den Stammbaum und ergänzen Sie danach die Tabelle.
Proszę obejrzeć drzewo genealogiczne, następnie uzupełnić tabelę.

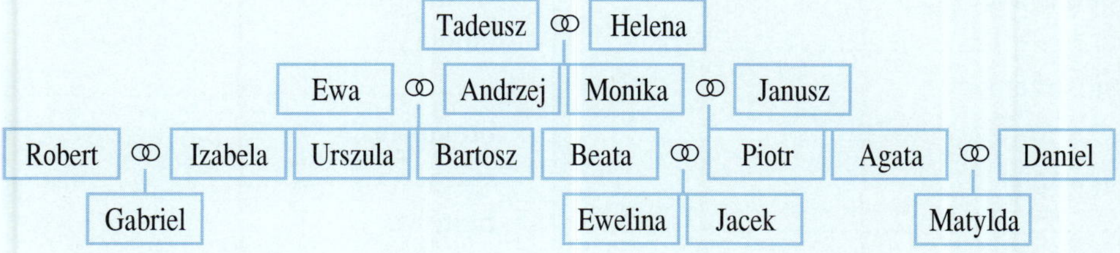

Tadeusz: Andrzej to mój syn. Bartosz to mój wnuk.
Helena: Matylda to moja prawnuczka. Tadeusz to mój mąż. Jacek to mój prawnuk.
Ewa: Monika to moja szwagierka. Izabela to moja córka.
Andrzej: Robert to mój zięć. Janusz to mój szwagier.
Monika: Bartosz to mój bratanek. Matylda to moja wnuczka. Beata to moja synowa.
Janusz: Helena to moja teściowa. Monika to moja żona.
Izabela: Urszula to moja siostra. Agata to moja kuzynka.
Urszula: Bartosz to mój brat. Gabriel to mój siostrzeniec.
Bartosz: Tadeusz to mój dziadek. Piotr to mój kuzyn.
Beata: Agata to moja szwagierka. Janusz to mój teść.
Piotr: Janusz to mój tato. Helena to moja babcia. Matylda to moja siostrzenica.
Agata: Beata to moja bratowa. Andrzej to mój wujek. Ewelina to moja bratanica.
Daniel: Matylda to moja córka. Agata to moja żona.
Gabriel: Tadeusz to mój pradziadek.
Jacek: Helena to moja prababcia. Matylda to moja kuzynka.
Ewelina: Jacek to mój brat.
Matylda: Agata to moja mama. Beata to moja ciocia.

♂	♀
mąż	....
....	teściowa
syn	....
....	synowa
brat	....
....	kuzynka
wnuk	....
....	prawnuczka
dziadek	....
....	prababcia
tato (ojciec)	mama (matka)
....	ciocia
siostrzeniec	....
....	bratanica
szwagier	....
....	bratowa

18⁺ Wer sagt das? (s. Stammbaum Übung 17)
Kto to mówi? (p. drzewo genealogiczne ćw. 17)

1. Moja żona ma na imię Helena. ....
2. Mam brata i siostrę, ale nie mam dzieci. ....
3. Moja teściowa ma na imię Monika, a moja córka – Matylda. ....
4. Mój brat jest żonaty. ....
5. Jestem ojcem Izy, Uli i Bartka. ....
6. Mam brata, a mój dziadek ma na imię Janusz. ....
7. Bartosz to mój szwagier. ....
8. Mam pradziadka i prababcię, ale nie mam brata ani siostry. Jestem jedynakiem. ....
9. Mój kuzyn ma na imię Jacek. ....
10. Jestem synem Moniki i Janusza. ....
11. Moja bratowa ma na imię Ewa. ....
12. Mam dwie siostry. ....

19⁺ Wer ist gemeint?
O kim mowa?

0. To jest syn mojego brata.
   mój bratanek
1. To jest ojciec mojej mamy.
   ....
2. To jest żona mojego brata.
   ....
3. To jest siostra mojego ojca.
   ....
4. To jest córka mojego syna.
   ....
5. To jest ojciec mojej żony.
   ....
6. To jest matka mojej kuzynki.
   ....
7. To jest babcia mojej mamy.
   ....
8. To jest córka mojego brata.
   ....
9. To jest syn mojej siostry.
   ....
10. To jest syn mojej córki.
   ....
11. To jest matka mojego męża.
   ....
12. To jest brat mojego męża.
   ....
13. To jest syn mojej cioci.
   ....
14. To jest siostra mojego męża.
   ....
15. To jest mąż mojej córki.
   ....

20 Verbinden Sie Wortpaare, wie im Beispiel gezeigt.
Proszę połączyć słowa w pary, jak to pokazano na przykładzie.

bliźniak | pan | siostra | żona
kolega | pani | córka | mąż
bliźniaczka | brat | syn | koleżanka

Der Instrumental des Substantivs im Singular

Substantive, Adjektive, Pronomina und Numerale werden in der polnischen Sprache dekliniert. Die komplette Deklination umfasst sieben Fälle: Nominativ, Genitiv, Dativ, Akkusativ, Instrumental, Lokativ und Vokativ.

Wenn der Beruf einer Person, ihre Funktion, ihr Verwandtschaftsgrad etc. angegeben wird, wird der Instrumental benötigt:

Piotr jest student**em**.
Mariusz jest psycholog**iem**.
Grzegorz jest dentyst**ą**.
Jacek jest weterynarz**em**.

Natalia jest studentk**ą**.
Aneta jest psycholog**iem**.
Justyna jest dentystk**ą**.
Monika jest weterynarz**em**.

Viele Berufe haben in der polnischen Sprache keine weibliche Form – dazu gehören u. a.: psycholog • weterynarz • polityk • chirurg • mechanik.

Eine Reihe von Berufen hat eine weibliche Form, damit werden aber männliche Tätigkeiten bezeichnet: dentysta • ekonomista • psychiatra • poeta • artysta.
Für Frauenberufe gibt es oft gesonderte Formen (dentystka • ekonomistka • poetka • artystka).

21 Formulieren Sie Sätze wie im Beispiel.
Proszę sformułować zdania jak pokazano na przykładzie.

A. Krzysztof – pilot ⇨ Krzysztof jest pilotem.

1. Jarek – inżynier
 ....
2. Karol – literat
 ....
3. Stefan – aktor
 ....
4. Ireneusz – lekarz
 ....
5. Marian – tłumacz
 ....
6. Artur – dziennikarz
 ....
7. Leszek – fotograf
 ....
8. Roman – nauczyciel
 ....
9. Tomasz – filozof
 ....
10. Damian – kelner
 ....

B. Franek – ogrodnik ⇨ Franek jest ogrodnikiem.

1. Feliks – mechanik
 ....
2. Adam – polityk
 ....
3. Marek – muzyk
 ....
4. Ludwik – chirurg
 ....
5. Emil – kardiolog
 ....
6. Andrzej – neurolog
 ....

7. Paweł – biolog
   ....
8. Ryszard – chemik
   ....
9. Bruno – prawnik
   ....
10. Janusz – śpiewak
   ....

C. Grzegorz – poeta ⇨ Grzegorz jest poetą.

1. Tadeusz – geodeta
   ....
2. Norbert – fizjoterapeuta
   ....
3. Bartosz – pianista
   ....
4. Józef – okulista
   ....
5. Mirek – farmaceuta
   ....
6. Kamil – artysta
   ....
7. Zbyszek – sędzia
   ....
8. Marcin – pediatra
   ....
9. Dominik – gimnazjalista
   ....
10. Witold – homeopata
   ....
11. Jerzy – dyplomata
   ....
12. Andrzej – psychiatra
   ....

D. Iwona – nauczycielka ⇨ Iwona jest nauczycielką.

1. Zofia – pielęgniarka
   ....
2. Agnieszka – lekarka
   ....
3. Justyna – dziennikarka
   ....
4. Alina – kucharka
   ....
5. Lucyna – fryzjerka
   ....
6. Daria – aktorka
   ....
7. Ewelina – sekretarka
   ....
8. Renata – dentystka
   ....
9. Maria – policjantka
   ....
10. Patrycja – kosmetyczka
   ....
11. Monika – recepcjonistka
   ....
12. Aneta – pisarka
   ....

E. Anna – biolog ⇨ Anna jest biologiem.

1. Oliwia – prokurator
   ....
2. Iza – weterynarz
   ....
3. Karolina – psycholog
   ....
4. Gabriela – inżynier
   ....
5. Julia – astronom
   ....
6. Halina – dyrygent
   ....
7. Katarzyna – zegarmistrz
   ....
8. Dorota – burmistrz
   ....
9. Magda – mechanik
   ....
10. Krystyna – fizyk
   ....

22

Beobachten Sie die Sätze und ergänzen Sie die Regel.
Proszę uważnie przeczytać zdania i uzupełnić regułę.

1. Henryk Jankowski jest dobr**ym** nauczycielem.
2. Juliusz Słowacki był polsk**im** poetą.
3. Konrad Adenauer był pierwsz**ym** niemieck**im** kanclerzem po wojnie.
4. Andrzej Lisowicz jest nasz**ym** now**ym** szefem.
5. Kraków jest moim rodzinn**ym** miastem.

Im Instrumental Singular haben sowohl männliche als auch sächliche Adjektive und Possessivpronomina sowie Numerale die Endung .... oder ....

6. Czy Ilona jest twoj**ą** siostr**ą**?
7. Pani Bronowska jest nasz**ą** now**ą** sąsiadk**ą**.
8. Matylda jest moj**ą** drug**ą** córk**ą**.

Weibliche Adjektive, Possessivpronomina und Numerale bekommen im Instrumental Singular stets die Endung ....
Achtung: Die Possessivpronomina jego, jej, ich werden nicht dekliniert, z. B.:

9. Mój brat ma syna. Moje dzieci bawią się z **jego** synem.
10. To jest Maria. Karol studiuje razem z **jej** synem.
11. Państwo Kowalscy mają córkę. Ewa rozmawia z **ich** córką.

23

Finden Sie die richtige Ergänzung.
Proszę znaleźć właściwe dokończenie.

1. Helmut Schmidt był → g.	a. greckim filozofem.
2. Sophie Marceau jest	b. kanadyjską piosenkarką.
3. Wisława Szymborska jest	c. grecką śpiewaczką operową.
4. Anna Karenina była	d. austriacką aktorką.
5. Maria Callas była	e. francuską aktorką.
6. Bruce Willis jest	f. norweskim literatem.
7. Stephen King jest	g. niemieckim kanclerzem.
8. Sokrates był	h. amerykańskim aktorem.
9. Greta Garbo była	i. polską poetką.
10. Robert Koch był	j. amerykańskim pisarzem.
11. Fryderyk Chopin był	k. pierwszym kosmonautą.
12. Rainer Maria Rilke był	l. niemieckim lekarzem.
13. Bona Sforza była	ł. atrakcyjną kobietą i postacią literacką.
14. Romy Schneider była	m. szwedzką aktorką.
15. Henryk Ibsen był	n. polskim kompozytorem.
16. Céline Dion jest	o. egipską królową.
17. Lady Diana była	p. polską królową.
18. Jurij Gagarin był	r. austriackim poetą
19. Isabel Allende jest	s. pierwszą żoną księcia Karola.
20. Kleopatra była	t. znaną chilijską autorką.

24 Ergänzen Sie die Sätze wie im Beispiel.
Proszę uzupełnić zdania według przykładu.

0. nowy dyrektor: Józef Banaszak jest nowym dyrektorem.
   moja siostra: Laura jest moją siostrą.
1. młody chirurg: Janusz Krajewski jest ....
2. nasza nowa koleżanka: Paulina jest ....
3. polska poetka: Maria Pawlikowska-Jasnorzewska była ....
4. doświadczony prawnik: Mecenas Rogowski jest ....
5. renesansowy poeta: Jan Kochanowski był ....
6. reżyser filmowy: Andrzej Wajda jest ....
7. rosyjski kompozytor: Piotr Czajkowski był ....
8. znany reżyser: Roman Polański jest ....
9. austriacki dyrygent: Herbert von Karajan był ....
10. pierwszy polski król: Bolesław Chrobry był ....
11. niemiecki bakteriolog: Robert Koch był ....
12. mój starszy brat: Mirek jest ....
13. moja przyjaciółka: Petra jest ....
14. dobra nauczycielka: Pani Bielecka jest ....
15. twoja nowa szefowa: Krystyna Szewczyk jest ....
16. polska uczona: Maria Curie-Skłodowska była ....
17. genialny artysta: Leonardo da Vinci był ....
18. amerykański wynalazca: Thomas Alva Edison był ....
19. londyński detektyw: Sherlock Holmes był ....
20. norweski literat: Knut Hamsun był ....

25 Lesen Sie den Text und ergänzen Sie die Sätze.
Proszę przeczytać tekst i uzupełnić zdania.

Nazywam się Tadeusz Lenarczyk. Jestem elektronikiem. Pracuję w centrum handlowym. Jestem żonaty. Moja żona ma na imię Barbara. Ona jest pielęgniarką. Pracuje w dużym szpitalu na oddziale chirurgicznym. Mieszkamy w Warszawie. Mamy mieszkanie w nowym bloku na parterze. Mamy dwoje dzieci. Nasz syn Karol jest studentem Akademii Medycznej. Studiuje medycynę, chce być lekarzem: chirurgiem albo kardiologiem. Nasza córka ma na imię Kinga. Chodzi do gimnazjum. Kinga chce być aktorką i grać w teatrze i filmie.

1. Pan Lenarczyk ma na imię ....
2. On jest z zawodu ....
3. Pan Lenarczyk pracuje w .... handlowym.
4. Jego .... ma na imię Barbara.
5. Ona pracuje jako pielęgniarka w .... na oddziale ....
6. Państwo Lenarczykowie mieszkają w ....
7. Ich mieszkanie jest w .... bloku na ....
8. Państwo .... mają dwoje ....

26 Ergänzen Sie den Text mit den vorgegebenen Wörtern.
Proszę uzupełnić tekst podanymi słowami.

ekonomistą • aptece • nasza • mieszkamy • Krakowie • mąż • dwoje • nazywam • handlowej • syn • kontrabasie • studentką

.... (1) się Lidia Piotrowska. Pracuję w .... (2), jestem farmaceutką. Jestem zamężna. Mój .... (3) Lucjan jest muzykiem. Gra na .... (4) w Filharmonii Narodowej. .... (5) w Warszawie. Mamy .... (6) dzieci. .... (7) córka Edyta jest .... (8). Studiuje psychologię w .... (9). Nasz .... (10.) Bogdan pracuje w firmie .... (11). Bogdan jest z zawodu .... (12).

27 Lesen Sie den Text und schreiben Sie ihn dann in der 1. Person Singular (jeweils als jede der hier genannten Personen).
Proszę przeczytać tekst i napisać go w 1. osobie liczby pojedynczej (jako każda z wymienionych tutaj osób).

To jest pani Ewa Godlewska. Ona jest bibliotekarką. Pani Godlewska jest zamężna i ma córkę i syna. Jej mąż ma na imię Jacek. Pan Godlewski jest policjantem. Państwo Godlewscy mieszkają w Warszawie na Starym Mieście.
Ich córka ma na imię Wanda. Ona jest jeszcze mała i chodzi do przedszkola.
Syn ma na imię Eryk. Jest uczniem. Eryk chce być kierowcą Formuły 1.

Der Lokativ

Um Ortsangaben zu machen, benötigt man das Nomen im Lokativ.
Die typischen Präpositionen sind: w (in), na (auf), przy (an). Auch die Präposition o (in der Bedeutung *von, über*) verlangt den Lokativ.

Die typischen Endungen lauten:

	Substantive	**Adjektive, Pronomina, Numerale**
Maskulina	-u, -(i)e	-ym, -im
Feminina	-(i)e, -i, -ii	-ej
Neutra	-u, -(i)e	-ym, -im
Personalform	-(i)ach	-ych, -ich
Sachform	-(i)ach	-ych, -ich

28 Schreiben Sie die Wörter im Lokativ.
Proszę napisać te słowa w miejscowniku.

1. stary dom	w starym domu		4. Płock	w ....
2. dach	na		5. Szanghaj	w ....
3. Hamburg	w		6. Nowy Jork	w ....

7. luksusowy hotel w ....
8. miękki fotel na ....
9. Wrocław we Wrocławiu
10. głęboki staw w ....
11. Berlin w Berlinie
12. Pekin w ....
13. Lublin w ....
14. tapczan na ....
15. Sztokholm w ....
16. basen na ....
17. Kraków w Krakowie
18. Charków w ....
19. Kijów w ....
20. ogród w ogrodzie
21. Wyszogród w ....
22. samochód w ....
23. instytut w instytucie
24. uniwersytet na ....
25. samolot w ....
26. Warszawa w Warszawie
27. Moskwa w ....
28. Jokohama w ....
29. Kuba na ....
30. Barcelona w ....
31. duża łazienka w dużej łazience
32. nowa sukienka na ....
33. poduszka na ....
34. zielona łąka na ....
35. poczta na ....
36. piękna willa w pięknej willi
37. sala konferencyjna w ....
38. pływalnia na ....
39. duża kuchnia w ....
40. dobra restauracja w ....
41. Kolonia w Kolonii
42. Kilonia w ....
43. Hiszpania w ....
44. Japonia w ....
45. Dolna Saksonia w ....
46. boisko na **boisku**
47. nowe lotnisko na ....
48. Opole w ....
49. śródmieście w ....
50. Morze Czarne w ....
51. okno przy oknie
52. Berno w ....
53. Mrągowo w ....
54. drzewo na ....
55. kino w ....
56. Tokio w Tokio
57. Oslo w ....
58. Monachium w Monachium

29 Wer arbeitet wo? Bilden Sie sinnvolle Sätze.
Kto gdzie pracuje? Proszę utworzyć sensowne zdania.

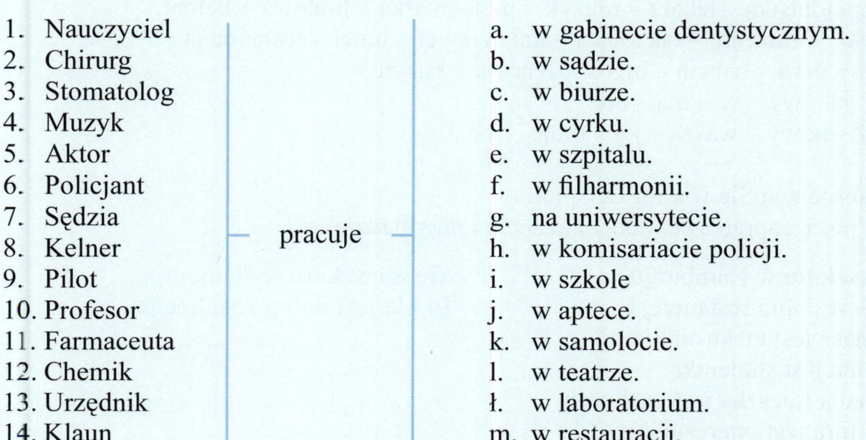

1. Nauczyciel
2. Chirurg
3. Stomatolog
4. Muzyk
5. Aktor
6. Policjant
7. Sędzia
8. Kelner
9. Pilot
10. Profesor
11. Farmaceuta
12. Chemik
13. Urzędnik
14. Klaun

pracuje

a. w gabinecie dentystycznym.
b. w sądzie.
c. w biurze.
d. w cyrku.
e. w szpitalu.
f. w filharmonii.
g. na uniwersytecie.
h. w komisariacie policji.
i. w szkole
j. w aptece.
k. w samolocie.
l. w teatrze.
ł. w laboratorium.
m. w restauracji.

30 Wählen Sie die korrekte Ergänzung.
Proszę wybrać prawidłowe zakończenie.

1. Mój brat mieszka w ....
   a. Berlin b. Berlinem c. Berlinie
2. Ewa Bednarska jest ....
   a. laborantka b. laborantką c. laborantce
3. To jest ....
   a. moja siostra b. moją siostrą c. mojej siostrze
4. Zbigniew Kwiatkowski jest ....
   a. znany astronom b. znanym astronomem c. znanym astronomie
5. Robert pracuje w ....
   a. biblioteka uniwersytecka b. biblioteką uniwersytecką c. bibliotece uniwersyteckiej
6. Nasze dzieci są w ....
   a. szkoła b. szkołą c. szkole
7. Ta .... jest bardzo dobra.
   a. restauracja b. restauracją c. restauracji
8. Karolina studiuje na ....
   a. uniwersytet b. uniwersytetem c. uniwersytecie
9. Rozmawiam z ....
   a. twój brat b. twoim bratem c. twoim bracie

31 Welches Wort passt nicht zu den anderen?
Które słowo nie pasuje do pozostałych?

1. recepcjonistka – lekarz – muzyk – pielęgniarka – bratowa – kelner ....
2. apteka – muzeum – taksówka – uniwersytet – hotel – restauracja ....
3. syn – córka – babcia – bigos – synowa – kuzyn ....
4. on – ja – wy – ty – ma – one ....
5. nasz – nowy – wasza – jej – moje – ich ....

32 Verneinen Sie wie im Beispiel.
Proszę zaprzeczyć, jak pokazano na przykładzie.

0. **Mieszkam** w Hamburgu. — **Nie mieszkam** w Hamburgu.
   To **jest** dobra restauracja. — To **nie jest** dobra restauracja.
1. Tomasz jest elektronikiem. ....
2. Sabina jest studentką. ....
3. Urszula mieszka w Augsburgu. ....
4. Ten film jest interesujący. ....

5. Anna pracuje w muzeum. ....
6. Beata chce studiować w Krakowie. ....
7. Mój syn chce być lekarzem. ....
8. Jestem zmęczony. ....
9. Julia jest siostrą Laury. ....
10. Dorota Malinowska jest zamężna. ....

Fragen

In der Standardsprache beginnt jede polnische Frage mit einem Fragewort. Hier einige Beispiele:

Czy Darek jest studentem?	Ist Darek Student?
Kto to jest?	Wer ist das?
Co robi twój brat?	Was macht dein Bruder?
Gdzie mieszkacie?	Wo wohnt ihr?
Jak ma na imię twój syn?	Wie heißt dein Sohn mit Vornamen?
Ile kosztuje ten słownik?	Wie viel kostet dieses Wörterbuch?
Czyj jest ten komputer?	Wessen Computer ist das?
Czyje auto tutaj stoi?	Wessen Auto steht hier?
Czyja to jest torba?	Wessen Tasche ist das?
Dlaczego uczysz się polskiego?	Warum lernst du Polnisch?

33 Finden Sie zu jeder Frage die passende Antwort.
Proszę znaleźć właściwą odpowiedź na każde pytanie.

1. Czy pani mieszka w Polsce?	a. Dwa złote.
2. Kto uczy się polskiego?	b. Moja.
3. Co to jest?	c. Mój kolega.
4. Gdzie pracuje Iwona?	d. Tak, w Krakowie.
5. Jak ma na imię twoja siostra?	e. Telefon komórkowy.
6. Ile kosztuje bilet autobusowy?	f. Moja mama jest Polką.
7. Czyj jest ten samochód?	g. W aptece.
8. Czyja jest ta encyklopedia?	h. Nasze.
9. Czyje dzieci chodzą do gimnazjum?	i. Ewelina.
10. Dlaczego jesteś na kursie polskiego?	j. Nasz.

34 Ergänzen Sie die Fragen.
Proszę uzupełnić pytania.

1. .... pracuje w aptece? – Moja mama.
2. .... masz brata? – Nie, ale mam siostrę.
3. .... mieszka Beata? – W Warszawie.

4. .... nazywa się twój szef? – Aleksander Tomaszewski.
5. .... studiuje twój syn? – Medycynę.
6. .... lat ma wasz synek? – Dwa.
7. .... komputer jest zepsuty? – Nasz.
8. .... jesteś sama? – Bo mój mąż jest na konferencji.
9. .... jest to radio? – Moje.
10. .... jest ta płyta kompaktowa? – Mojego brata.

35 Welche Antwort ist korrekt?
Która odpowiedź jest właściwa?

1. Jak się nazywasz?
   [a] Student. [b] Sabina. [c] Twoja siostra. [d] Dobrze.
2. Kto jest na kursie polskiego?
   [a] My. [b] Twój pies. [c] Komputer. [d] W instytucie.
3. Czy masz dzieci?
   [a] Nasze. [b] Mój kuzyn. [c] Tak, syna i córkę. [d] Jestem zamężna.
4. Gdzie jest Robert?
   [a] W szkole. [b] W komputerze. [c] Numer siedem. [d] Nauczycielem.
5. Co czyta Marek?
   [a] Dwa. [b] Muzeum. [c] Tekst. [d] Samolot.
6. Ile lat ma wasz samochód?
   [a] Siedem. [b] Na parkingu. [c] Zepsuty. [d] Nie, nie nasz.
7. Czyja kamera tutaj leży?
   [a] Nowa. [b] Moja. [c] W nowym bloku. [d] Marek Jeżewski.
8. Czyj brat jest pilotem?
   [a] Na lotnisku. [b] Mój. [c] Tak. [d] Michał Górski.
9. Czyje są te okulary?
   [a] W szpitalu. [b] Okulista. [c] Twoje! [d] Nie mam.
10. Dlaczego Leszek jest w mediotece?
   [a] Bo ma brata. [b] Bo ma dyżur. [c] Bo jest moim kuzynem. [d] Bo nie ma dzieci.
11. Jak ma na imię twój brat?
   [a] Agata. [b] Dobrze. [c] Mariusz. [d] Piotr Kowalewski.
12. Gdzie pan pracuje?
   [a] Jest lekarzem. [b] Tak. [c] Apteka. [d] Na uniwersytecie.

Smacznego!

Guten Appetit!

Im Café und im Restaurant

Die Bedienung sagt meistens:

Co mogę panu/pani/państwu?	Was darf ich Ihnen servieren?
später: Co dla pana/pani?	Und für den Herrn/die Dame?

Die Bestellung:

Proszę/prosimy … (+ o …)	Ich bitte/Wir bitten … (+ um …)
Poproszę/poprosimy … (+ o …)	

Der Wunsch kann auch lauten:

Mam ochotę (chęć, apetyt) na …	Ich habe Lust (Appetit) auf …
Chciałabym ♀/chciałbym ♂…	Ich möchte gern …

Dialog 1

Kelner: Słucham pana.
Gość: Proszę dużą kawę.
Kelner: Proszę bardzo. Coś jeszcze?
Gość: Tak, dobry koniak.

Dialog 2

Kelnerka: Co mam podać?
Ewa: Ja proszę herbatę i ciastko tortowe.
Kelnerka: A pan?
Jacek: Poproszę małą kawę i lody waniliowe.
Kelnerka: Ze śmietaną?
Jacek: Bez śmietany.

Dialog 3

Monika: Poproszę zupę pomidorową z ryżem.
Kelner: Niestety nie ma już zupy pomidorowej.
Monika: A jaką zupę może mi pan polecić?
Kelner: Mamy pieczarkową, ogórkową i barszcz czerwony.
Monika: Mam ochotę na zupę ogórkową.
Kelner: Bardzo proszę.

Dialog 4

Roman: Na co masz ochotę? Na ciastko, na lody, na tort?
Iwona: Wezmę chyba kawałek tortu i kawę.
Kelner: Słucham państwa.

Roman: Dla pani kawałek tortu i dużą kawę, a dla mnie sernik i herbatę.
Kelner: Niestety nie mamy już sernika. Proponuję makowiec albo eklerkę.
Roman: Wobec tego proszę kawałek makowca.

1 Ergänzen Sie die Dialoge unter Verwendung der genannten Wörter.
Proszę uzupełnić dialogi używając podanych słów.

A. szarlotkę • małą • bardzo • pani • lubię • cytrynowy

Kelner: Słucham, co mogę .... podać?
Marta: Poproszę .... kawę i jakieś ciastko. Co pan poleca?
Kelner: Radzę wziąć .... Jest bardzo dobra.
Marta: Nie .... szarlotki.
Kelner: To może sernik? Albo torcik ....?
Marta: Wezmę sernik.
Kelner: Proszę ....

B. mielone • pomidorowa • kotlet • lubię • sałata • zupę

Sebastian: Jestem głodny.
Karolina: Chcesz ....?
Sebastian: Chętnie. A jaka to zupa?
Karolina: .... z makaronem.
Sebastian: Bardzo .... pomidorową. A co jest na drugie?
Karolina: .... mielony, ziemniaki i zielona ....
Sebastian: To wspaniale! Uwielbiam kotlety ....!

C. makaronem • deser • podać • bezalkoholowego • gazu • wodę

Kelner: Dzień dobry. Co mogę pani ....?
Anna: Poproszę gulasz z ....
Kelner: A do picia?
Anna: Piwo bezalkoholowe.
Kelner: Nie mamy piwa ....
Anna: Wobec tego .... mineralną bez ....
Kelner: A na ....?
Anna: Poproszę o małe lody truskawkowe.

D. paluszki • zupę • czekoladowe • ryby • lubię • masz

Matka: Kochanie, zjedz ....!
Dziecko: Nie .... zupy!
Matka: To może wolisz .... rybne?
Dziecko: Nie chcę ....!
Matka: A na co .... apetyt?
Dziecko: Chcę lody .... i oranżadę!

E. bez • zjeść • jajecznicę • szczypiorku • boczkiem

Zbyszek: Chciałbym coś ....
Dorota: Mogę usmażyć .... Masz ochotę?
Zbyszek: Wspaniale! Z ...., cebulką i szczypiorkiem?
Dorota: Niestety nie mam ....
Zbyszek: Nie szkodzi. Może być .... szczypiorku.

2 Was gibt es wirklich?
Czy to jest możliwe?

lody:	truskawkowe – czekoladowe – z boczkiem – bezalkoholowe – mielone
kotlet:	waniliowy – schabowy – mielony – wieprzowy – tortowy
herbata:	zielona – z cytryną – z makaronem – z mlekiem – ze szczypiorkiem
zupa:	pomidorowa – szczawiowa – jarzynowa – pieczarkowa – kalafiorowa
kompot:	wiśniowy – grzybowy – czekoladowy – agrestowy – ananasowy
tort:	orzechowy – pomidorowy – czekoladowy – cytrynowy – z boczkiem
jajecznica:	z szynką – ze szczypiorkiem – z dżemen – z miodem – z boczkiem
kawa:	zbożowa – ze śmietanką – z cukrem – mrożona – po turecku
wino:	deserowe – białe – wytrawne – czerwone – musujące
ser:	chudy – zielony – biały – tłusty – szwajcarski

3 Ergänzen Sie die Tabelle.
Proszę uzupełnić tabelę.

N	Czy jest	zupa pomidorowa?	zupa grzybowa?	zupa ogórkowa?
A	Poproszę		zupę grzybową.	
G	Nie ma			zupy ogórkowej.
N	Czy jest	kotlet mielony?		
A	Poproszę		gulasz węgierski.	
G	Nie ma		gulaszu	białego chleba.
N	Czy jest	białe wino?		
A	Poproszę		czerwone wino.	
G	Nie ma			jasnego piwa.
N	Czy są	lody truskawkowe?		
A	Poproszę		lody waniliowe.	
G	Nie ma			lodów czekoladowych.
N	Gdzie jest	Piotr Wolski?		
A	Znam		Michała Markowskiego.	
G	Nie znam			Janusza Barskiego.

4 Äußern Sie Bitten wie im Beispiel.
Proszę wyrazić prośby według wzoru.

0. Czy jest herbata indyjska? — Poproszę herbatę indyjską.
   Czy jest biały chleb? — Poproszę biały chleb.
1. Czy jest woda mineralna? ....
2. Czy jest tort czekoladowy? ....
3. Czy są lody waniliowe? ....
4. Czy jest kawa zbożowa? ....
5. Czy są płatki kukurydziane? ....
6. Czy jest wino deserowe? ....
7. Czy jest kompot truskawkowy? ....
8. Czy jest czeskie piwo? ....
9. Czy jest oryginalny szampan? ....
10. Czy jest biały ser? ....
11. Czy są leniwe pierogi? ....
12. Czy jest świeże mleko? ....

Mengenangaben

Bei Mengenangaben (auch bei der „Nullmenge", d. h., wenn etwas nicht vorhanden ist) steht das jeweilige Objekt im Genitiv.
In den Dialogen sowie in der Übung 3 (rechte Spalte) war dies schon zu beobachten. Die Übung 5 umfasst die meisten Formenbildungen.

5 Ergänzen Sie wie im Beispiel.
Proszę uzupełnić według wzoru.

A.
1. Proszę butelkę koniaku. *(koniak)*
2. Proszę kieliszek .... *(likier)*
3. Proszę kawałek .... *(tort)*
4. Proszę porcję .... *(krem)*
5. Proszę słoik .... *(dżem)*

B.
1. Proszę bochenek chleba. *(chleb)*
2. Poproszę pół .... *(kurczak)*
3. Poproszę kawałek .... *(arbuz)*
4. Poproszę pierś .... *(indyk)*
5. Poproszę pół kilo .... *(ser)*

C.
1. Poproszę kostkę smalcu. *(smalec)*
2. Poproszę trochę .... *(groszek)*
3. Poproszę kilo .... *(cukier)*
4. Poproszę kromkę .... *(pumpernikel)*
5. Poproszę kawałek .... *(ogórek)*

D.
1. Poproszę litr mleka. *(mleko)*
2. Poproszę butelkę .... *(piwo)*
3. Poproszę kieliszek .... *(wino)*
4. Poproszę kostkę .... *(masło)*
5. Poproszę kilo .... *(mięso)*

E.
1. Poproszę paczkę kawy. *(kawa)*
2. Poproszę tabliczkę .... *(czekolada)*
3. Poproszę kawałek .... *(kiełbasa)*
4. Poproszę pudełko .... *(margaryna)*
5. Poproszę szklankę .... *(herbata)*

F.
1. Poproszę kawałek szarlotki. *(szarlotka)*
2. Poproszę pół kilo .... *(szynka)*
3. Poproszę kilo .... *(cebula)*
4. Poproszę kilo .... *(fasola)*
5. Poproszę trochę .... *(marchewka)*

G.
1. Poproszę trzy kilo ziemniaków. *(ziemniaki)*
2. Poproszę pół kilo .... *(orzechy)*
3. Poproszę trochę .... *(owoce)*
4. Poproszę porcję .... *(lody)*
5. Poproszę kilo .... *(banany)*

H.
1. Poproszę dwa kilo kartofli. *(kartofle)*
2. Poproszę pół kilo .... *(wiśnie)*
3. Poproszę kilka .... *(wafle)*
4. Poproszę pół kilo .... *(morele)*
5. Poproszę dwa kilo .... *(czereśnie)*

I.
1. Poproszę osiem bułek. *(bułki)*
2. Poproszę kilo .... *(gruszki)*
3. Poproszę dziesięć .... *(jajka)*
4. Poproszę puszkę .... *(sardynki)*
5. Poproszę pudełko .... *(czekoladki)*

J.
1. Poproszę trochę malin. *(maliny)*
2. Poproszę pięć .... *(cytryny)*
3. Poproszę kilka .... *(ryby)*
4. Poproszę koszyczek .... *(jeżyny)*
5. Poproszę porcję .... *(jarzyny)*

6 Welche Form ist korrekt?
Która forma jest prawidłowa?

1. Ile kosztuje ....?
   a. zielony groszek b. zielonego groszku c. zielonym groszkiem
2. Kupimy trochę ....
   a. świeże owoce b. świeżych owoców c. świeżymi owocami
3. Jem lody z ....
   a. bita śmietana b. bitej śmietany c. bitą śmietaną
4. Chciałbym trochę ....
   a. sałatka jarzynowa b. sałatki jarzynowej c. sałatką jarzynową
5. Lubię ....
   a. czarny chleb b. czarnego chleba c. czarnym chleben
6. Ewa nie lubi ....
   a. gotowana marchewka b. gotowanej marchewki c. gotowaną marchewką
7. Jacek bardzo lubi ....
   a. czerwony barszcz b. czerwonego barszczu c. czerwonym barszczem
8. Może kupimy dwa kilo ....?
   a. greckie brzoskwinie b. greckich brzoskwiń c. greckimi brzoskwiniami
9. Nie ma już ....
   a. zielona sałata b. zielonej sałaty c. zieloną sałatą
10. Na obiad są szparagi z ....
   a. sos holenderski b. sosu holenderskiego c. sosem holenderskim
11. Chciałabym dwadzieścia deka ....
   a. gotowana szynka b. gotowanej szynki c. gotowaną szynką
12. Na deser jest ....
   a. budyń czekoladowy b. budyniu czekoladowego c. budyniem czekoladowym

7 Ordnen Sie zu.
Proszę dopasować do siebie.

1. filiżanka	a. konserw	7. pęczek	g. rzodkiewek
2. butelka	b. sałaty	8. główka	h. chleba
3. kieliszek	c. zakąsek	9. bochenek	i. ciasta
4. puszka	d. masła	10. plasterek	j. piwa
5. tabliczka	e. wina	11. kawałek	k. kawy
6. kostka	f. sera	12. półmisek	l. czekolady

8 Ordnen Sie zu.
Proszę dopasować do siebie.

A.

1.	zielony	a.	łosoś
2.	czarny	b.	groszek
3.	francuski	c.	ser
4.	czerwony	d.	chleb
5.	wędzony	e.	barszcz

B.

1.	zielona	a.	kawa
2.	czerwona	b.	woda
3.	polska	c.	sałata
4.	czarna	d.	kapusta
5.	złota	e.	wódka

C.

1.	wytrawne	a.	mięso
2.	chude	b.	jajko
3.	francuskie	c.	jabłko
4.	kwaśne	d.	ciasto
5.	sadzone	e.	wino

D.

1.	czarne	a.	pierogi
2.	leniwe	b.	grzyby
3.	młode	c.	przyprawy
4.	ostre	d.	jagody
5.	marynowane	e.	ziemniaki

9 Was kann man essen? Was kann man trinken? Was kann man weder essen noch trinken?
Co można jeść (j)? Co można pić (p)? Czego nie można ani jeść, ani pić (x)?

☐ groszek	☐ ryba	☐ barszcz	☐ samolot	☐ kieliszek
☐ filiżanka	☐ gruszka	☐ szynka	☐ benzyna	☐ tort
☐ puszka	☐ zupa	☐ sernik	☐ piwo	☐ smalec
☐ wino	☐ hotel	☐ pierogi	☐ apetyt	☐ ryż
☐ koszyczek	☐ orzech	☐ ciasto	☐ masło	☐ kapusta
☐ talerz	☐ sałata	☐ jajecznica	☐ makaron	☐ mleko
☐ bigos	☐ kakao	☐ truskawki	☐ kelner	☐ czekolada
☐ lody	☐ jajko	☐ deser	☐ frytki	☐ mięso
☐ woda	☐ indyk	☐ kawa	☐ celnik	☐ sok
☐ herbata	☐ banan	☐ lemoniada	☐ ananas	☐ widelec

10+ Wie heißen diese Speisen, Getränke und Gewürze auf Polnisch? Suchen Sie das jeweils passende Adjektiv.
Jak nazywają się po polsku te potrawy, napoje i przyprawy? Proszę znaleźć właściwe przymiotniki.

A. gryczana • mleczna • włoska • paryska • lodowa • wędzona • kuchenna • kiszona

1. Baguette: bułka ....
2. Buchweizen: kasza ....
3. Milchsuppe: zupa ....
4. geräucherter Fisch: ryba ....
5. Sauerkraut: kapusta ....
6. Kochsalz: sól ....
7. Eisbergsalat: sałata ....
8. Wirsingkohl: kapusta ....

B. wiedeński • topiony • chrupki • laurowy • konserwowy • laskowy • ćwikłowy/czerwony • wołowy

1. Knäckebrot: chleb ....
2. Schmelzkäse: ser ....
3. Haselnuss: orzech ....
4. Rote Bete: burak ....
5. Quarkkuchen Wiener Art: sernik ....
6. Gewürzgurke: ogórek ....
7. Lorbeerblatt: liść ....
8. Rinderbrühe: rosół ....

C. wołowe • pełnotłuste • tortowe • angielskie • sadzone • śmietankowe • kukurydziane • mielone

1. Spiegelei: jajko ....
2. Sahneeis: lody ....
3. Hackfleisch: mięso ....
4. Vollmilch: mleko ....
5. Tortenschnitte: ciastko ....
6. Cornflakes: płatki ....
7. Rinderrouladen: bitki ....
8. Piment: ziele ....

11+ Ergänzen Sie die Limericks mit den vorgegebenen Vokabeln.
Proszę uzupełnić limeryki podanymi słowami.

A. deser • lody • szparagi • zakąskę

W Ugandzie pewien krokodyl
zamówił na .... (1) .... (2).
Na .... (3) zjadł kelnera,
bo nie chciał długo wybierać.
Czy mamy na to dowody?

Ogrodnik z Malagi
uprawiał .... (4).
Nie zielone i nie białe,
ale w kratkę były całe.
Cóż, na to potrzeba odwagi.

B. ciasta • makowce • ptysie • pierniki • sok pomidorowy

Rzepicha, małżonka Piasta,
piekła wyśmienite .... (1):
.... (2), pączki i .... (3),
.... (4) oraz serniki,
wszak zdolna z niej była niewiasta.

Pewien wampir z Portugalii
uwielbiał zapach konwalii.
Pijał .... (5)
i nie przyszło mu do głowy,
by sypiać w trumnie, nie w balii.

12 Bilden Sie Fragen und Antworten wie im Beispiel.
Proszę utworzyć pytania i odpowiedzi według przykładu.

A.

0.	zupa pomidorowa krupnik	Czy chcesz zupę pomidorową? – Nie chcę zupy pomidorowej. Wolę krupnik.
1.	zupa szparagowa barszcz	....
2.	gulasz wieprzowy naleśniki z serem	....
3.	dżem truskawkowy miód	....
4.	herbata kawa	....
5.	ser topiony jajko na miękko	....
6.	lody waniliowe budyń czekoladowy	....
7.	kaczka pieczona ryba smażona	....
8.	ser szwajcarski szynka	....

B.

0.	kapuśniak zupa jarzynowa	Czy lubisz kapuśniak? – Nie lubię kapuśniaku. Wezmę zupę jarzynową.
1.	brokuły marchewka z groszkiem	....
2.	ryba z wody kotlet schabowy	....
3.	brzoskwinie truskawki	....
4.	szarlotka sernik	....
5.	pierogi z grzybami pierogi z mięsem	....
6.	kawa mrożona lody z owocami	....
7.	piwo sok pomidorowy	....
8.	zapiekanka jarzynowa kurczak	....

Die Verben „jeść" (essen) und „pić" (trinken) im Präsens

jeść		**pić**	
ja	jem	ja	piję
ty	jesz	ty	pijesz
on, ona, ono	je	on, ona, ono	pije
Pan, Pani	je	Pan, Pani	pije
my	jemy	my	pijemy
wy	jecie	wy	pijecie
oni, one	jedzą	oni, one	piją
Panowie, Panie	jedzą	Panowie, Panie	piją

Genauso werden die vollendeten (perfektiven) Varianten dieser Verben konjugiert: zjeść (aufessen) und wypić (austrinken). Trotz ihrer Präsensformen haben diese Formen jedoch eine künftige Bedeutung.

13 Ergänzen Sie die Sätze mit den Verben *jeść* und *pić* in der passenden Form.
Proszę uzupełnić zdania czasownikami *jeść* i *pić* w odpowiedniej formie.

1. Henryk chętnie .... piwo.
2. Ja nigdy nie .... szpinaku.
3. Maciek i Wojtek .... lody.
4. Dzieci, co .... do kolacji: herbatę czy wodę mineralną?
5. Ja do obiadu często .... jakiś sok.
6. My rzadko .... grzyby.
7. Jakie wino *(my)* ...., białe czy czerwone?
8. Ewo, dlaczego nie .... mleka?
9. Moje dzieci nigdy nie .... kakao, wolą kawę zbożową.
10. Goście .... pierogi z grzybami i .... dobre polskie piwo.
11. Dlaczego *(wy)* nie .... deseru?
12. Julia .... herbatę z cytryną.
13. *(Wy)* .... wodę gazowaną czy bez gazu?
14. Klaudia i ja .... naleśniki z serem.
15. Dziadek i babcia .... tylko kawę bezkofeinową.
16. Prowadzę dzisiaj samochód, więc nie .... wina.
17. Nasze dzieci .... obiady w szkole.
18. Adam .... do obiadu wodę.
19. Polacy .... kompot. Niemcy .... kompot.
20. Kasiu, co .... na kolację?
21. *(Ja)* Chętnie .... piwo bezalkoholowe.

Zubereitung von Speisen

Verb	Partizip	Beispiel	Bedeutung
gotować	kochen	gotowana ryba	gekochter Fisch
smażyć	braten (Pfanne)	karp smażony	gebratener Karpfen
piec	backen (Ofen)	kaczka pieczona	gebratene Ente
dusić	dünsten	duszone warzywa	gedünstetes Gemüse
grillować	grillen	grillowane mięso	gegrilltes Fleisch
nadziewać	füllen	nadziewana papryka	gefüllte Paprika
wędzić	räuchern	wędzona szynka	geräucherter Schinken
marynować	sauer einlegen	marynowane grzyby	eingelegte Pilze

14+ Finden Sie die passende Bedeutung.
Proszę znaleźć odpowiednie znaczenie.

1. pieczone mięso	a. gekochter Reis
2. duszona marchew	b. gefüllte Gans
3. grillowany pstrąg	c. gebratener Fisch
4. smażone ziemniaki	d. im Backofen gebratenes Fleisch
5. nadziewana kalarepa	e. geräucherter Schweinebauch
6. gotowany ryż	f. Bratkartoffeln
7. pieczona gęś	g. Kochschinken
8. smażona ryba	h. gegrillte Forelle
9. gotowana szynka	i. gedünstete Möhren
10. duszone grzyby	j. Pilze in Essig
11. boczek wędzony	k. sauer eingelegter Hering
12. wędzona makrela	l. gegrillter Mais
13. gęś nadziewana	ł. gedünstete Pilze
14. śledź marynowany	m. gebratene Gans
15. grzyby marynowane	n. geräucherte Makrele
16. grillowana kukurydza	o. gefüllter Kohlrabi

15 Lesen Sie den Text und beantworten Sie die Fragen.
Proszę przeczytać tekst i odpowiedzieć na pytania.

Pani Magdalena idzie na zakupy. Kupuje jarzyny na zupę jarzynową: włoszczyznę, zielony groszek, kalarepę, marchew, kalafior i brokuły. Potem kupuje jeszcze pół kilo mięsa wołowego z kością. To jest mięso na zupę. Na drugie danie będzie gulasz z makaronem. Pani Magdalena ma w domu makaron, ale musi kupić mięso: pół kilo wołowiny i pół kilo wieprzowiny.
A co będzie na deser? Lody z truskawkami i bitą śmietaną. Mąż pani Magdaleny przyniesie lody z cukierni.

1. Kto idzie na zakupy?
2. Co jest potrzebne na zupę jarzynową?
3. Co będzie na drugie danie?
4. Jakie mięso kupuje pani Magdalena na zupę, a jakie na drugie danie?
5. Co będzie na deser?
6. Gdzie można kupić lody?
7. Kto przyniesie lody?

16+ Ordnen Sie jedem Begriff die passende Erklärung zu.
Proszę dopasować do każdego pojęcia odpowiednie objaśnienie.

A. przyprawy • desery • słodycze • mrożonki • frytki • bigos • śniadanie • kolacja • pieczywo • wędlina

1. Jest to typowa polska potrawa z kapusty świeżej i kiszonej z mięsem, wędliną i dodatkiem grzybów. ....
2. Tak określamy słodkie dania podawane na koniec obiadu: budynie, galaretki, ciastka … ....
3. Chleb, bułki, rogaliki, precle … ....
4. Są to wyroby mięsne, które zwykle jemy z dodatkiem pieczywa: kiełbasy, szynki, baleron itp. ....
5. Tak nazywamy wyroby czekoladowe, cukierki, żelki, herbatniki … ....
6. One poprawiają smak wielu potraw. Zaliczamy do nich pieprz, musztardę, jałowiec, ziele angielskie, cynamon, wanilię i wiele innych. ....
7. Są to gotowe potrawy, półprodukty oraz jarzyny, owoce, ryby i mięsa w temperaturze około –20 °C. ....
8. Ten posiłek jemy wieczorem. ....
9. Pierwszy posiłek w ciągu dnia. ....
10. Są to sztyfciki z ziemniaków smażone w dużej ilości oleju. ....

B. kompotierka • patelnia • talerz głęboki • talerz płytki • szybkowar • sztućce • solniczka • waza • cukiernica • kieliszek

1. W tym garnku możemy szybko ugotować ziemniaki, mięso, zupę. ....
2. To jest niewielkie naczynie stołowe, w którym jest sól. ....
3. Małe naczynie na deser, w formie miseczki. ....
4. Naczynie stołowe, w którym jest cukier. ....
5. Jest to naczynie kuchenne do smażenia mięs, ryb, jajek, naleśników. ....
6. Naczynie stołowe, z którego jemy zupę. ....
7. Szklane naczynie na napoje alkoholowe. ....
8. W tym dużym naczyniu podajemy zupę. ....
9. Łyżki, noże i widelce. ....
10. Naczynie, z którego jemy drugie danie. ....

Die Kardinalzahlen von 0 bis 100

0 zero		
1 jeden	**11** jedenaście	
2 dwa	**12** dwanaście	
3 trzy	**13** trzynaście	**30** trzydzieści
4 cztery	**14** czternaście	**40** czterdzieści
5 pięć	**15** piętnaście	**50** pięćdziesiąt
6 sześć	**16** szesnaście	**60** sześćdziesiąt
7 siedem	**17** siedemnaście	**70** siedemdziesiąt
8 osiem	**18** osiemnaście	**80** osiemdziesiąt
9 dziewięć	**19** dziewiętnaście	**90** dziewięćdziesiąt
10 dziesięć	**20** dwadzieścia	**100** sto
21 dwadzieścia jeden	**32** trzydzieści dwa	**43** czterdzieści trzy
54 pięćdziesiąt cztery	**65** sześćdziesiąt pięć	**76** siedemdziesiąt sześć

17 Schreiben Sie die Zahlen in Ziffern.
Proszę napisać liczby cyframi.

1. czterdzieści siedem ....
2. dwadzieścia osiem ....
3. pięćdziesiąt cztery ....
4. jedenaście ....
5. osiemdziesiąt pięć ....
6. sto ....
7. osiem ....
8. trzydzieści sześć ....
9. dwadzieścia trzy ....
10. siedemdziesiąt jeden ....
11. szesnaście ....
12. dziewięćdziesiąt osiem ....

18 Welche Zahl ist größer? Setzen Sie das richtige Zeichen (> oder <) ein.
Która liczba jest większa? Proszę wstawić odpowiedni znak (> lub <).

1. trzydzieści osiem .... osiemnaście
2. pięćdziesiąt dwa .... dwadzieścia pięć
3. dziewiętnaście .... dziewięćdziesiąt
4. siedemdziesiąt cztery .... trzydzieści dwa
5. jedenaście .... czternaście
6. osiemdziesiąt sześć .... osiemdziesiąt jeden
7. trzydzieści sześć .... sześćdziesiąt trzy
8. sto .... dziesięć
9. siedemdziesiąt osiem .... sześćdziesiąt dziewięć
10. pięćdziesiąt pięć .... osiemdziesiąt pięć
11. dwadzieścia trzy .... trzydzieści dwa
12. siedemnaście .... siedemdziesiąt

19 Ergänzen Sie die fehlenden Buchstaben.
Proszę uzupełnić brakujące litery.

1. . . . . . dzi . . . . . ia os . . . . . (28)
2. cz . . . . r . . . . ie . . ci tr . . . . (43)
3. s . . . . . e . . na . . ci . . (17)
4. . . er . . (0)
5. je . . . . c . . . . (11)
6. tr . . . . dzi . . . . ci . . . . ter . . (34)
7. . . wad . . ie . . . . . a dz . . . . wi . . . . (29)
8. siede . . . . e (17)
9. . . zie . . . . . . dzi . . . . t . . wa (92)
10. . . si . . . . na . . c . . e (18)

20 Nennen Sie das Ergebnis auf Polnisch.
Proszę podać wynik po polsku.

1. 27 + 19 = ...
2. 13 + 44 = ...
3. 25 + 26 = ...
4. 36 + 64 = ...
5. 87 + 11 = ...
6. 20 + 36 = ...
7. 47 + 31 = ...
8. 56 + 39 = ...
9. 16 + 12 = ...
10. 10 + 68 = ...
11. 48 – 31 = ...
12. 95 – 22 = ...
13. 81 – 55 = ...
14. 18 – 13 = ...
15. 44 – 32 = ...
16. 98 – 33 = ...
17. 71 – 17 = ...
18. 56 – 30 = ...
19. 74 – 23 = ...
20. 75 – 74 = ...

Preisangaben

Die Preise werden umgangssprachlich oft ohne Währungsangabe genannt:

12,70	dwanaście siedemdziesiąt
8,40	osiem czterdzieści
32,95	trzydzieści dwa dziewięćdziesiąt pięć

21 Lesen Sie die Speisekarte und beantworten Sie die Fragen.
Proszę przeczytać kartę dań i odpowiedzieć na pytania.

Zestawy śniadaniowe

Zestaw 1:	Jajecznica z dwóch jaj na szynce, masło, pieczywo	5,00
Zestaw 2:	2 jajka sadzone, masło, pieczywo	4,00
Zestaw 3:	2 jajka sadzone na boczku, masło, pieczywo	4,50
Zestaw 4:	Wędlina, twarożek ze szczypiorkiem, masło, pieczywo, rzodkiewki	4,90
Zestaw 5:	Wędlina, ser żółty, masło, pieczywo, pomidor, dżem, miód	5,30
Zestaw 6:	Masło, pieczywo, dżem, miód	3,70

1. Ile kosztuje zestaw 1 i herbata?
2. Ile kosztuje zestaw 2 i kawa z ekspresu?
3. Ile kosztuje zestaw 2 i herbata?
4. Ile kosztuje zestaw 4 i herbata?
5. Ile kosztuje zestaw 5 i kakao?
6. Ile kosztuje zestaw 6 i kawa rozpuszczalna?
7. Ile kosztuje zestaw 4 i gorące mleko?
8. Ile kosztuje zestaw 4 i kawa z ekspresu?
9. Ile kosztuje zestaw 3 i kakao?
10. Ile kosztuje zestaw 1 i kawa zbożowa na mleku?
11. Ile kosztuje zestaw 3 i kawa zbożowa na mleku?
12. Ile kosztuje zestaw 6 i gorące mleko?

Napoje gorące

Kawa rozpuszczalna	2,50
Kawa z ekspresu	2,60
Herbata	1,90
Kawa zbożowa na mleku	1,60
Kakao	2,40
Gorące mleko	1,70

22 In jeder Gruppe gibt es zwei falsche Begriffe. Finden Sie diese.
W każdej grupie znajdują się dwa niewłaściwe pojęcia. Proszę je znaleźć.

posiłki:	śniadanie, podwieczorek, jajecznica, obiad, kieliszek, kolacja
napoje gorące:	kawa, lemoniada, herbata, kakao, woda mineralna, grog
naczynia stołowe:	widelec, patelnia, talerz, filiżanka, spodek, szklanka
przyprawy:	pieprz, cynamon, mleko, ziele angielskie, tymianek, barszcz
zupy:	krupnik, grochówka, makaron, szpinak, barszcz, grzybowa
dania mięsne:	kotlet mielony, kotlet schabowy, surówka z kapusty, sznycel po wiedeńsku, gulasz, pierogi z serem
owoce:	truskawki, mango, cebula, wiśnie, winigrona, cukinia
jarzyny:	kluski, zielony groszek, rzodkiewki, marchew, pomarańcze, ogórki
wędliny:	parówki, szynka, baleron, ser topiony, kiełbasa, musztarda
sztućce:	widelec, czosnek, pieczarki, nóż, łyżka, widelczyk do ciasta
ryby:	karp, halibut, sardynka, pasztet, makrela, smalec
pieczywo:	chleb chrupki, ryż, rogalik, bułka paryska, kajzerka, masło
ciasta i ciastka:	szarlotka, pączek, kawa zbożowa, ptyś, makowiec, zapiekanka
drób:	kaczka, cukierniczka, indyk, kurczak, gęś, kotlet

23 Bringen Sie die Dialoge in die richtige Reihenfolge.
Proszę uporządkować wypowiedzi dialogów.

A. a. ...... Z mlekiem czy z cytryną?
b. ...... Bardzo proszę. A jaki napój pan sobie życzy?
c. ...... Nie, dziekuję. Nigdy nie słodzę herbaty.
d. ...... Dzień dobry panu. Co mogę podać?
e. ...... Wezmę herbatę.
f. ...... Czy mam podać słodzik?
g. ...... Poproszę zestaw śniadaniowy numer cztery.
h. ...... Bez mleka, bez cytryny i bez cukru.

B. a. ...... Hmmm … Proszę o cebulową.
b. ...... A na drugie danie?
c. ...... To bita śmietana z rodzynkami i kawałkami pomarańczy, do tego dekoracja z bezy i wiórków czekoladowych.
d. ...... Bardzo proszę. Jakiś deser?
e. ...... Jaką zupę może mi pan polecić?
f. ...... Zupa-krem z brokułów jest wyśmienita. Polecam też cebulową z grzankami.
g. ...... Bardzo proszę.
h. ...... Dzień dobry pani. Co mogę podać?
i. ...... Ciekawa kompozycja. Wezmę ten krem. A do picia poproszę o wodę mineralną bez gazu.
j. ...... Pierogi z mięsem i zestaw surówek.
k. ...... Chętnie wezmę deser. Ale mam pytanie: Co to jest krem sułtański?

Maß- und Verpackungseinheiten bei Lebensmitteln und Getränken

Folgende Gewichtseinheiten werden verwendet:

kilogram = kilo
dekagram = deka (10 Gramm)

Die Gewichtseinheiten Gramm/Pfund sind nicht geläufig. Stattdessen gibt es:

pół kilo = 500 g
ćwierć kilo = 250 g

Andere Mengen- und Verpackungseinheiten:

opakowanie	Packung, Verpackung	opakowanie herbatników
litr	Liter	litr mleka
butelka	Flasche	butelka soku
puszka	Dose	puszka piwa
kawałek	Stück, Stückchen	kawałek ciasta
pudełko	Schachtel, Dose (aus Kunststoff)	pudełko czekoladek
kubeczek	Becher	kubeczek maślanki
koszyczek	Körbchen	koszyczek malin
torebka	Tüte	torebka cukru
pęczek	Bund	pęczek rzodkiewek
karton	Karton, Tetrapack	karton mleka
kostka	Würfel	kostka masła
tabliczka	Tafel	tabliczka czekolady
plasterek	Scheibe	plasterek szynki
pojemniczek	kleiner Behälter, Becher	pojemniczek jogurtu
woreczek	Beutel	woreczek cebuli

24 Finden Sie die richtige Bedeutung.
Proszę znaleźć odpowiednie znaczenie.

1. kostka margaryny
2. kostka cukru
3. pęczek szczypiorku
4. pęczek koperku
5. butelka oleju
6. butelka mleka
7. torebka cukierków
8. torebka cukru
9. plasterek sera
10. plasterek baleronu
11. pojemniczek twarożku
12. pojemniczek budyniu
13. puszka sardynek
14. puszka piwa
15. pół kilo parówek
16. pół kilo soli
17. opakowanie płatków kukurydzianych
18. karton mleka
19. ćwierć kilo pomidorów
20. ćwierć kilo pasztetowej

a. eine Flasche Öl
b. eine Dose Sardinen
c. ein Würfel Zucker
d. ein Karton Milch
e. ein Pfund Salz
f. ein Würfel Margarine
g. eine Flasche Milch
h. eine Scheibe gepökelter Schweinekamm
i. ein Bund Schnittlauch
j. ein halbes Pfund Tomaten
k. ein Bund Dill
l. eine Tüte Bonbons
ł. eine Packung Cornflakes
m. eine Scheibe Käse
n. eine Dose Bier
o. ein Becher Pudding
p. ein Becher Quark
r. ein halbes Pfund Leberwurst
s. ein Pfund Wiener Würstchen
t. eine Tüte Zucker

25 Bringen Sie die Dialoge in die richtige Reihenfolge.
Proszę uporządkować wypowiedzi dialogów.

A.
a. ...... Woli pani pomidory krajowe czy z importu?
b. ...... Bardzo proszę. Co jeszcze?
c. ...... Niestety nie mamy dzisiaj papryki.
d. ...... Dzień dobry. Poproszę pół kilo pomidorów.
e. ...... Krajowe.
f. ...... Szkoda. W takim razie to wszystko. Ile płacę?
g. ...... Szczypiorek, dwa pęczki rzodkiewek i dwie papryki.
h. ...... Siedem osiemdziesiąt.

B.
a. ...... Proszę. Kilo i piętnaście deka. Może być?
b. ...... Tak. Wezmę jeszcze pół kilo parówek.
c. ...... Poproszę kilo wieprzowiny na pieczeń.
d. ...... Bardzo proszę. Od szynki czy z karkówki?
e. ...... Słucham, co dla pani?
f. ...... Bardzo dziękuję. To wszystko.
g. ...... Od szynki. O, ten kawałek.
h. ...... Proszę. Co jeszcze?

Co robisz?

Was machst du?

Fragen und Antworten im Alltag

Co robisz?	Was machst du?
Nic specjalnego.	Nichts Besonderes.
Jesteś zajęty/a?	Bist du beschäftigt?
(Czy) masz czas?	Hast du Zeit?
Mam problem/kłopot.	Ich habe ein Problem.
(Czy) możesz mi pomóc?	Kannst du mir helfen?
O co chodzi?	Worum geht es?

Dialog 1

Tomasz: Co robisz? Jesteś zajęta?:
Barbara: Robię obiad. Zupa już się gotuje. Teraz muszę jeszcze obrać ziemniaki.
Tomasz: A mięso?
Barbara: Jest w piekarniku. Robię pieczoną wieprzowinę.
Tomasz: A gdzie jest Agnieszka?
Barbara: Tutaj, w kuchni. Pomaga mi. Robi surówkę z czerwonej kapusty.

Dialog 2

Henryk: Masz czas? Możesz mi pomóc?
Bogdan: Mam. A o co chodzi?
Henryk: Mój komputer nie działa. A ja nie wiem, dlaczego.
Bogdan: A jest włączony?
Henryk: Jest. Ale nie ma obrazu. i na nic nie reaguje.
Bogdan: No tak … Nie ma prądu. Musimy sprawdzić bezpieczniki.

Dialog 3

Bartek: Masz ochotę na kino?
Beata: Dzisiaj nie mogę, nie mam czasu. Muszę uczyć się do egzaminu.
Bartek: Od tygodnia nie masz czasu! Kiedy jest ten egzamin?
Beata: W czwartek.
Bartek: Ale dzisiaj jest dopiero poniedziałek! Masz jeszcze dużo czasu! Nie możesz uczyć się na okrągło!
Beata: No dobrze, może masz rację. Nie mam dzisiaj nastroju do nauki.

Dialog 4

Ojciec: Gdzie są nasze dzieci?
Matka: Asia i Grześ są w ogrodzie. Bawią się.
Ojciec: A Lidka?
Matka: U Martyny. Uczy się angielskiego z koleżankami. Jutro mają klasówkę. Powtarzają całą gramatykę. Chcą dobrze napisać ten sprawdzian.

Dialog 5

Marek: Czy macie już plany na weekend?
Leszek: Nie. Nie planujemy niczego specjalnego.
Marek: To może pojedziemy z namiotami nad jezioro?
Leszek: Dobry pomysł. Zabierasz wędkę?
Marek: Jasne! Chcę łowić ryby!
Leszek: Ja też.

1 Ergänzen Sie die Dialoge unter Verwendung der genannten Wörter.
Proszę uzupełnić dialogi używając podanych słów.

A. boję się • mogę • robisz • mam • jest • powtarzam • rozumiesz

Dorota: Co ....?
Kasia: .... fizykę. Jutro .... egzamin.
Dorota: Boisz się?
Kasia: Nie, nie .... Fizyka nie .... trudna.
Dorota: Ty .... fizykę?! Ja nie .... zrozumieć fizyki!

B. robisz • ziemniaki • kotlety • jest • zajęta • lubię • gotuję

Janusz: Aniu, jesteś ....?
Ania: Tak, ... obiad.
Janusz: A co dobrego ....?
Ania: Gotuję .... i smażę ....
A sałata już .... gotowa.
Janusz: Wspaniale! Bardzo .... kotlety z ziemniakami i sałatę!

C. macie • planuje • dziękuję • przyjdziemy • dzwonię • robicie • pytasz • wiem • urządzamy

Piotr: Co .... jutro wieczorem? .... czas?
Artur: Ja nie mam planów. Ale nie ...., co Karolina .... A dlaczego pytasz?
Piotr: Edyta i ja .... małe przyjęcie.
Artur: To ja już .... do Karoliny. (…)
Artur: ...., Karolina ma jutro czas.
Bardzo .... za zaproszenie. Chętnie ....

D. idę • zaczyna się • jesteś • kończę • gotowa • czasu • bilety • musimy

Krzysztof: Małgosiu, ... gotowa?
Małgosia: Chwileczkę, już .... się czesać.
Krzysztof: To ja już .... do samochodu.
Małgosia: Dlaczego jesteś taki niecierpliwy?
Krzysztof: Nie mamy dużo .... Film .... za pół godziny.
Małgosia: Przecież mamy ...., nie .... stać w kolejce.
A poza tym jestem już .... Idziemy!

E. idziesz • cieszę się • chodzę • mam • pójdziemy • spieszę się • jutro

Justyna: Cześć Wanda! ...., że cię widzę!
Może .... razem na kawę?
Wanda: Cześć! Niestety nie mam czasu, ...
Justyna: Dokąd ....?
Wanda: Mam termin u dentysty.
Justyna: To może spotkamy się ....?
Wanda: Jutro jest czwartek, nie .... czasu.
W czwartki .... na kurs angielskiego. Pojutrze mam czas.
Justyna: Świetnie!

Vornamen

Im Polnischen werden oft Koseformen der gängigen Vornamen verwendet, insbesondere wenn es sich um Kinder handelt. Auch im Bekanntenkreis gebraucht man oft Kosenamen.

2+ Ordnen Sie die Koseformen den amtlichen Vornamen zu.
Proszę dopasować zdrobnienia imion do ich urzędowych form.

A.

Anna	Basia
Katarzyna	Ula
Małgorzata	Marysia, Majka
Barbara	Ala
Lidia	Ania, Anka, Anusia
Joanna	Aga, Agnisia
Elżbieta	Lidka
Maria	Renia
Urszula	Kasia
Alicja	Joasia, Asia
Aleksandra	Małgosia, Gosia
Agnieszka	Ola
Renata	Ela

B.

Aleksander	Maciek
Tadeusz	Wojtek
Dariusz	Zbyszek
Maciej	Darek
Piotr	Janek, Jaś, Jasiek
Wojciech	Bartek
Zbigniew	Tadek, Tadzik
Jerzy	Mirek
Jarosław	Jurek
Jan	Jarek
Jakub	Olek
Mirosław	Kuba
Bartosz	Piotrek

3 Ergänzen Sie die Tabelle.
Proszę uzupełnić tabelę.

	czytać	grać	znać	pomagać	szukać	powtarzać
ja	czytam	gram	....	....	szukam	....
ty	....	grasz	znasz	....	....	powtarzasz
on	....	....	....	pomaga	szuka	powtarza
my	....	gramy	znamy	....	....	....
wy	czytacie	....	....	pomagacie	szukacie	....
oni	....	....	znają	pomagają	....	powtarzają

4 Ergänzen Sie die Sätze mit konjugierten Verben aus der Übung 3.
Proszę uzupełnić zdania czasownikami z ćw. 3 w odpowiedniej formie.

1. Kazik .... gazetę.
2. Dzieci .... w domino.
3. Czy wy .... Piotra Rudzkiego?
4. Wanda i Ewa .... gramatykę.
5. Mój syn .... na gitarze.
6. Agnieszka .... w kuchni.
7. Marek .... klucza do piwnicy.
8. Student .... nowe słowa. *(drei Möglichkeiten)*
9. My nie .... dobrze Krakowa.
10. *(Ja)* .... słownika.

5 Ergänzen Sie die Tabelle.
Proszę uzupełnić tabelę.

	robić	lubić	bawić się	mówić	kupić
ja	....	lubię	....	mówię	....
ty	robisz	lubisz	....	....	kupisz
on	....	....	bawi się	mówi	....
my	robimy	....	bawimy się	....	kupimy
wy	robicie	lubicie	....	mówicie	....
oni	....	....	bawią się	....	kupią

6 Ergänzen Sie die Sätze mit konjugierten Verben aus Übung 5.
Proszę uzupełnić zdania czasownikami z ćw. 5 w odpowiedniej formie.

1. Ja nie .... szpinaku.
2. Martin dobrze .... po polsku.
3. Basiu, dlaczego nie .... z dziećmi?
4. Mama .... kolację.
5. *(Ja)* .... gruszki. *(zwei Möglichkeiten)*

6. O kim wy ....?
7. Agnieszko, co ....?
8. Rodzice .... nowy komputer dla Grzegorza.
9. Moje dzieci bardzo .... chodzić do kina.
10. Ania .... z Kasią i Jackiem.

7 Ergänzen Sie die Tabelle.
Proszę uzupełnić tabelę.

	chodzić	**budzić**	**słodzić**	**nudzić**	**radzić**
ja	....	....	słodzę	....	radzę
ty	chodzisz	....	....	nudzisz	....
on	....	budzi	słodzi	....	....
my	chodzimy	....	....	....	radzimy
wy	....	budzicie	....	....	....
oni	....	....	....	nudzą	....

8 Ergänzen Sie die Sätze mit den Verben aus Übung 7.
Proszę uzupełnić zdania czasownikami z ćw. 7.

1. Nasze dzieci jeszcze .... do przedszkola.
2. Rano budzik .... Janusza.
3. Ja nigdy nie .... herbaty.
4. Nie lubię filmów sentymentalnych. One mnie ....
5. *(Ja)* .... państwu zamówić bigos domowy.
6. Czy wy często .... do teatru?
7. Czym *(ty)* .... kawę, cukrem czy słodzikiem?
8. Kiedy pada deszcz, dzieci się ....
9. Lekarz .... pacjentce jeść codziennie jarzyny i owoce.
10. Nie potrzebuję budzika, bo zawsze .... się o tej samej porze.

9 Ergänzen Sie die Tabelle.
Proszę uzupełnić tabelę.

	marzyć	**uczyć się**	**smażyć**	**tańczyć**	**leczyć**
ja	marzę	....	smażę	....	....
ty	....	uczysz się	....	....	leczysz
on	....	....	smaży	tańczy	....
my	....	uczymy się	....	tańczymy	....
wy	marzycie	....	....	....	leczycie
oni	....	uczą się	....	tańczą	....

10 Ergänzen Sie die Sätze mit konjugierten Verben aus Übung 9.
Proszę uzupełnić zdania czasownikami z ćw. 9 w odpowiedniej formie.

1. Weterynarz .... chore zwierzęta.
2. Janusz i Ola .... tango.
3. Kucharz .... kotlety.
4. My .... polskiego na kursie.
5. *(Ja)* .... o urlopie na Karaibach.
6. O czym *(wy)* ....?
7. Co *(ty)* ...., rybę czy mięso?
8. Dentyści .... zęby.
9. Ja nie chodzę na dyskotekę, bo nie ....
10. Mariusz .... do egzaminu.

11 Schreiben Sie zu jeder Verbform das passende Pronomen.
Proszę dopisać do każdej formy czasownika odpowiedni zaimek.

.... robimy	.... uczy się	.... smażysz
.... budzę się	.... radzisz	.... tańczą
.... bawi się	.... radzi	.... lubicie
.... chodzimy	.... marzy	.... czytają
.... uczycie się	.... bawicie się	.... nudzę się
.... gram	.... mówicie	.... kupi
.... powtarzamy	.... czytają	.... słodzicie
.... chodzi	.... radzimy	.... lubi

12 Verbinden Sie sinnvoll die Satzteile. Jede Vorgabe darf nur einmal benutzt werden.
Proszę sensownie połączyć części zdań. Każdej części można użyć tylko raz.

A.

1. Justyna pomaga	a. się gotuje.
2. Mama gotuje	b. na kawałek mięsa.
3. Justyna robi surówkę	c. bo właśnie naprawia rower Daniela.
4. Zupa już	d. mamie w kuchni.
5. Mama obiera	e. z czerwonej kapusty.
6. Mięso już jest	f. jak mops.
7. Magda i Daniel	g. w piekarniku.
8. Tylko tato nie pomaga,	h. obiad.
9. Pies Reks nudzi się	i. piłką.
10. Nawet nie bawi się	j. lubi mięso.
11. On chyba czeka	k. nakrywają do stołu.
12. Reks bardzo	l. ziemniaki.

B. 1. Zwykle budzę się
2. Najpierw idę do łazienki
3. Potem, jeszcze w szlafroku, robię
4. Dopiero po śniadaniu
5. Pracę zaczynam
6. Do pracy jest niedaleko, więc
7. Po pracy robię
8. Czasem spotykam się
9. Wieczorem lubię czytać
10. Nie oglądam telewizji, bo
11. Dwa razy w tygodniu
12. Latem często pływam

a. i biorę prysznic.
b. książki.
c. zakupy albo wracam bezpośrednio do domu.
d. w jeziorze.
e. wcześnie bez budzika.
f. ćwiczę na siłowni.
g. ubieram się.
h. ze znajomymi.
i. nie mam telewizora.
j. o ósmej rano.
k. śniadanie.
l. chodzę pieszo.

13 Schreiben Sie die in Klammern stehenden Verben in der richtigen Form.
Proszę napisać czasowniki stojące w nawiasach w odpowiedniej formie.

1. Agata .... interesującą książkę. *(czytać)*
2. Piotr i Eliza .... dobrego hotelu. *(szukać)*
3. Agnieszko, dlaczego nie .... mamie? *(pomagać)*
4. Ja nie .... dobrze polskiej gramatyki. *(znać)*
5. Latem *(my)* często .... w piłkę. *(grać)*
6. Pan Bogdan dobrze .... po niemiecku. *(mówić)*
7. Marku, Kingo, co .... w niedzielę? *(robić)*
8. Janusz bardzo .... pierogi z serem. *(lubić)*
9. Dzieci .... na podwórku. *(bawić się)*
10. Dzisiaj *(ja)* .... świeży chleb. *(kupić)*
11. Moje dzieci jeszcze nie .... do szkoły. *(chodzić)*
12. Babcia .... Monikę. *(budzić)*
13. Czym ty .... kawę, cukrem czy słodzikiem? *(słodzić)*
14. .... Leszkowi iść do dentysty. *(radzić) (ja)*
15. My nigdy nie .... na urlopie. *(nudzić się)*
16. Susanne .... polskiego. *(uczyć się)*
17. My od dawna .... o urlopie w Tajlandii. *(marzyć)*
18. Teraz *(ja)* .... karpia. *(smażyć)*
19. Mateusz i Marta .... sambę. *(tańczyć)*
20. Pediatra .... dzieci. *(leczyć)*
21. Gwieździste niebo .... ładną pogodę. *(wróżyć)*
22. Ziemia .... wokół Słońca. *(krążyć)*
23. Na co wy jeszcze ....? *(liczyć)*
24. Pokrzywy .... *(parzyć)*

14 Suchen Sie zu jeder Frage eine passende Antwort.
Verwenden Sie jede Vorgabe nur einmal.
Proszę znaleźć do każdego pytania właściwą odpowiedź.
Każdego pytania i każdej odpowiedzi możny użyć tylko raz.

1. Dlaczego nie chcesz iść na basen?
2. Dlaczego nie zamawiasz mięsa?
3. Dlaczego mój komputer nie działa?
4. Dlaczego pakujesz walizkę?
5. Dlaczego nie tańczysz?
6. Dlaczego uczysz się polskiego?
7. Dlaczego Tomek nie je obiadu?
8. Dlaczego bierzesz słownik?
9. Dlaczego dzieci są w domu?
10. Dlaczego telefonujesz do lekarza?

a. Bo chcę studiować w Polsce.
b. Bo nie ma prądu.
c. Bo nie lubię pływać.
d. Bo nie mam ochoty na taniec.
e. Bo wolę rybę.
f. Bo muszą przygotować referat.
g. Bo jestem przeziębiony.
h. Bo nie rozumiem słowa „ćwiczenie".
i. Bo jadę na urlop.
j. Bo nie jest głodny.

15 Suchen Sie zu jeder Frage eine passende Antwort.
Proszę znaleźć do każdego pytania właściwą odpowiedź.

1. Do kogo telefonujesz?
2. Z kim Iza dyskutuje?
3. Co studiujecie?
4. Dlaczego Marek nastawia budzik?
5. Czego się uczycie?
6. Gdzie jest twój samochód?
7. Co zamawiasz na deser?
8. Co robisz?
9. Co czytasz?
10. Jaki sport uprawia Daniel?

a. Ekonomię.
b. Kompot śliwkowy.
c. Biologii. Jutro mamy egzamin.
d. Powieść kryminalną.
e. Do Magdy.
f. W warsztacie.
g. Regularnie ćwiczy na siłowni.
h. Z koleżanką.
i. Szukam klucza.
j. Bo musi jutro wcześnie wstać.

16 Suchen Sie zu jeder Aussage die passende Ergänzung.
Proszę znaleźć odpowiednie uzupełnienie każdej wypowiedzi.

1. Jutro muszę wcześnie wstać,
2. Chcemy pojechać na urlop,
3. Marek jest głodny,
4. Kasia ma pojutrze egzamin,
5. Roger interesuje się Polską,
6. Emila boli ząb,
7. Chcemy obejrzeć ciekawy film,
8. Pada deszcz,
9. Nie mam w domu jajek,
10. Wiktor ma dużo pracy,

a. więc uczy się polskiego.
b. więc wezmę parasol.
c. więc robi sobie kanapkę.
d. więc oglądamy katalogi biura podróży.
e. więc nie może wziąć teraz urlopu.
f. więc idzie do dentysty.
g. więc nastawiam budzik.
h. więc włączamy telewizor.
i. więc powtarza cały materiał z historii.
j. więc muszę iść do sklepu.

Die Verben „iść" und „chodzić" (gehen), „jechać" und „jeździć" (fahren)

	iść	**chodzić**	**jechać**	**jeździć**
ja	idę	chodzę	jadę	jeżdżę
ty	idziesz	chodzisz	jedziesz	jeździsz
on, ona, ono	idzie	chodzi	jedzie	jeździ
my	idziemy	chodzimy	jedziemy	jeździmy
wy	idziecie	chodzicie	jedziecie	jeździcie
oni, one	idą	chodzą	jadą	jeżdżą

Die Verben iść und jechać deuten auf eine einmalige Aktion, während bei chodzić und jeździć eine Wiederholbarkeit/Regelmäßigkeit vorhanden ist. Hier einige Beispiele:

Idę do kina.	Ich gehe ins Kino.
Często **chodzę** do kina.	Ich gehe oft ins Kino.
Jadę autobusem na lotnisko.	Ich fahre mit dem Bus zum Flughafen.
Do pracy **jeżdżę** samochodem.	Zur Arbeit fahre ich (immer) mit dem Auto.

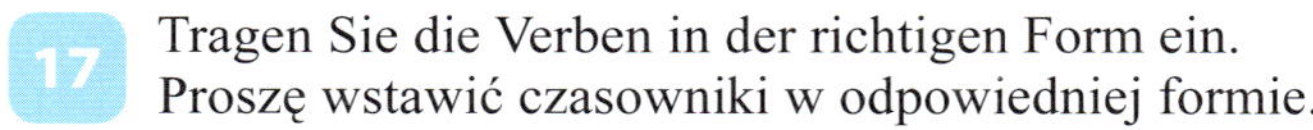

17 Tragen Sie die Verben in der richtigen Form ein.
Proszę wstawić czasowniki w odpowiedniej formie.

A. iść

1. Dzieci, dokąd ....? – Ja .... do domu, a Marek .... do biblioteki.
2. My nie .... dzisiaj do szkoły.
3. Dokąd ty .... na obiad?
4. Po wykładach studenci .... na stołówkę.

B. chodzić

1. Moje córki .... do gimnazjum.
2. Codziennie *(ja)* .... z Reksem na długi spacer.
3. Julia .... na kurs francuskiego.
4. Dlaczego *(ty)* nie .... na basen?
5. My .... często do teatru. A dokąd wy ....?

C. jechać

1. Jutro *(my)* .... do Gdyni.
2. Dokąd .... ten autobus?
3. *(Ja)* .... do centrum na zakupy.
4. *(Ty)* .... tramwajem czy autobusem?
5. Dokąd *(wy)* .... na urlop?
6. Marta i Bogdan .... nad jezioro.

D. jeździć

1. Ty .... do pracy samochodem, a ja .... autobusem.
2. My .... latem nad morze, a wy .... w góry.
3. Jurek dobrze .... na łyżworolkach.
4. Nasze dzieci latem zawsze .... na wieś do dziadków.

18+ Tragen Sie die passenden Verben in der richtigen Form ein.
Proszę wstawić właściwe czasowniki w odpowiedniej formie.

A. jechać • jeździć

1. Dokąd *(wy)* .... w tym roku na urlop? – Zwykle .... za granicę, ale w tym roku .... na Mazury.
2. Ja często .... do pracy samochodem, ale dzisiaj .... autobusem.
3. Nasz szef .... dzisiaj na konferencję do Hamburga.
4. Ania lubi .... zimą na łyżwach, a latem na rowerze.
5. Ty często .... autobusem. Czy wiesz, który autobus .... na lotnisko?
6. Kursanci .... dzisiaj na wycieczkę do Krakowa.

B. iść • chodzić

1. Zwykle *(ja)* .... do kina sam, ale dzisiaj .... z bratem.
2. Małgosiu, dokąd ....? – .... na kurs komputerowy. Zawsze we wtorki .... na kurs.
3. Mój zegarek nie .... Muszę .... po nowe baterie.
4. Zuzanna często .... na koncerty.
5. Jacek .... do apteki po lekarstwo.

Wochentage und Monate

Dni tygodnia	Wochentage	Miesiące	Monate
poniedziałek	Montag	styczeń	Januar
wtorek	Dienstag	luty	Februar
środa	Mittwoch	marzec	März
czwartek	Donnerstag	kwiecień	April
piątek	Freitag	maj	Mai
sobota	Sonnabend	czerwiec	Juni
niedziela	Sonntag	lipiec	Juli
		sierpień	August
		wrzesień	September
		październik	Oktober
		listopad	November
		grudzień	Dezember

19 Suchen Sie den passenden polnischen Ausdruck.
Proszę znaleźć właściwe polskie wyrażenie.

A.

1. am Freitag	a. w czwartek
2. am Dienstag	b. od poniedziałku do czwartku
3. am Donnerstag	c. do wtorku
4. am Sonntag	d. w każdą niedzielę
5. am Mittwoch	e. w piątek
6. den ganzen Sonntag lang	f. w każdą środę
7. von Montag bis Donnerstag	g. w niedzielę
8. jeden Mittwoch	h. do soboty
9. jeden Sonntag	i. we wtorek
10. bis Dienstag	j. w środę
11. bis Sonnabend	k. przez całą niedzielę

B.

1. im Januar	a. w kwietniu
2. im Februar	b. w sierpniu
3. im März	c. w grudniu
4. im April	d. we wrześniu
5. im Mai	e. w lutym
6. im Juni	f. w marcu
7. im Juli	g. w lipcu
8. im August	h. w styczniu
9. im September	i. w listopadzie
10. im Oktober	j. w maju
11. im November	k. w październiku
12. im Dezember	l. w czerwcu

C.

1. das ganze Jahr lang	a. do lutego
2. Anfang Mai	b. w pierwszym tygodniu listopada
3. Ende Oktober	c. na początku maja
4. Mitte Dezember	d. pod koniec października
5. von März bis Juni	e. w pierwszy wtorek sierpnia
6. am ersten Dienstag im August	f. przez cały rok
7. in der ersten Novemberwoche	g. od maja
8. bis Februar	h. od marca do czerwca
9. seit Mai	i. w drugiej połowie lipca
10. in der zweiten Julihälfte	j. w połowie grudnia

20 Ergänzen Sie die Sätze mit den genannten Verben.
Proszę uzupełnić zdania podanymi czasownikami.

A. wiem • wiesz • wie • wiemy • wiecie • wiedzą

1. Czy ty ...., gdzie mieszka Elżbieta?
2. Skąd *(wy)* ...., że ja teraz pracuję w Gdyni?

3. Policjant na pewno ...., gdzie jest hotel „Cracovia”.
4. Czy twoi rodzice ...., że tutaj jesteś?
5. Ja też nie ...., gdzie jest apteka.
6. *(My)* ...., że on dużo pracuje.

B. jem • jesz • je • jemy • jecie • jedzą

1. Co *(ty)* .... na obiad?
2. My nie .... mięsa w piątki.
3. Dzieci .... zupę z apetytem.
4. *(Ja)* Na śniadanie .... zwykle czarny chleb z serem.
5. Diana .... lody waniliowe.
6. Darku, Wandziu, dlaczego nie .... ryby?

21 Ergänzen Sie die Tabelle.
Proszę uzupełnić tabelę.

	reagować	telefonować	pracować	studiować	malować	fotografować
ja	reaguję	....	pracuję	....	....	....
ty	....	telefonujesz	....	....	....	fotografujesz
on	....	....	pracuje	....	maluje	....
my	....	telefonujemy	....	studiujemy	....	....
wy	reagujecie	....	....	....	malujecie	....
oni	....	....	....	studiują	....	fotografują

22 Ergänzen Sie die Sätze mit konjugierten Verben aus Übung 21.
Proszę uzupełnić zdania czasownikami z ćw. 21 w odpowiedniej formie.

1. Joasia .... do Beaty.
2. Dziennikarze .... zamek.
3. Barbara .... socjologię.
4. *(My)* Zawsze w niedzielę .... do rodziców.
5. Przepraszam, czy pan .... w tym banku?
6. Leszek .... portret.
7. Pacjent nie .... na terapię.
8. Ja teraz .... w biurze.
9. Dlaczego ty zawsze tak nerwowo ....?
10. Dzieci mają farby i .... kwiaty.
11. Czy Janusz .... medycynę?

23 Was ist möglich? Markieren Sie.
Co jest możliwe? Proszę zaznaczyć.

1. gotować: zupę – makaron – prąd – obiad – komputer – ziemniaki
2. chodzić: bezpiecznik – w piłkę – do szkoły – samochodem – na kurs – referat

3. jeździć: samochodem – tramwajem – autobusem – czas – bank – z apetytem
4. tańczyć: tango – kompot – walca – telefon – z Kasią – na dyskotece
5. telefonować: do Natalii – na jutro – w piekarniku – do lodówki – taksówką – do domu
6. obrać: ziemniaki – cebulę – makaron – chleb – garnek – egzamin
7. powtarzać: słowa – fizykę – gramatykę – kotlety – w karty – biologię
8. mieć: problem – klasówkę – czas – egzamin – brata – samochód
9. smażyć: wodę – rybę – mięso – jajka – piłkę – kotlet
10. pracować: w banku – jako taksówkarz – w karty – w ogrodzie – do apteki – chleb

24 Übersetzen Sie ins Deutsche.
Proszę przetłumaczyć na niemiecki.

1. Ojciec telefonuje do dziadka. ....
2. Mama gotuje ziemniaki na obiad. ....
3. We wtorek mam egzamin. ....
4. Jola robi surówkę z kapusty. ....
5. Kasia i Jacek bawią się w ogrodzie. ....
6. Adam jedzie samochodem do Berlina. ....
7. Lubimy grać w karty. ....
8. Muszę przygotować na jutro referat. ....
9. Agata nie je mięsa. ....
10. Kamil naprawia rower. ....
11. Iwona idzie na zakupy. ....
12. Muszę pojechać z kotem do weterynarza. ....
13. Nie mam czasu na spacer, bo muszę przetłumaczyć tekst. ....
14. Ewa lubi pływać, więc często chodzi na basen. ....
15. Mam apetyt na lody czekoladowe. ....

25+ Übersetzen Sie ins Polnische.
Proszę przetłumaczyć na polski.

1. Ich rufe in der Bank an. ....
2. Die Suppe kocht. ....
3. Am Freitag fahre ich nach Frankfurt. ....
4. Anna macht Obstsalat. ....
5. Meine Kinder spielen Ball. ....
6. Beata und Marek essen Gulasch. ....
7. Hast du Zeit? ....

8. Peter muss zum Zahnarzt fahren. ....
9. Monika liest gern, also geht sie oft in die Bibliothek. ....
....
10. Der Patient hat keinen Appetit. ....
11. Am Mittwoch rufe ich Robert an. ....
12. Wir spielen gern Tennis. ....

26 Lesen Sie den Text und beantworten Sie die Fragen.
Proszę przeczytać tekst i odpowiedzieć na pytania.

Dzisiaj jest niedziela. Cała rodzina jest w domu, bo pada deszcz. Ojciec instaluje nowy komputer. Janusz czeka na ten komputer, bo chce grać w nową grę. Mama jest w kuchni i robi obiad. Teraz obiera ziemniaki. Zupa pomidorowa już się gotuje. Budyń na deser jest w lodówce. A na drugie danie mama poda kotlety mielone, ziemniaki i zielony groszek.
Alinka pomaga mamie w kuchni. A jej siostra Beata jest w swoim pokoju. Uczy się do egzaminu. We wtorek ma egzamin z literatury.

1. Jaki dzień jest dzisiaj?
2. Kto instaluje komputer?
3. Dlaczego Janusz czeka na komputer?
4. Jak mają na imię siostry Janusza?
5. Gdzie jest mama?
6. Co robi?
7. Jaka zupa będzie na obiad?
8. Co będzie na drugie danie?
9. Kto pomaga mamie?
10. Gdzie jest Beata?
11. Co robi?
12. Dlaczego Beata nie pomaga mamie?

27 Ergänzen Sie den Text, indem Sie die richtigen 15 Wörter aus der Liste verwenden.
Proszę uzupełnić tekst, wybierając z listy 15 odpowiednich słów.

francuskiego • książkę • zajęty • lodówka • czwartek • pracuje • trenuje • basen • wtorek • powtarza • syn • telewizję • gotujesz • karty • robi • gotować • obiad • zielony • kurs

Michał jest zawsze bardzo .... (1). Przez cały dzień .... (2) w banku, jest kasjerem. W poniedziałek po pracy chodzi na .... (3) komputerowy. We .... (4) ma kurs .... (5). W środę chodzi na .... (6), bo bardzo lubi pływać. W .... (7) znów ma kurs francuskiego, a w piątek .... (8) na siłowni. W sobotę .... (9) zakupy w supermarkecie, a wieczorem gra z kolegami w .... (10).
W niedzielę .... (11) francuską gramatykę, czyta .... (12) albo ogląda .... (13). Na .... (14) chodzi do restauracji, bo nie umie .... (15).

28

Welches Wort passt nicht zu den anderen?
Które słowo nie pasuje do pozostałych?

1. wtorek – wieczór – czwartek – sobota – niedziela ....
2. ojciec – brat – mama – siostra – kompot ....
3. kotlet – makaron – piekarnik – budyń – sałata ....
4. marzec – luty – listopad – lipiec – środa ....
5. basen – stadion – gimnazjum – siłownia – kort tenisowy ....
6. lodówka – socjologia – chemia – medycyna – psychologia ....
7. komputer – telewizor – surówka – lodówka – radio ....
8. tekst – książka – list – bezpiecznik – gazeta ....
9. urządzać – pływać – trenować – boksować – grać w piłkę ....
10. muzeum – śniadanie – bank – instytut – lotnisko ....
11. metro – taksówka – rower – tramwaj – praca ....
12. w – do – z – bo – na ....

29

Schreiben Sie die fehlenden Präpositionen.
Proszę dopisać brakujące przyimki.

1. Co jest dzisiaj .... obiad?
2. Ewa chodzi .... kurs angielskiego.
3. Konferencja jest .... czwartek.
4. Czekam .... telefon.
5. Mój brat studiuje .... uniwersytecie .... Berlinie.
6. Emil tańczy .... Hanią.
7. Dzieci są .... parku.
8. Urszula uczy się .... egzaminu.
9. Jutro mamy test .... matematyki.
10. Bogdan chodzi .... gimnazjum.
11. Karol, Stefan i Mirek grają .... karty.
12. Lecimy samolotem .... Kanady.
13. Dzieci mają apetyt .... pierogi z serem.
14. Idziemy .... kina .... amerykańską komedię.
15. Janusz dobrze gra .... gitarze.

Jadę na urlop

Ich fahre in Urlaub

In Urlaub fahren

mieć urlop	Urlaub haben
być na urlopie	im Urlaub sein
spędzać urlop	den Urlaub verbringen
jechać na urlop	in (den) Urlaub fahren
mieć ferie	Ferien haben
mieć wakacje	(Sommer-)Ferien haben
jechać: nad morze	an die See fahren
nad jezioro	an einen See fahren
w góry	ins Gebirge fahren
na wieś	aufs Land fahren
za granicę	ins Ausland fahren

Dialog 1

Konrad: Kiedy masz urlop?
Marek: W lipcu. A ty?
Konrad: We wrześniu. Wyjeżdżasz gdzieś?
Marek: Tak, lecimy wszyscy na dwa tygodnie do Turcji. Dzieci bardzo lubią morze. A jakie ty masz plany?
Konrad: Jadę na Mazury, na ryby i na grzyby.

Dialog 2

Halina: Dlaczego pakujesz walizkę? Wyjeżdżasz gdzieś?
Kasia: Jadę na urlop.
Halina: Dokąd?
Kasia: Do Włoch.
Halina: Co zabierasz?
Kasia: Dwie sukienki, dwa sweterki, kilka bluzek, spódnicę, szorty, spodnie …
Halina: Nie zapomnij wziąć opalacza!

Dialog 3

Piotr: Za dwa dni jadę na konferencję.
Daniela: Dokąd?
Piotr: Do Wiednia.
Daniela: Na jak długo?
Piotr: Na pięć dni.
Daniela: Co zabierasz?
Piotr: Szary garnitur, czarne spodnie, parę koszul …

Daniela: Który krawat bierzesz?
Piotr: Wezmę dwa: zielony i ten szary w paski.
Daniela: Co jeszcze?
Piotr: Bieliznę, skarpetki, piżamę …
Daniela: Zapakuj koniecznie szczoteczkę do zębów i golarkę elektryczną!

Dialog 4

Anna: Kiedy jedziemy na urlop?
Mateusz: Jeszcze nie wiem.
Anna: Dlaczego? Nie macie planu urlopów?
Mateusz: Właściwie nie mam czasu na urlop … W maju jadę na dwie konferencje, w czerwcu podpisujemy umowę handlową z Japonią …
Anna: A w lipcu? Jedźmy w lipcu!
Mateusz: W czasie wakacji wszyscy jeżdżą na urlop. Z mojego wydziału w lipcu osiem osób bierze urlop, w sierpniu siedem.
Anna: No to proponuję wrzesień. Co ty na to?
Mateusz: Mam tygodniowe szkolenie w Berlinie. Dokładnie w połowie miesiąca.
Anna: To pojedźmy na przełomie września i października. Są ciekawe oferty na Wyspy Kanaryjskie. Całkiem niedrogo, bo to już po sezonie. Zobacz!
Mateusz: Zgoda! Lecimy na Kanary.

1 Ergänzen Sie die Dialoge.
Proszę uzupełnić dialogi.

A. Kanary • miejsca • długo • trzy • urlop • autokarowa • kiedy • wrześniu

Elżbieta: Dokąd jedziesz na ....?
Joanna: Do Hiszpanii.
Elżbieta: Do Andaluzji? A może na ....?
Joanna: Nie, to jest wycieczka .... po całym Półwyspie Iberyjskim: Barcelona, Walencja, Madryt, Toledo, Malaga …
Elżbieta: Na jak .... jedziesz?
Joanna: Na .... tygodnie.
Elżbieta: .... jedziesz?
Joanna: We .... Są jeszcze wolne .... Jedź ze mną!
Elżbieta: Bardzo chętnie!

B. droga • oferty • Szwajcarii • kiedy • dokąd • Czech • katalogi • Włoszech • przełomie

Agnieszka: Mam aktualne .... Są ciekawe .... urlopowe.
Sebastian: Rzeczywiście. .... chcesz jechać?

Agnieszka: Nie wiem … Na narty dobrze jechać do Austrii albo do ....
Sebastian: Tak, ale Szwajcaria jest bardzo ....
Agnieszka: Prawda! Ale podobno w północnych .... też jest dużo śniegu.
Sebastian: Mam inną propozycję: Pojedźmy do ....
Agnieszka: Czemu nie? To blisko i nawet niezbyt drogo.
Sebastian: .... chcesz jechać? W styczniu czy w lutym?
Agnieszka: Najchętniej na .... stycznia i lutego.

C. latarkę • kąpielowy • jadę • dlaczego • śpiwór • sweter • szorty • kajakowy

Teresa: .... pakujesz plecak?
Magda: Jutro .... na urlop na Mazury.
Teresa: Z plecakiem?
Magda: Tak, na spływ ....
Teresa: A co zabierasz?
Magda: Spodnie, ..., opalacz, kostium ....
Teresa: Może być zimno! Weź coś ciepłego!
Magda: Mam też .... I kurtkę. Biorę poza tym namiot, ... i ....
Teresa: Pamiętaj o kremie do opalania!

D. spódnice • co • kurs • książki • cztery • bluzek • pary • dokąd

Aldona: Jutro wyjeżdżam na .... językowy.
Beata: ....?
Aldona: Do Paryża. Na całe .... tygodnie.
Beata: .... bierzesz ze sobą?
Aldona: Trzy .... spodni, dwie ...., beżowy sweter, kilka ....
Beata: A ....?
Aldona: Biorę tylko słownik.

2 Finden Sie zu jeder Frage die passende Antwort.
Proszę dobrać do każdego pytania właściwą odpowiedź.

1. Kiedy masz urlop?	a. Nad morze.
2. Dokąd jedziecie latem na urlop?	b. Na konferencję.
3. Po co jedziesz na Mazury?	c. Na trzy tygodnie.
4. Co bierzesz na spływ kajakowy?	d. Namiot i śpiwór.
5. Po co lecisz do Londynu?	e. W Alpy francuskie.
6. Ile koszul bierzesz ze sobą?	f. W czwartek wieczorem.
7. Na jak długo wyjeżdżasz?	g. W lipcu.
8. Kiedy wracasz z konferencji?	h. Cztery.
9. Dokąd jedziesz na narty?	i. Niebieski.
10. Który sweter bierzesz?	j. Jadę na ryby.

3

Verbinden Sie die Wörter so, dass sinnvolle Begriffe entstehen.
Proszę połączyć słowa w sensowne pojęcia.

1. szczoteczka	a. handlowa
2. spływ	b. do zębów
3. umowa	c. autokarowa
4. wycieczka	d. elektryczna
5. kostium	e. kajakowy
6. golarka	f. urlopowa
7. krem	g. językowy
8. kurs	h. do opalania
9. oferta	i. w paski
10. krawat	j. kąpielowy

4

Ergänzen Sie die Deklinationstabellen.
Proszę uzupełnić tabele deklinacyjne.

	Singular		**Plural**	
N.	....	tydzień	dni	tygodnie
G.	dnia	....	....	tygodni
D.	....	tygodniowi	dniom	....
A.	....	tydzień	dni	tygodnie
I.	dniem	....	....	tygodniami
L.	....	tygodniu	dniach	....

(Der Vokativ wird kaum gebraucht.)

5

Wie lauten diese Substantive im Plural?
Jaka jest liczba mnoga tych rzeczowników?

1. dziecko	....	11. skarpetka	....
2. ryba	....	12. konferencja	....
3. grzyb	....	13. oferta	....
4. sukienka	....	14. miejsce	....
5. sweter	....	15. tydzień	....
6. bluzka	....	16. katalog	....
7. spódnica	....	17. narta	....
8. dzień	....	18. książka	....
9. koszula	....	19. karta	....
10. krawat	....	20. kotlet	....

6 Wie lauten diese Substantive im Singular?
Jaka jest liczba pojedyncza tych rzeczowników?

1. kremy ....
2. kursy ....
3. wycieczki ....
4. kostiumy ....
5. golarki ....
6. kajaki ....
7. śpiwory ....
8. plecaki ....
9. walizki ....
10. latarki ....
11. słowniki ....
12. namioty ....
13. opalacze ....
14. umowy ....
15. konferencje ....
16. miesiące ....
17. osoby ....
18. garnitury ....
19. szczoteczki ....
20. obiady ....

7 Welches Wort passt nicht zu den anderen?
Które słowo nie pasuje do pozostałych?

1. zima – wrzesień – jesień – lato – wiosna ....
2. marzec – grudzień – luty – lipiec – spływ ....
3. Włochy – Czechy – Mazury – Austria – Hiszpania ....
4. sukienka – garnitur – bluzka – kostium – spódnica ....
5. morze – opalacz – plaża – śnieg – kostium kąpielowy ....
6. kiedy – co – dokąd – ile – na ....
7. siedem – narty – sto – cztery – tysiąc ....
8. szary – czarny – luty – zielony – beżowy ....
9. namiot – śpiwór – plecak – latarka – autokar ....
10. walizka – torba – bagaż – kajak – plecak ....
11. dzień – miesiąc – słownik – tydzień – rok ....
12. kurs – piżama – szkolenie – konferencja ....
13. golarka – szczoteczka do zębów – krawat – krem do opalania ....
14. bielizna – grzyby – skarpetki – piżama ....
15. spływ – wycieczka – urlop – umowa ....
16. garnitur – koszula – kostium – spodnie – marynarka ....
17. walizka – luty – listopad – marzec – czerwiec ....
18. mam – sierpień – lipiec – luty – marzec ....
19. deszcz – mgła – śnieg – rzeka – słońce ....
20. zamek – muzeum – szorty – katedra – skansen ....

Substantive ohne Einzahl: Pluralia tantum

Im Polnischen gibt es eine Reihe von Substantiven, die nur im Plural vorkommen. Einige von ihnen bezeichnen Kleidungstücke:

spodnie	Hose	rybaczki	Caprihose
szorty	Shorts	dżinsy	Jeans
bermudy	Bermudas	rajstopy	Strumpfhose

Weitere wichtige Substantive, die zu dieser Gruppe gehören:

okulary	Brille	nożyczki	Schere
drzwi	Tür		

Wenn wir nun diese Substantive mit einem Zahlwort verwenden, gebrauchen wir zugleich das Wort para (Paar):

jedna **para** spodni	eine Hose
trzy **pary** rajstop	drei Strumpfhosen
cztery **pary** okularów	vier Brillen

Das Wort para wird ebenfalls dann verwendet, wenn man von paarweise vorkommenden Substantiven spricht: dwie **pary** skarpetek (zwei Paar Socken), trzy **pary** nart (drei Paar Skier), osiem **par** rękawiczek (acht Paar Handschuhe) etc.

Geografische Namen als Pluralia tantum

Manche Länder-, Städte-, Regionennamen und einige andere geografische Namen sowie fast alle Gebirgsnamen gehören zu dieser Gruppe. Hier einige Beispiele:

Länder:	Niemcy Deutschland	Chiny China	Węgry Ungarn	
Städte:	Katowice Kattowitz	Helsinki Helsinki	Ateny Athen	
Regionen:	Mazury Masuren			
Gebirge:	Tatry Tatra	Alpy Alpen	Andy Anden	Sudety Sudeten
sonstige:	Hawaje Hawaii		Baleary Balearen	
	Wigry ein großer See in Nordostpolen		Śniardwy der größte See Polens	

8 Ergänzen Sie die Fragen mit den genannten Fragewörtern (einige von ihnen sind zweimal zu verwenden).
Proszę uzupełnić pytania podanymi zaimkami pytającymi (niektórych z nich należy użyć dwukrotnie).

dlaczego • kiedy • którą • który • na jak długo • co • ile • dokąd

1. .... jedziesz do Francji? – W maju.
2. .... lecisz do Londynu? – Na cztery dni.
3. .... nie jedziesz na urlop? – Bo mam konferencję.
4. .... zabierasz sweter? – Bo może być zimno.
5. .... jedziecie na urlop? – Do Grecji.
6. .... dni trwa konferencja? – Trzy.
7. .... walizkę bierzesz? – Czarną.
8. .... ty na to? – Zgoda!
9. .... masz urlop? – Dopiero w październiku.
10. .... sweter bierzesz? – Chyba ten zielony.
11. .... spodni bierzesz? – Dwie pary.
12. .... jedziesz na szkolenie? – Do Krakowa.

Das Indefinitpronomen

Das Indefinitpronomen wird auf der Grundlage des Fragepronomens gebildet. Vergleichen Sie:

kto?	(wer?)	–	ktoś	(jemand)
co?	(was?)	–	coś	(etwas)
gdzie?	(wo?)	–	gdzieś	(irgendwo)
dokąd?	(wohin?)	–	dokądś	(irgendwohin)
skąd?	(woher?)	–	skądś	(irgendwoher)
ile?	(wie viel?)	–	ileś	(eine unbestimmte Menge)
jaki?	(was für einer?)	–	jakiś	(irgendeiner)
który?	(welcher?)	–	któryś	(irgendwelcher)

9 Markieren Sie die jeweils passende Übersetzung.
Proszę zaznaczyć właściwe tłumaczenie.

1. Szukam jakiejś walizki.
   - a Ich suche einen Koffer.
   - b Ich suche irgendeinen Koffer.
   - c Ich suche meinen Koffer.
   - d Ich suche irgendwo einen Koffer.

2. Chcę spędzić urlop gdzieś za granicą.
   - [a] Ich möchte den Urlaub irgendwo an der Grenze verbringen.
   - [b] Ich möchte den Urlaub irgendwie an der Grenze verbringen.
   - [c] Ich möchte irgendwelchen Urlaub im Ausland verbringen.
   - [d] Ich möchte den Urlaub irgendwo im Ausland verbringen.
3. Ewa chce kupić jakiś prezent dla brata.
   - [a] Ewa möchte irgendein Geschenk für ihren Bruder kaufen.
   - [b] Ewa möchte ein Geschenk für irgendeinen Bruder kaufen.
   - [c] Ewa möchte irgendwo ein Geschenk für ihren Bruder kaufen.
   - [d] Ewa möchte irgendwie ein Geschenk für ihren Bruder kaufen.
4. Muszę kupić coś na kolację.
   - [a] Du musst etwas zum Abendessen kaufen.
   - [b] Ich muss etwas zum Abendessen kaufen.
   - [c] Ich muss irgendwo etwas zum Abendessen kaufen.
   - [d] Du musst irgendwo etwas zum Abendessen kaufen.
5. Kiedyś pojedziemy na wakacje do Meksyku.
   - [a] Irgendwann fahren wir in den Ferien nach Mexiko.
   - [b] Irgendjemand fährt in den Ferien nach Mexiko.
   - [c] In irgendwelchen Ferien fahren wir nach Mexiko.
   - [d] Wir fahren in den Ferien irgendwohin nach Mexiko.
6. Mój brat rozmawia z kimś przez telefon.
   - [a] Mein Bruder spricht an irgendeinem Telefon.
   - [b] Irgendjemand telefoniert mit meinem Bruder.
   - [c] Mein Bruder telefoniert irgendwohin.
   - [d] Mein Bruder telefoniert mit irgendjemandem.

10+ Wählen Sie das passende Indefinitpronomen aus.
Proszę wybrać odpowiedni zaimek nieokreślony.

1. Muszę z .... porozmawiać.	ktoś • kimś • komuś • kiedyś
2. Marcin mieszka .... w centrum.	coś • dokądś • gdzieś • ktoś
3. Czy chcesz .... zjeść?	coś • czegoś • ktoś • kogoś
4. Wezmę .... deser.	jakaś • jakiś • kiedyś • komuś
5. .... dzwoni do drzwi.	coś • ileś • ktoś • kiedyś
6. Chcemy .... pojechać do Wenecji.	jakiś • coś • gdzieś • kiedyś
7. Chcemy kupić .... samochód.	jakieś • ktoś • coś • jakiś
8. Magda kupuje .... owoce.	któryś • jakieś • ktoś • ileś
9. Może pójdziemy na .... film?	coś • ileś • jakiś • kiedyś
10. Zjem obiad w .... restauracji.	jakiejś • jakiemuś • gdzieś • coś
11. Zjem .... ciepłego.	gdzieś • ktoś • coś • ileś
12. Może pojedziemy na .... wycieczkę?	jakiś • gdzieś • jakąś • coś
13. Chcę obejrzeć .... film.	ktoś • kogoś • ileś • jakiś
14. Musimy .... zrobić.	coś • komuś • ileś • czegoś

11 Der Imperativ: Ergänzen Sie die Tabelle.
Tryb rozkazujący: Proszę uzupełnić tabelę.

Infinitiv bezokolicznik	du-Form 2. osoba l. p.	wir-Form 1. osoba l. mn.	ihr-Form 2. osoba l. mn.
jechać	jedź!	jedźmy!	....
pakować	....	pakujmy!	pakujcie!
zabierać	zabieraj!	....	zabierajcie!
zabrać	zabierz!	....	....
zapomnieć	....	zapomnijmy!	....
zobaczyć	....	....	zobaczcie!
pojechać	pojedź!	....	....
wziąć	....	weźmy	....
brać	....	....	bierzcie!
jeść	jedz!	....	....
zjeść	....	zjedzmy!	....
pić	....	....	pijcie!
wypić	wypij!	....	....
spróbować	....	spróbujmy!	....
powtórzyć	....	....	powtórzcie!
robić	rób!	....	....

12 An wen sind diese Anweisungen gerichtet? Benennen Sie den Adressaten.
(du – wir – ihr)
Do kogo skierowane są te polecenia? Proszę określić ich adresata.
(ty – my – wy)

1. Jedźmy na Mazury! ....
2. Weźcie dużą walizkę! ....
3. Zapakuj ciepły sweter! ....
4. Zjedzmy obiad w restauracji! ....
5. Nie zapomnijcie o latarce! ....
6. Kup pomidory! ....
7. Wypijcie herbatę! ....
8. Obejrzyj prospekty! ....
9. Podpiszcie umowę handlową! ....
10. Pojedźmy na grzyby! ....
11. Pomóż mi w kuchni! ....
12. Przeczytajcie ten tekst! ....
13. Otwórz walizkę! ....
14. Kupmy rower dla Artura! ....
15. Przyjdźcie do nas w sobotę! ....
16. Idź do biura podróży! ....

13 Bilden Sie den Imperativ wie im Beispiel.
Proszę utworzyć tryb rozkazujący według przykładu.

0. **Jedziecie** na konferencję. **Jedźcie** na konferencję!
1. **Powtarzasz** nowe słowa. ....
2. **Idziecie** na basen. ....
3. **Nie jecie** nieznanych grzybów. ....
4. **Idziemy** do biblioteki. ....

5. **Ugotujemy** bigos. ....
6. **Zamówicie** barszcz i pierogi. ....
7. **Kupujesz** zawsze świeże owoce. ....
8. **Nie zapomnimy** zapakować prezentów. ....
9. **Studiujesz** za granicą. ....
10. **Uzupełnicie** zdania. ....

14 Welches Verb passt in welchen Satz? Wählen Sie.
Który czasownik pasuje do którego zdania? Proszę wybrać.

chodźmy • napisz • obejrzyjmy • pojedźmy • porozmawiajcie • spędźmy • weź • zapomnij • zarezerwujcie • zjedz

1. .... list do Norberta.
2. Nie .... kupić chleba!
3. .... na narty do Austrii!
4. .... kotlet!
5. .... parasol, bo może padać deszcz!
6. .... film w telewizji!
7. .... pokój w hotelu!
8. .... z Marcinem!
9. .... na spacer do parku!
10. .... weekend nad jeziorem!

Bitten und Anweisungen an Dritte

Hierfür hat die polnische Sprache folgende Möglichkeiten:

Mit dem Imperativ
Wenn die Bitte an konkrete Person(en) gerichtet ist, wird sie mit der Partikel niech eingeleitet. Ihr folgt die Anrede (pan, pani, państwo, panie, panowie) und das Verb in der 3. Person Singular oder Plural: Niech pan spróbuje sałatki jarzynowej! Niech państwo wypełnią formularze!

Mit dem Infinitiv
Etwas höflicher ist die Variante ohne direkte Anrede. Man verwendet das Verb proszę und das Vollverb im Infinitiv. So sind die meisten Anweisungen zu den Übungen in diesem Buch formuliert. Schauen Sie sich einige davon an.

Als Frage
Diese Formulierung entspricht dem deutschen Ausdruck „Könnten Sie (bitte) …?“. Je nach Person, an die sie gerichtet wird, lautet sie:

Czy mógłby pan …? – an einen Mann
Czy mogłaby pani …? – an eine Frau
Czy mogliby państwo …? – an mehrere Damen und Herren
Czy mogliby panowie …? – an mehrere Herren
Czy mogłyby panie …? – an mehrere Damen

15 Übersetzen Sie ins Deutsche.
Proszę przetłumaczyć na niemiecki.

1. Proszę uzupełnić zdania. ....
2. Proszę odpowiedzieć na pytania. ....
3. Proszę zarezerwować stolik w restauracji. ....
4. Proszę wypełnić formularz. ....
5. Proszę mi pomóc. ....
6. Proszę powtórzyć. ....
7. Proszę napisać numer telefonu. ....
8. Proszę otworzyć książki. ....
9. Proszę przynieść kartę win. ....
10. Proszę podać terminy konsultacji. ....

16 Verändern Sie die Sätze aus der Übung 15 wie folgt:
Proszę zmienić zdania z ćwiczenia 15 w następujący sposób:

Proszę uzupełnić zdania.	Niech pan uzupełni zdania.
....	Niech państwo uzupełnią zdania.
....	Czy mógłby pan uzupełnić zdania?
....	Czy mogłaby pani uzupełnić zdania?
....	Czy mogliby państwo uzupełnić zdania?
....	Czy mogłyby panie uzupełnić zdania?

17 Formulieren Sie Bitten und Anweisungen wie im Beispiel.
Proszę sformułować prośby i polecenia według przykładu.

0. Czy mógłby pan podać mi numer telefonu?
   Proszę podać mi numer telefonu.
1. Czy mogliby panowie nam pomóc?
   ....
2. Czy mogłaby pani pokazać mi ten niebieski sweter?
   ....
3. Czy mógłby pan przynieść butelkę wody mineralnej?
   ....
4. Czy mogłaby pani wypełnić formularz?
   ....
5. Czy mógłby pan zapisać adres mailowy?
   ....
6. Czy mogłaby pani powtórzyć?
   ....
7. Czy mogłyby panie wskazać mi drogę do banku?
   ....

8. Czy mogliby państwo zapisać adres instytutu?

   ....

9. Czy mógłby pan naprawić ten komputer?

   ....

10. Czy mogłaby pani przepisać ten tekst?

    ....

11. Czy mogłaby pani zarezerwować pokój dwuosobowy w jakimś dobrym hotelu w centrum?

    ....

12. Czy mógłby pan otworzyć walizkę?

    ....

13. Czy mogłaby pani polecić mi dobry hotel?

    ....

14. Czy mogliby państwo chwilę poczekać?

    ....

18 Sortieren Sie die Wörter nach ihrer Bedeutung.
Proszę pogrupować słowa według ich znaczenia.

spódnica • sukienka • muzeum • kajak • luty • garnitur • jesień • wrzesień • walizka • hotel • zamek • golarka • narty • listopad • pensjonat • spodnie • sweter • plecak • kostium • szczoteczka do zębów • wiosna • marzec • zima • pałac • lato • bluzka • kemping • katedra • kwatera prywatna • koszula • torba • grudzień • gospodarstwo agroturystyczne • czerwiec • płaszcz • rower • szampon • skansen

1. Artykuły sportowe: ....
   ....
2. Odzież: ....
   ....
3. Artykuły higieny osobistej: ....
   ....
4. Bagaż: ....
   ....
5. Miesiące: ....
   ....
6. Pory roku: ....
   ....
7. Obiekty turystyczne: ....
   ....
8. Miejsca noclegowe: ....
   ....

Was sagen diese Personen? Suchen Sie zu jeder Situation ein, zwei oder drei passende Sätze.
Co mówią te osoby? Proszę znaleźć jedno, dwa lub trzy odpowiednie zdania.

Sytuacje

1. Monika kupuje kurtkę zimową.
2. Paweł rezerwuje telefonicznie pokój w hotelu.
3. Iwona pakuje walizkę.
4. Iza kupuje kostium kąpielowy.
5. Bogdan kupuje znaczki pocztowe.
6. Janusz je obiad w restauracji.
7. Adam kupuje bilety lotnicze.
8. Edyta szuka książki w bibliotece.

Prośby i zapytania

a. Czy są jeszcze wolne pokoje dwuosobowe na najbliższy weekend?
b. Ten jest ładny, ale za duży. Czy mogłaby pani podać mi mniejszy?
c. Proszę o rachunek.
d. Ta jest za mała. Czy mogłaby pani podać mi większy rozmiar?
e. Proszę sprawdzić, czy są jeszcze dwa miejsca na lot Lufthansy do Monachium.
f. Czy jest podobny model, ale z kapturem?
g. Czy mogłaby pani mi wyjaśnić, jak funkcjonuje katalog elektroniczny?
h. Proszę zarezerwować na nazwisko Jankowski. Dwie noce.
i. Czy mogłaby pani przesłać mi potwierdzenie rezerwacji?
j. Marku, czy mógłbyś mi przynieść jeszcze ręcznik kąpielowy?
k. Czy mógłby pan przynieść mi kartę dań?
l. Proszę mi pomóc. Szukam jakiejś publikacji o Zamku Wawelskim.
ł. Proszę mi podać zestaw numer cztery i wodę mineralną.
m. Czy moglaby pani dać mi jeszcze dwa znaczki na listy krajowe?
n. Proszę zarezerwować miejsca w siódmym rzędzie.

20+

Finden Sie zu jeder Bitte/Anfrage aus der Übung 19 eine mögliche Reaktion.
Proszę znaleźć możliwą reakcję do każdej prośby/każdego pytania z ćw. 19.

1. Proszę bardzo. Krupnik, gołąbki i piwo, zgadza się?
2. Nie, ale są inne modele z kapturem. Czy chce pani obejrzeć?
3. Chętnie. Jeśli poda mi pan swój adres elektroniczny, otrzyma pan potwierdzenie przez internet.
4. Niestety nie, ale mamy jeszcze wolne pokoje jednoosobowe.
5. Bardzo proszę, ten sam model, ale mniejszy rozmiar.
6. Chętnie, ale nie ma większych w tym kolorze. Mogę pani dać niebieską albo brązową.
7. Proszę bardzo. Płaci pan w sumie dziesięć czterdzieści.

8. Momencik, zaraz przyniosę. Który chcesz, czerwony czy zielony?
9. Tak, czy chce pan zarezerwować bilety?
10. Chętnie. To bardzo proste: Najpierw proszę się zalogować …
11. Bardzo proszę. Woda ma być gazowana?
12. Bardzo chętnie. Proszę zanotować numer rejestracji: 144 E 7B.
13. Bardzo proszę. Polecam panu coś z ryb, dania rybne to nasza specjalność.
14. Już rezerwuję. Miesca 7D i 7E.
15. Mogę pani polecić nowy przewodnik po zamku.

21 Was brauchen Sie in den Situationen? Wählen Sie.
Co jest potrzebne w tych sytuacjach? Proszę wybrać.

1. Jadę na spływ kajakowy.
   śpiwór • walizka • latarka • komputer • bilet samolotowy • kurtka zimowa
2. Mirek jedzie na konferencję do Krakowa.
   golarka elektryczna • garnitur • spódnica • widelec • paszport • karta dań
3. Agnieszka jedzie do sanatorium.
   adres elektroniczny • szczoteczka do zębów • karp • dres • wygodne buty • bielizna
4. Krzysztof jedzie na ryby.
   wędka • przewodnik po zamku • garnitur • grzyby • pojemnik na ryby • przynęta
5. Jedziemy na wycieczkę rowerową.
   mapa • bilet lotniczy • pompka rowerowa • apteczka turystyczna • dyskietka • parasol
6. Dorota wybiera się na czterodniowy rajd pieszy w Bieszczady.
   plecak • kostium • mapa • śpiwór • sweter • spodnie

22 Lesen Sie den Text und beantworten Sie die Fragen.
Proszę przeczytać tekst i odpowiedzieć na pytania.

Ewa pracuje w dużym hotelu w Gdańsku. Tutat zawsze jest dużo gości: urlopowicze i biznesmeni często przyjeżdżają do Trójmiasta.
W hotelu są trzy sale konferencyjne, restauracja, bar, kawiarnia, dziewięćdziesiąt dwa pokoje i siedem apartamentów.
Latem, w lipcu i sierpniu, w hotelu są przeważnie urlopowicze. Ewa nie ma dzieci, więc zwykle bierze urlop jesienią, we wrześniu albo w październiku. W tym roku na zaraz początku września wyjeżdża z mężem na trzy tygodnie do Francji. Tam mieszka Robert, brat męża Ewy. Robert ma mieszkanie w Lille i mały letni domek niedaleko Cannes.
Ewa i jej mąż jadą do Francji samochodem. Najpierw chcą odwiedzić Roberta, a potem pojechać nad morze. Mąż Ewy, Grzegorz, dobrze mówi po francusku. On jest tłumaczem francuskiego i niemieckiego. Ewa nie mówi dobrze po francusku, ale uczy się na kursie korespondencyjnym.

1. Gdzie pracuje Ewa?
2. Kto często przyjeżdża do Trójmiasta?
3. Ile pokoi i apartamentów jest w hotelu?
4. Kto zajmuje pokoje hotelowe w lipcu i sierpniu?
5. Kiedy Ewa jedzie w tym roku na urlop?
6. Dokąd?
7. Na jak długo?
8. Kim jest Robert?
9. Jak ma na imię mąż Ewy?
10. Kim jest z zawodu?
11. Czego uczy się Ewa?
12. Jaki to jest kurs?

23 Was ist das? Suchen Sie zu jedem Begriff die passende Erklärung.
Co to jest? Proszę znaleźć właściwe określenie każdego pojęcia.

a. okulary słoneczne
b. olejek do opalania
c. nadmuchiwany materac
d. rower
e. samochód
f. pociąg
g. sala konferencyjna
h. apartament hotelowy
i. recepcja
j. kurs korespondencyjny
k. konferencja
l. namiot

1. Pojazd mechaniczny do przewozu ludzi, zwierząt albo towarów. ....
2. Składa się zwykle z kilku pomieszczeń. Jest to coś w rodzaju mieszkania w hotelu. ....
3. Przedmiot, który chroni oczy przed nadmierną ilością promieni słonecznych. Posiada ciemne szkła, zwykłe albo korekcyjne. ....
4. Jest napełniany powietrzem. Zastępuje łóżko na kempingu. ....
5. Zebranie fachowców. Może trwać kilka godzin albo kilka dni. ....
6. Jest to kurs, którego uczestnicy nie znają się wzajemnie. Każdy uczy się sam w domu i przysyła nauczycielowi zadania do kontroli. ....
7. Produkt kosmetyczny, który chroni skórę przed nadmiarem promieni ultrafioletowych. ....
8. Pojazd zwykle dwukołowy, sportowy lub turystyczny. Zazwyczaj dla jednej, czasem dla dwóch osób. ....
9. Duże pomieszczenie wyposażone w krzesła, stoły, podium dla prelegenta oraz aparaturę audiowizualną. ....
10. „Domek” turysty, który można postawić w krótkim czasie. ....
11. Miejsce w hotelu, gdzie meldują się goście. ....
12. Środek komunikacji masowej na długie trasy. Składa sie z lokomotywy i wagonów. ....

24 Ergänzen Sie den Text, indem Sie die angegebenen Wörter einsetzen.
Proszę uzupełnić tekst, wpisując podane słowa.

grudniu • przełomie • listopadzie • Amsterdamie • urlop • szefem • chodzić • lipcu • Mazury • brata • miesiąca • marcu • dni • czas • stycznia • szkolenie • grzyby • czerwcu

Stefan Lenartowicz jest .... (1) firmy handlowej. Dużo podróżuje. Zaraz na początku roku, w połowie .... (2), jedzie na konferencję do Genewy. W lutym leci na kilka .... (3) do Kanady, a w .... (4) ma ważne terminy we Frankfurcie i w .... (5).
Na kwiecień planuje krótki .... (6): chce z żoną pojechać do .... (7) do Krakowa. W maju i w .... (8) jedzie do Mediolanu, Rzymu i Neapolu. W .... (9) na szczęście przez cały .... (10) jest w Warszawie. Na .... (11) sierpnia i września jedzie z żoną na urlop na .... (12). Oboje bardzo lubią .... (13) po lesie i zbierać .... (14).
Po urlopie musi lecieć do Zurychu, a w .... (15) ma .... (16) w Luksemburgu. Dobrze, że w .... (17) nie musi nigdzie wyjeżdżać. Ale musi zorganizować konferencję na początku .... (18).

25 Kennen Sie Polen? Ordnen Sie zu.
Czy znają państwo Polskę? Proszę dopasować.

A. Städtenamen – Nazwy miast

Gdańsk	Krakau
Warszawa	Kolberg
Wrocław	Posen
Kraków	Stettin
Bydgoszcz	Danzig
Szczecin	Allenstein
Kołobrzeg	Warschau
Poznań	Bromberg
Olsztyn	Breslau

B. Flüsse, Gebirge, Regionen u. a. – Rzeki, pasma górskie, regiony i in.

Karkonosze	Weichsel
Tatry	Riesengebirge
Mazury	Ermland
Wisła	Neiße
Odra	Oder
Pomorze	Tatra
Warmia	Oberschlesien
Górny Śląsk	Masuren
Nysa	Pommern

C. Touristische Reiseziele – Cele turystyczne

Wawel	Łańcut
Wilanów	Żelazowa Wola
Katedra w Oliwie	Warszawa
Muzeum Powozów	Toruń
Zamek Książąt Pomorskich	Szczecin
Dom rodzinny Chopina	Gdańsk
Uniwersytet imienia Mikołaja Kopernika	Kraków

26 Kennen Sie Europa? Ordnen Sie jedem Staat die richtige Hauptstadt zu.
Czy znają państwo Europę? Proszę dobrać do każdego kraju właściwą stolicę.

Polska	Lizbona	Bułgaria	Berlin
Niemcy	Kopenhaga	Cypr	Budapeszt
Austria	Moskwa	Szwecja	Wiedeń
Hiszpania	Warszawa	Dania	Bruksela
Portugalia	Praga	Ukraina	Ateny
Francja	Kijów	Grecja	Londyn
Litwa	Bukareszt	Włochy	Sztokholm
Belgia	Madryt	Czechy	Paryż
Wielka Brytania	Rzym	Węgry	Sofia
Rosja	Nikozja	Rumunia	Wilno

27 Wo hören wir solche Sätze? Ordnen Sie zu. Wer sagt sie: das Personal (P) oder der Reisende (R)?
Gdzie słyszymy takie zdania? Proszę dopasować. Kto je wypowiada: personel (P) czy podróżujący (R)?

W pociągu: ....
....
....
....

W biurze podróży: ....
....
....
....

W samolocie: ....
....
....
....

Na lotnisku: ....
....
....
....

1. Poproszę sok pomidorowy.
2. Dokąd państwo chcą jechać?
3. Prosimy zapiąć pasy.
4. Proszę bilety do kontroli.
5. Musi pani zapłacić za nadbagaż.
6. Samolotem czy autobusem?
7. Temperatura w Warszawie wynosi 16 stopni.
8. Przepraszam, czy to miejsce jest wolne?
9. Pasażerów odlatujących do Wiednia prosimy do wyjścia numer cztery.
10. Kapitan Marek Jabłoński i jego załoga witają państwa na pokładzie samolotu Polskich Linii Lotniczych.
11. Czy mógłby pan mi pomóc włożyć walizkę na górę?
12. To jest hotel czterogwiazdkowy.
13. Do Hiszpanii.
14. Bardzo proszę. Miejsca numer 12 A i 12 B.
15. Gdzieś nad Morze Śródziemne.
16. Przepraszam, gdzie jest wagon restauracyjny?

28 Kennen Sie Deutschland? Welche geografischen Namen sind gemeint? Ordnen Sie zu.
Czy znają państwo Niemcy? Jakie to nazwy geograficzne? Proszę dopasować.

A.

Bałtyk	Donau
Morze Północne	Weser
Ren	Oder
Men	Spree
Dunaj	Nordsee
Wezera	Elbe
Soława	Rhein
Odra	Havel
Łaba	Ostsee
Hawela	Saale
Szprewa	Main

B.

Kolonia	Kiel
Lipsk	Göttingen
Moguncja	Leipzig
Kilonia	Aachen
Poczdam	Regensburg
Drezno	Koblenz
Trewir	Dresden
Getynga	Nürnberg
Ratyzbona	Bremen
Monachium	Trier
Norymberga	Lübeck
Akwizgran	Potsdam
Brema	München
Koblencja	Köln
Lubeka	Mainz

C.

Frankonia	Hessen
Łużyce	Bayern
Szwajcaria Saksońska	Sachsen
Rudawy	Usedom
Bawaria	Lausitz
Saksonia	Rügen
Hesja	Rheinland-Pfalz
Brandenburgia	Niedersachsen
Turyngia	Erzgebirge
Nadrenia-Palatynat	Franken
Dolna Saksonia	Sächsische Schweiz
Rugia	Brandenburg
Uznam	Thüringen

29 Ergänzen Sie den Text mit den angegebenen Wörtern.
Proszę uzupełnić tekst podanymi wyrazami.

kubka • kurtkę • latarka • par • plecaka • ręczniki • spływ • sweter • śpiwór • zapomnieć • zębów

Marcin wyjeżdża jutro na .... (1) kajakowy. Zabiera namiot, nadmuchiwany materac i .... (2). Pakuje do .... (3) zapasowe spodnie, szorty, bieliznę, ciepły .... (4), kilka koszulek, dres i lekką .... (5) przeciwdeszczową. Nie może też .... (6) o kąpielówkach. Aha, jeszcze kilka .... (7) skarpet. Nie może zabraknąć sztućców i naczyń: menażki na potrawy oraz .... (8) na napoje.
Przyda się też .... (9). Marcin zabiera oczywiście także mydło, szczoteczkę i pastę do .... (10), szampon i przybory do golenia. Oprócz tego dwa .... (11).

Nasze nowe mieszkanie

Unsere neue Wohnung

Wohnung

mieszkanie	Wohnung	kuchnia	Küche
pokój	Zimmer	łazienka	Bad
toaleta	Toilette	przedpokój	Flur
balkon	Balkon	taras	Terrasse
mebel	Möbelstück	stół	Tisch
krzesło	Stuhl	taboret	Hocker
biurko	Schreibtisch	łóżko	Bett
regał/meblościanka	Schrankwand	fotel	Sessel
szafa	Schrank	wersalka	Schlafcouch

Dialog 1

Dorota: Mamy nowe mieszkanie. Odwiedzisz nas?
Monika: Chętnie. Gdzie mieszkacie?
Dorota: Przy końcowej stacji metra.
Monika: Ile pokoi macie?
Dorota: Trzy. Do tego dużą kuchnię, łazienkę, osobną toaletę i słoneczny balkon. 72 m^2 (metry kwadratowe).

Dialog 2

Agnieszka: Popatrz, tu jest mój pokój.
Paulina: Fajny! Jaki ładny dywan!
Agnieszka: Sama go wybrałam. Chodź, pokażę ci największy pokój. To tu, na lewo od mojego.
Paulina: O, macie balkon!
Agnieszka: Jeśli chcesz, możemy posiedzieć na balkonie.
Paulina: Jasne!

Dialog 3

Tomasz: To jakie meble musimy jeszcze kupić?
Iwona: Do kuchni kupimy taborety, do stołowego regał, stół i cztery krzesła …
Tomasz: A do sypialni? Też musimy coś dokupić?
Iwona: Nie, chyba nie. Ale dzieciom potrzebne są nowe meble.
Tomasz: Dobrze. Markowi i Danielowi kupimy dwa biurka, piętrowe łóżko … Co jeszcze?

Iwona:	Ewie też musimy dokupić meble. Może zamówimy w domu wysyłkowym? Pokażę ci w katalogu śliczny komplet mebli do pokoju młodzieżowego. Ewie on się bardzo podoba.
Tomasz:	To może pozostałe meble też zamówimy? Nie chce mi się chodzić po sklepach.
Iwona:	Wiesz co, to dobry pomysł.

1 Ergänzen Sie die Dialoge.
Proszę uzupełnić dialogi.

A. pomogę • duże • osiedlu • mieszkania • pokoje • nowe

Sabina:	W sobotę przeprowadzam sie do nowego .... Pomożesz mi?
Roman:	Tobie zawsze .... A gdzie jest to twoje .... mieszkanie?
Sabina:	W nowym ...., blisko lasu.
Roman:	....................?
Sabina:	Dwa ...., kuchnia i łazienka.

B. co • piątek • pomysł • podarować • reprodukcję • żadnego • mieszkanie

Andrzej:	Karol i Monika mają nowe .... W .... wieczorem urządzają małe przyjęcie.
Renata:	Musimy im coś .... do nowego mieszkania.
Andrzej:	Ale ....? Ja nie mam .... pomysłu.
Renata:	Dajmy im jakąś .... Monika lubi impresjonistów.
Andrzej:	Niezły ....
Renata:	W takim razie jutro po pracy kupię im ten prezent.

C. rację • kupić • kanapa • katalogi • fotele • dużo • kanapy • komplet • domu

Adam:	Potrzebne nam są nowe ....
Joanna:	Same fotele? Lepiej .... od razu cały komplet wypoczynkowy.
Adam:	Ale .... jest jeszcze w dobrym stanie!
Joanna:	Masz ...., ale fotele powinny pasować do ....
Adam:	Zapłacimy strasznie ....!
Joanna:	Niekoniecznie. Pooglądamy ...., pojedziemy do .... meblowego. Na pewno znajdziemy przyzwoity i niedrogi .... wypoczynkowy.

2 Was ist das? Suchen Sie zu jedem Begriff die passende Erklärung.
Co to jest? Proszę znaleźć właściwe określenie każdego pojęcia.

a. lustro	e. zmywarka	i. obrus
b. amerykanka	f. firanka	j. okno
c. pralka	g. umywalka	k. sypialnia
d. lodówka	h. zlew	l. odkurzacz

1. Ozdoba okna. Zrobiona jest z lekkiej tkaniny, zwykle białej. ....
2. Może wisieć na ścianie albo stać na podłodze. Jest zrobione ze szkła. Widzimy w nim swoje odbicie. ....
3. Rodzaj szafy, w której panują niskie temperatury. Przechowujemy tam mleko, masło, mięso, ryby itd. ....
4. Pokój do spania. ....
5. Część wyposażenia kuchni. Miejsce, gdzie myjemy owoce i jarzyny. ....
6. Elektryczne urządzenia do czyszczenia dywanów i podłogi. ....
7. Tkanina, która zdobi stół i chroni go przed zabrudzeniem i zniszczeniem. ....
8. Jest to rozkładany fotel. Służy do siedzenia albo do spania. ....
9. Elektryczne urządzenie. Wkładamy do niego brudne tekstylia, a wyjmujemy czyste. ....
10. Znajduje się w łazience. Przydatna, kiedy chcemy umyć ręce. ....
11. Elektryczne urządzenie do zmywania naczyń i sztućców. ....
12. Jest w każdym pokoju, ale czasem nie ma go w łazience, toalecie albo w kuchni. Kiedy je otwieramy, wpuszczamy do mieszkania świeże powietrze. ....

3 Welches Wort passt nicht zu den anderen?
Które słowo nie pasuje do pozostałych?

1. stół – fotel – regał – kanapa – lodówka ....
2. radio – telewizor – biurko – zmywarka – pralka ....
3. dywan – prześcieradło – kołdra – poduszka – narzuta ....
4. łazienka – przedpokój – kuchnia – taboret – pokój ....
5. wanna – umywalka – balkon – pralka – lustro ....
6. cztery – czy – osiem – piętnaście – trzysta ....
7. słoneczny – kwadratowy – duży – niedrogi – drzwi ....
8. stół – kanapa – krzesło – fotel – taboret ....
9. reprodukcja – lampa – klamka – portret – kalendarz ....
10. lodówka – kuchenka – zmywarka – zlew – fotel ....
11. kawalerka – dom – willa – mieszkanie – metro ....
12. lampa – radio – konferencja – wanna – regał ....

Wie heißt es auf Polnisch? Ordnen Sie zu.
Jak to się nazywa po polsku? Proszę dopasować.

1. Bettzeug	a. zwierzę domowe
2. Bettwäsche	b. kinkiet
3. Teppichboden	c. schody do piwnicy
4. Haustier	d. kosz na papier
5. Treppenhaus	e. zsyp na śmieci
6. Kellertreppe	f. pościel
7. Stehlampe	g. wykładzina
8. Wandleuchte	h. pojemnik na śmieci
9. Hochparterre	i. lampa stojąca
10. Papierkorb	j. bielizna pościelowa
11. Müllbehälter	k. wysoki parter
12. Müllschlucker	l. klatka schodowa

Ortsangaben

Zur Angabe der Lage benötigen wir entweder lokale Adverbien oder Substantive mit Präpositionen.

Zu den häufigsten **lokalen Adverbien** gehören:

tu (tutaj)	– hier	tam	– dort
na górze	– oben	na dole	– unten
blisko	– in der Nähe	daleko	– weit weg

Präpositionen

na + *Lokativ*	– auf	nad + *Instr.*	– über
pod + *Instr.*	– unter	przy + *Lokativ*	– bei, an
przed + *Instr.*	– vor	za + *Instr.*	– hinter
obok + *Genitiv*	– neben	koło + *Genitiv*	– bei
w + *Lokativ*	– in	między + *Instr.* + a + *Instr.*	– zwischen

Verben, die eine Lokalisierung präzisieren:

być	– sein	znajdować się	– sich befinden
leżeć	– liegen	stać	– stehen
wisieć	– hängen	siedzieć	– sitzen

5 Tragen Sie die Verbformen richtig ein.
Proszę wpisać formy czasowników we właściwe miejsca.

leżysz • wisi • siedzi • siedzicie • siedzę • leżymy • leżycie • wiszą • wiszę • wisicie • leżą • stoi • wisisz • stoją • leżę • siedzimy • stoję • siedzą • stoisz • stoicie • wisimy • leży • stoimy • siedzisz

	stać	wisieć	leżeć	siedzieć
ja	....	....	....	....
ty	....	....	....	....
on	....	....	....	....
my	....	....	....	....
wy	....	....	....	....
oni	....	....	....	....

6 Wo befinden sich diese Gegenstände? Ordnen Sie zu.
Gdzie znajdują się te przedmioty? Proszę dopasować.

1. Obrus
2. Kinkiet
3. Budzik
4. Kaktus
5. Wanna
6. Ręcznik kąpielowy
7. Dywan
8. Żyrandol
9. Domofon
10. Kredens
11. Stojak na parasole
12. Poduszka

a. stoi w doniczce na parapecie.
b. wisi na suficie.
c. stoi w przedpokoju.
d. leży na stole.
e. leży na podłodze.
f. stoi na nocnej szafce.
g. stoi w kuchni.
h. wisi na ścianie.
i. leży na łóżku.
j. jest przy drzwiach wejściowych.
k. wisi w łazience.
l. stoi w łazience.

Finden Sie das passende Verb und den richtigen Ort. Es gibt mehrere Möglichkeiten.
Proszę znaleźć właściwy czasownik i miejsce. Możliwe są różne rozwiązania.

1. Wycieraczka
2. Kalendarz ścienny
3. Lodówka
4. Wersalka
5. Komputer
6. Szafka nocna
7. Firanki
8. Kwiaty doniczkowe
9. Kołdra
10. Kosz na papiery
11. Odtwarzacz DVD
12. Mydło
13. Dywan
14. Państwo Sosnowscy
15. Henryk

a. leży
b. wisi
c. stoi
d. wiszą
e. stoją
f. siedzi
g. mieszkają

A. na łóżku.
B. w pokoju.
C. w kuchni
D. na krześle.
E. w oknie.
F. przed drzwiami.
G. na umywalce.
H. na ścianie.
I. obok łóżka.
J. przy biurku.
K. na biurku.
L. na podłodze.
Ł. na parterze.
M. blisko telewizora.
N. na parapecie.

8 Wie heißt es auf Polnisch? Ordnen Sie zu.
Jak to się nazywa po polsku? Proszę dopasować.

A.

1. Wanduhr	a. rośliny	A. własnościowe
2. Bettwäsche	b. kabina	B. schodowa
3. Fußbodenbelag	c. zegar	C. kąpielowy
4. Eigentumswohnung	d. ręcznik	D. wypoczynkowy
5. Treppenhaus	e. zwierzę	E. kuchenne
6. Gasherd	f. kuchenka	F. pościelowa
7. Duschkabine	g. bielizna	G. podłogowa
8. Sitzgruppe	h. wykładzina	H. prysznicowa
9. Topfpflanzen	i. mieszkanie	I. doniczkowe
10. Haustier	j. meble	J. domowe
11. Küchenmöbel	k. komplet	K. ścienny
12. Badetuch	l. klatka	L. gazowa

B.

1. neues Wohnviertel	a. wygodny	A. dywan
2. weicher Teppich	b. słoneczny	B. parter
3. Küche ohne Fenster	c. wysoki	C. balkon
4. Zentralheizung	d. podziemny	D. fotel
5. Doppelstockbett	e. miękki	E. garaż
6. Tiefgarage	f. nowe	F. sąsiedzi
7. Hochparterre	g. centralne	G. osiedle
8. erste Etage	h. piętrowe	H. ogrzewanie
9. neue Nachbarn	i. pierwsze	I. łóżko
10. sonniger Balkon	j. nowi	J. piętro
11. Stehlampe	k. stojąca	K. kuchnia
12. bequemer Sessel	l. ślepa	L. lampa

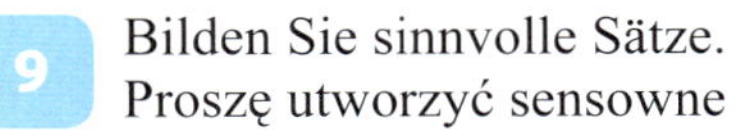

9 Bilden Sie sinnvolle Sätze.
Proszę utworzyć sensowne zdania.

1. Jutro przeprowadzam się	a. duży i słoneczny.
2. Balkon jest	b. nasze nowe mieszkanie.
3. Mieszkam niedaleko	c. nowe meble.
4. Pokażę wam	d. miękki dywan.
5. W łazience mamy	e. na balkonie.
6. Na podłodze leży	f. do nowego mieszkania.
7. Budzik stoi	g. potrzebny jest mi pokój do pracy.
8. Dzieciom też kupimy	h. parku.
9. Możemy trochę posiedzieć	i. na nocnej szafce.
10. Dużo pracuję, więc	j. wannę i prysznic.

10+ Eine seltsame Wohnung. In jedem Satz gibt es einen Fehler. Korrigieren Sie!
Dziwne mieszkanie. W każdym zdaniu jest błąd. Proszę poprawić!

Nasze nowe mieszkanie znajduje się w *parterowym budynku* na siódmym piętrze. Mamy oczywiście windę, więc *musimy* wchodzić po schodach. *Na drzwiach* leży wycieraczka. Otwieramy drzwi i wchodzimy do *łazienki*. Przy drzwiach stoi *fotel* na parasole, obok jest garderoba. Naprzeciwko wejścia są *okna* do kuchni. Tam mamy kuchenkę gazową, lodówkę z zamrażarką, zlew, *pralkę* do naczyń, szafki, stół i cztery taborety.

Na prawo od kuchni *wisi* pokój dzienny. Jest to duże i słoneczne pomieszczenie z *fotelem* na balkon. Mamy tutaj wygodny komplet wypoczynkowy: *wannę* i dwie amerykanki. Zwykle pełnią one rolę foteli, ale kiedy *zimują* u nas goście, fotele zamieniają się w łóżka. Jedną ścianę zajmuje *poduszka*. Jest w niej miejsce na telewizor, odtwarzacze wideo i DVD, *łóżko radiowe* i różne drobiazgi. *Na suficie* leży niebieski dywan. W sypialni *leżą* dwa łóżka, nocne szafki i szafa na bieliznę i ubrania. W pokoju naszej córki Elizy znajduje się *tapczanik*, przy którym Eliza odrabia lekcje. Przy *biurku* stoi szafka nocna, a obok jest komoda na bieliznę. W szafie Eliza ma swoje *widelce*. Na parapecie stoją doniczki z *książkami*.

Przedpokój Mariusza jest naprzeciwko pokoju Elizy. *Na* oknie stoi biurko, a przy nim wygodny fotel biurowy. Na stoliku obok biurka Mariusz ma komputer i *mikrofalówkę* laserową. Swoje ubrania i bieliznę Mariusz trzyma w *umywalce*, a książki stoją w biblioteczce. Obok niej stoi tapczan, na którym Mariusz *się kąpie*. Na lewo od tapczanu stoi szafka *dzienna*. Na *suficie* wisi kinkiet. Z *szafy* Mariusz ma widok na plac zabaw.

Der Dativ der Substantive, Adjektive und Possessivpronomina

Maskuline Substantive bekommen im Dativ meist die Endung -u bzw. -owi: ojcu • bratu • Januszowi • kuzynowi. Maskulina, die im Nominativ auf -a auslauten, enden im Dativ auf -e: poecie • koledze.

Maskuline Adjektive und **Possessivpronomina** enden im Dativ auf -(i)emu: mojemu dobremu ojcu • nowemu polskiemu koledze.

Feminine Substantive erhalten im Dativ die Endung -i oder -(i)e: cioci • pani • Ewie • Iwonie • matce • sekretarce. Feminina, deren Stamm auf -cz, -sz, -ż endet, bekommen die Endung -y: Nataszy • myszy • młodzieży.

Adjektive und **Possessivpronomina** haben in der weiblichen Form die Dativendung -ej: mojej kochanej mamie • naszej dawnej nauczycielce.

Neutra enden im Dativ meist auf -u: mojemu kochanemu dziecku. Neutra mit der Nominativendung -(i)ę haben in einigen Deklinationsfällen, auch im Dativ, einen erweiterten Stamm: cielę (Kalb) • cielęciu • szczenię (Welpe) • szczenięciu.

Im **Plural** gibt es für fast alle Substantive die Endung -(i)om, für Adjektive und Possessivpronomina -ym oder -im: moim drogim rodzicom • naszym małym dzieciom.

11 Ergänzen Sie die Tabelle.
Proszę uzupełnić zestawienie.

A. Nominativ/mianownik	Dativ/celownik
pan Kowalski	panu Kowalskiemu
pan Stawski	....
mój brat	mojemu bratu
twój syn	.... synowi
nasz kuzyn	....
Kazik Bednarski	....
inżynier Roman Turski	....
Marek	Markowi
dziadek	....
wnuczek	....
Jacek Kowalczyk	....
pies	psu
lew	....

B. Nominativ/mianownik	Dativ/celownik
moja babcia	mojej babci
nasza ciocia	....
Krysia Solska	.... Solskiej
Ania Sosnowska	....
Jola Ratajczyk	.... Ratajczyk
Izabela Marczak	....
Helena	Helenie
Iwona	....
Irena	....
moja kochana mama	....
córka	córce
Hanka	....
pacjentka	....
Beata	Beacie
Renata	....
Dorota	....
róża	róży
Natasza	....
mysz	....
młodzież	....
Magda	Magdzie
woda	....
legenda	....

C. Nominativ/mianownik	Dativ/celownik
moje małe dziecko	mojemu małemu dziecku
czerwone jabłko	....
znane muzeum	.... muzeum
dobre gimnazjum	....
jagnię	jagnięciu
cielę	....
szczenię	....

D. Nominativ/mianownik	Dativ/celownik
nowi studenci	nowym studentom
nasi synowie	naszym synom
dobrzy lekarze	dobrym ....
znani pisarze	....
starzy sąsiedzi	.... sąsiadom
piękne panie	....
nowe koleżanki	....
małe dzieci	....
bezdomne psy	....
czarne koty	....

12 Schreiben Sie die Wörter/Wortgruppen im Dativ.
Proszę wpisać podane słowa/grupy słów w celowniku.

1. nasza córka: Damy .... nowe radio.
2. nasi goście: Pokażemy .... nasze nowe mieszkanie.
3. wszystkie dzieci: Opowiem .... bajkę.
4. francuscy turyści: Przewodnik pokazuje .... miasto.
5. miły sąsiad: Dziękuję .... za pomoc.
6. pies: Daj .... trochę mięsa!
7. moja siostra: Dam .... adres dobrego adwokata.
8. babcia: Ania pomaga .... w kuchni.
9. kasjerka: Dajemy .... pieniądze za bilety.
10. aptekarz: Podaj .... receptę!
11. pacjent: Pielęgniarka mierzy .... ciśnienie.
12. Janusz: Co podarujesz .... na imieniny?
13. nasz syn: Kupimy .... nowy komputer.
14. wasza mama: Zróbcie .... niespodziankę na Dzień Matki!
15. mój kot: Dam .... trochę mleka.

Deklination des Personalpronomens

N	**ja**	**ty**	**on**	**ona**	**ono**
G	mnie	ciebie	jego/niego/go	jej/niej	jego/niego/go
D	mnie/mi	tobie/ci	jemu/mu	jej	jemu/mu
A	mnie	ciebie/cię	jego/go	ją	jego/go
I	mną	tobą	nim	nią	nim
L	mnie	tobie	nim	niej	nim
N	**my**	**wy**	**oni**	**one**	
G	nas	was	ich	ich	
D	nam	wam	im	im	
A	nas	was	ich	je	
I	nami	wami	nimi	nimi	
L	nas	was	nich	nich	

Im **Singular** gibt es teilweise zwei verschiedene Formen. Die längere signalisiert die Hervorhebung einer Person:

Ewa pomaga **mi** w ogrodzie. — Ewa hilft mir im Garten.
Ewa pomaga **mnie**, a nie **tobie**. — Ewa hilft mir und nicht dir.

Am Satzende steht fast immer die betonte (= längere) Form:

Pozdrawiam **Ciebie**. — Ich grüße dich.
Pozdrawiam **Cię/Ciebie** serdecznie. — Ich grüße dich herzlich.

13

Übersetzen Sie die Sätze ins Deutsche.
Proszę przetłumaczyć te zdania na niemiecki.

1. Marek chce się ze mną spotkać. ....
2. Na imieniny Magda dostanie ode mnie porcelanowy wazon. ....
3. Jest list do ciebie. ....
4. Pozdrawiam cię serdecznie. ....
5. Nie wiem, gdzie jest Henryk. Nie ma go ani w domu, ani w pracy. ....
6. Kot jest głodny. Dam mu trochę ryby. ....
7. Marta jest chora. Zadzwoń do niej! ....
8. Ta książka jest naprawdę interesująca. Musisz ją koniecznie przeczytać! ....
9. Mamy nowe mieszkanie. Musimy kupić do niego jakieś meble. ....
10. To radio jest zepsute. Karol je naprawi. ....
11. Kiedy nas odwiedzicie? ....
12. Możecie u nas przenocować. ....
13. Przyjdziemy do was w sobotę. ....
14. Piotr chce zagrać z wami w karty. ....
15. Renata i Sylwia idą do kina. Czy mogę pójść z nimi? ....
16. Moje ciotki mieszkają nad morzem. Lubię spędzać u nich wakacje. ....
17. Monika i Grzegorz urządzają parapetówkę*. Koniecznie musimy do nich iść i podarować im coś do nowego mieszkania. ....

*Parapetówka: Einweihung einer neuen Wohnung. Der Name kommt wahrscheinlich vom Wort parapet (Fensterbrett), um anzudeuten, dass die Gastgeber in den neuen Wohnräumen noch nicht vollständig eingerichtet sind und deshalb während der Party viele Sachen auf den Fensterbrettern abgestellt werden.

14

Wählen Sie die richtige Form des Personalpronomens.
Proszę wybrać odpowiednią formę zaimka osobowego.

1. Jutro przyjdą do .... goście.
   a. nam b. nami c. nas
2. Spotkam .... wieczorem.
   a. ona b. ją c. jej
3. Serdecznie .... pozdrawiamy.
   a. wy b. was c. wam

4. Zadzwonię do .... jutro.
   a. tobie b. tobą c. ciebie
5. Pokażę .... moje nowe mieszkanie.
   a. ci b. ciebie c. tobą
6. Cześć Wojtek! Nie poznajesz ....?
   a. mnie b. mną c. mi
7. Zobaczymy się z .... w czwartek.
   a. oni b. nimi c. nich
8. Co ty właściwie o .... wiesz?
   a. nim b. niemu c. jego
9. Zadzwoń do .... koniecznie!
   a. ona b. niej c. jej
10. Nie chcę .... więcej widzieć!
   a. on b. mu c. go

15 Ersetzen Sie die unterstrichenen Substantive durch entsprechende Personalpronomen wie im Beispiel.
Proszę zastąpić podkreślone rzeczowniki zaimkami osobowymi, jak pokazano na przykładzie.

0. Idziemy do **Krystyny**. Idziemy do **niej**.
1. Pokażę **gościom** nasze mieszkanie. ....
2. Czy znacie **Beatę**? ....
3. **Marek i Agata** mają nowy samochód. ....
4. Kupimy **córce** komputer. ....
5. Kup **dziecku** lody! ....
6. Rozmawiamy o **Joannie i Teresie**. ....
7. **Moje siostry** mieszkają w Krakowie. ....
8. Idziemy do **Staszka**. ....
9. Wracam od **Jacka i Alicji**. ....
10. Chyba sprzedam samochód **pani Rudnickiej**. ....
11. Co damy **dziadkowi** na imieniny? ....
12. Jak dacie **waszemu dziecku** na imię? ....

16 Ergänzen Sie die fehlenden Buchstaben.
Proszę uzupełnić brakujące litery.

1. KR _ _ S _ O
2. L _ _ TRO
3. ME _ _ O _ CIA _ _ A
4. F _ TE _
5. _ _ URKO
6. DY _ _ N
7. _ ERSA _ KA
8. _ _ ERYK _ NK _
9. LO _ Ó _ _ A
10. PRY _ _ _ IC
11. WA _ _ A
12. K _ EDE _ _

13. TA _ O _ ET
14. STÓ _
15. ŁÓ _ _ O
16. UMY _ _ _ KA
17. PR _ L _ A
18. _ APCZ _ _
19. OBR _ S
20. FI _ _ NKA
21. R _ CZN _ K
22. ODK _ _ _ ACZ
23. Ż _ LAZ _ _
24. PAR _ PE _
25. PI _ TR _
26. PAR _ _ R
27. P _ _ NICA
28. WI _ DA
29. SC _ _ _ Y
30. OK _ O
31. D _ _ WI
32. T _ RA _
33. BA _ _ ON
34. WYC _ ERA _ ZKA
35. DO _ _ FON
36. _ _ WONEK
37. OG _ _ D
38. _ ARAŻ
39. POD _ _ RKO

17 Beantworten Sie die Fragen wie im Beispiel.
Proszę odpowiedzieć na pytania tak, jak pokazano na przykładzie.

0. Co podarujesz **Mariuszowi** na imieniny? *(książkę)* Podaruję **mu** książkę.
1. Co pokażesz **Ewie i Robertowi**? *(nasz ogród)* ....
2. Kiedy odwiedzimy **rodziców**? *(jutro)* ....
3. Dla kogo kupiłeś **te kwiaty**? *(dla mamy)* ....
4. Z kim Gabriela rozmawia **o swojej pracy**? *(z bratem)* ....
5. Co masz dla **Iwony**? *(aparat fotograficzny)* ....
6. Kiedy przyjedziecie do **nas**? *(w kwietniu)* ....
7. Dokąd pójdziesz z **Moniką** dzisiaj wieczorem? *(do teatru)* ....
8. Kiedy wrócisz od **Hanki i Marcina**? *(za dwie godziny)* ....
9. Co podarujecie **Agnieszce** do nowego mieszkania? *(serwis do kawy)* ....
10. Kiedy ożenisz się z **Kingą**? *(w lipcu)* ....

18 Wählen Sie die passende Ergänzung.
Proszę wybrać właściwe uzupełnienie.

1. Tomek i Magda mają nowe mieszkanie i dlatego zapraszają nas na (imieniny • parapetówkę • urlop • egzamin).
2. Damy im w prezencie (szklanki • kieliszki • talerze • sztućce) do wina.
3. Ich mieszkanie znajduje się na szóstym (parterze • ogrodzie • strychu • piętrze).
4. W budynku jest (winda • piwnica • dzwonek • taras), więc nie musimy wchodzić po (drzwiach • oknach • schodach • kwiatach).
5. Przed drzwiami do mieszkania leży (dywan • poduszka • wycieraczka • ręcznik).
6. Magda otwiera nam drzwi i wchodzimy do (przedpokoju • toalety • piwnicy • zmywarki).
7. Mieszkanie składa się z dwóch pokoi, (dachu • garażu • kuchni • sypialni), przedpokoju i łazienki z toaletą.
8. Magda i Tomek mają też słoneczny (strych • dywan • balkon • telewizor).

19 Verbinden Sie die Verben in Paare mit gleicher Bedeutung, aber verschiedenen Aspekten (perfektiv und imperfektiv).
Proszę połączyć czasowniki w pary o tym samym znaczeniu, ale różnych aspektach (dokonany i niedokonany).

jechać • jeść • kupować • odwiedzać • zapytać • odpowiadać • pisać • robić • wypić • zadzwonić • odpowiedzieć • pokazać • dzwonić • kupić • zjeść • napisać • odwiedzić • pić • sprzedawać • sprzedać • pytać • pokazywać • pojechać • zrobić

0. wrócić – wracać
1. .... – ....
2. .... – ....
3. .... – ....
4. .... – ....
5. .... – ....
6. .... – ....
7. .... – ....
8. .... – ....
9. .... – ....
10. .... – ....
11. .... – ....
12. .... – ....

20 Finden Sie zu jedem Verbpaar aus der Übung 19 eine passende Ergänzung.
Proszę znaleźć odpowiednie uzupełnienie do każdej pary czasowników z ćwiczenia 19.

do domu • obiad • na urlop • do siostry • list • dziadków • kwiaty • owoce • miasto • zakupy • na pytania • o drogę do muzeum • piwo

0. do domu
1. ....
2. ....
3. ....
4. ....
5. ....
6. ....
7. ....
8. ....
9. ....
10. ....
11. ....
12. ....

21 Schreiben Sie das Verb im Infinitiv und bestimmen Sie seinen Aspekt.
Proszę napisać czasownik w bezokoliczniku i określić jego aspekt.

0. Małgosia pisze list do babci. pisać, imperfektiv
1. Sylwia i Konrad przeprowadzają się do nowego mieszkania. ....
2. Kupimy nowe krzesła. ....
3. W lodówce jest gulasz. ....
4. Na ścianie wisi reprodukcja Moneta. ....
5. Jutro odwiedzimy Justynę. ....
6. Samochód stoi w garażu. ....
7. Dam ci mój nowy adres. ....
8. Powiem wszystko mamie! ....
9. Daria lubi nowoczesne meble. ....
10. Stefan mieszka na parterze. ....
11. Tutaj postawimy biurko. ....
12. Najpierw wezmę prysznic, a potem zjem śniadanie. ....

22+ Wie heißt es richtig?
Jakie to pojęcia?

1. budynek do prasowania ....
2. antena mikrofalowa ....
3. deska na parasole ....
4. ręcznik ośmiopiętrowy ....
5. łóżko nocne ....
6. kwiaty piętrowe ....
7. garaż wypoczynkowy ....
8. kuchenka satelitarna ....
9. stojak kąpielowy ....
10. komplet jednorodzinny ....
11. domek podziemny ....
12. szafki doniczkowe ....
13. drukarka podłogowa ....
14. wykładzina laserowa ....

23 Schreiben Sie einen sinnvollen Text.
Proszę napisać sensowny tekst.

1. Mamy nowe mieszkanie
2. Mieszkamy na
3. Nasza kuchnia jest dosyć duża,
4. Z pokoju dziennego mamy
5. Nasza sypialnia jest
6. Mamy w niej duże i wygodne
7. W pokoju naszego syna stoją
8. W łazience mamy narożną wannę
9. Toaleta jest
10. W podziemnym garażu

a. możemy tam jeść posiłki.
b. meble, które sam sobie wybrał.
c. niedaleko centrum handlowego.
d. jest miejsce na nasz samochód.
e. osobna.
f. nieduża, ale ładnie umeblowana.
g. drugim piętrze.
h. łóżko, komodę i pojemne szafy na ubrania.
i. oraz kabinę prysznicową.
j. wyjście na balkon.

Adverbien im lokalen Bereich

Folgende Adverbien werden in solchen Situationen gebraucht (mit dem Genitiv):

blisko	nah	–	blisko stacji benzynowej
niedaleko	unweit	–	niedaleko domu
w pobliżu	in der Nähe	–	w pobliżu osiedla

24 Lesen Sie den Text und beantworten Sie die Fragen.
Proszę przeczytać tekst i odpowiedzieć na pytania.

Pani Bartnicka opowiada: Mamy nareszcie nowe mieszkanie! Niedaleko jest szkoła, plac zabaw, hipermarket, stacja metra i stacja benzynowa.
Nasze mieszkanie mieści się w siedmiopiętrowym bloku – my mieszkamy na trzecim piętrze. Mamy cztery pokoje, kuchnię, łazienkę, osobną toaletę, przedpokój i słoneczny balkon. Brakuje nam jeszcze trochę mebli. Do gabinetu musimy kupić nowe biurko i regał, a do dużego pokoju – wygodną kanapę do spania. Nie mamy osobnej sypialni, duży pokój jest więc wielofunkcyjny. Jest on naszym salonem, ale też jadalnią i sypialnią.
Nasze dzieci, Aldona i Jarek, mają osobne pokoje. Mój mąż jest grafikiem i pracuje głównie w domu, dlatego w jednym pokoju jest jego gabinet.
Aldonie chcemy jeszcze kupić dywan, a do pokoju Jarka potrzebne są zasłonki.
Kuchnia jest niewielka, ale praktycznie urządzona: kuchenka gazowa, lodówka, zymwarka, szafki, mały stolik i cztery taborety. Tutaj chętnie jemy śniadanie.
Łazienka jest przestronna. Jest tam miejsce na wannę i prysznic, poza tym stoi tam pralka automatyczna. Ściany łazienki wyłożone są niebieskimi kafelkami, a w niewielkim oknie wiszą niebieskie firanki.
W toalecie nie ma okna. Jest to najmniejsze pomieszczenie, jest tam tylko sedes, umywalka i wieszak na ręczniki.
Dużo miejsca jest natomiast w przedpokoju. Tutaj stoi szafa na ubrania, szafka na buty i toaletka. Nad toaletką wisi owalne lustro, a obok jest stojak na parasole.

1. W jakim budynku mieszkają państwo Bartniccy?
2. Na którym piętrze znajduje się ich mieszkanie?
3. Co jest w pobliżu ich domu?
4. Z ilu pokoi składa się mieszkanie państwa Bartnickich?
5. Jakie meble potrzebne są do gabinetu?
6. Dlaczego pan Bartnicki ma gabinet?
7. Jakie funkcje spełnia duży pokój?
8. Czy jest on już kompletnie umeblowany?
9. Gdzie stoi pralka?
10. Czy w kuchni można jeść śniadanie?
11. Ile dzieci mają państwo Bartniccy?
12. Co jest w łazience: wanna czy prysznic?

25 Lesen Sie den Text aus der Übung 24 erneut und kreuzen Sie dann die richtigen Angaben an.
Proszę ponownie przeczytać tekst z ćw. 24 i oznaczyć prawidłowe informacje.

1. Gdzie jest hipermarket?
   a. w kuchni b. niedaleko domu c. na stacji metra

2. Mieszkanie państwa Bartnickich znajduje się …
   a. na trzecim piętrze b. w przedpokoju c. niedaleko kuchni
3. Gdzie rodzina Bartnickich je śniadania?
   a. na dywanie b. w kuchni c. za oknem
4. Gdzie jest gabinet pana Bartnickiego?
   a. w toalecie b. w jednym z pokoi c. na balkonie
5. Gdzie jest prysznic?
   a. nad wanną b. za drzwiami c. w łazience
6. Gdzie są niebieskie kafelki?
   a. w łazience na ścianach b. w gabinecie pod biurkiem c. w toalecie za umywalką
7. Gdzie wisi owalne lustro?
   a. za szafą b. w kuchence gazowej c. nad toaletką
8. Gdzie jest stojak na parasole?
   a. w przedpokoju b. obok pralki c. na stole w kuchni
9. Gdzie pracuje pan Bartnicki?
   a. w domu b. za kanapą c. w wannie
10. Gdzie wiszą firanki?
   a. w szafie b. w oknie c. na placu zabaw

26 Wie sagt man das auf Polnisch?
Jak to powiedzieć po polsku?

1. an den Fenstern	a. na balkonie
2. auf dem Fensterbrett	b. na ścianie
3. an der Zimmerdecke	c. na placu zabaw
4. an der Wand	d. w kącie
5. in der Schublade	e. na pierwszym piętrze
6. auf dem Schreibtisch	f. w/na/przy oknach
7. in der Ecke	g. na parapecie
8. auf dem Balkon	h. na łóżku
9. im Keller	i. w piwnicy
10. im Treppenhaus	j. w łóżku
11. im Fahrstuhl	k. pod łóżkiem
12. im ersten Stock	l. w szufladzie
13. auf dem Spielplatz	ł. na suficie
14. unter dem Bett	m. na biurku
15. auf dem Bett	n. w windzie
16. im Bett	o. na klatce schodowej

27 Finden Sie das passende Satzende.
Proszę znaleźć odpowiednie zakończenie.

1. Ewa ma nowe mieszkanie
2. Jej mieszkanie składa się
3. Naprzeciwko drzwi wejściowych
4. Jest ona niewielka,
5. Wyposażona jest
6. Na prawo od kuchni znajduje się
7. Obok łazienki jest mały pokój,
8. Są w nim następujące meble:
9. Duży pokój znajduje się
10. Jest to obszernie pomieszczenie
11. W tym pokoju stoi pośrodku stół
12. Na lewo od drzwi są dwa wygodne
13. Obok stoi
14. Naprzeciwko foteli

a. łazienka z toaletą.
b. jest kuchnia.
c. w wieżowcu na szóstym piętrze.
d. i cztery krzesła.
e. wersalka, biurko, krzesło, regały i komoda.
f. ale jasna i ustawna.
g. z dwóch pokoi, kuchni, przedpokoju i łazienki.
h. z wyjściem na balkon.
i. w którym Ewa śpi i pracuje.
j. lampa.
k. w kuchenkę, zlew, lodówkę, zmywarkę i szafki.
l. na prawo od kuchni.
ł. jest meblościanka z telewizorem.
m. fotele i niski stolik.

28 Wählen Sie die passenden Präpositionen aus.
Proszę dobrać odpowiednie przyimki.

1. za • do • przed • przez • na • przy
   .... miesiąc przeprowadzamy się .... nowego mieszkania.
2. od • do • na • za • w • nad
   Nasze mieszkanie znajduje się .... miastem .... skraju lasu.
3. w • przy • od • do • za • pod
   Musimy kupić nowe firanki .... wszystkich pokoi, ale .... kuchni nie brakuje niczego.
4. między • pod • z • przy • od • w
   .... łazience jest duża wanna .... prysznicem.
5. naprzeciwko • między • z • do • dla • pod
   Kuchnia jest .... sypialnią a łazienką, ... pokoju naszego syna.
6. pod • od • na • w • dla • przez
   .... naszego syna kupimy nowe meble: tapczan, biurko i regał .... książki.
7. na • przy • dla • w • pod • od
   .... pokoju dziennym mamy już wszystkie meble, a .... podłodze leży piękny dywan.

8. przy • na • za • u • do • nad
.... środku pokoju stoi stół, a .... oknie jest niska szafka.
9. pod • w • nad • na • dla • do
.... szafce stoi telefon, a .... szafką wisi zegar.
10. od • dla • do • u • na • w
Nie pamiętam numeru telefonu .... Doroty, ale mogę sprawdzić .... książce telefonicznej.
11. od • dla • do • na • pod • przez
Zadzwonimy .... Doroty i Piotra i zaprosimy ich .... sobotę.
12. po • na • w • dla • pod • za
.... sobotę .... południu organizujemy parapetówkę.

29 Verbinden Sie die Wörter so, dass sinnvolle Begriffe entstehen.
Proszę połączyć słowa w sensowne wyrażenia.

1. stół	a. na ubrania
2. zmywarka	b. automatyczna
3. pralka	c. wisząca
4. łóżko	d. wejściowe
5. lampa	e. na parasole
6. komplet	f. kuchenny
7. kuchenka	g. z prysznicem
8. drzwi	h. piętrowe
9. szafa	i. laserowa
10. drukarka	j. do naczyń
11. stojak	k. wypoczynkowy
12. wanna	l. mikrofalowa

Wczoraj, przedwczoraj, w niedzielę

Gestern, vorgestern, am Sonntag

Dialog 1

Policjant: Co pan robił ósmego sierpnia?
Roman Adamski: Ósmego? Zaraz … To była niedziela …
Policjant: Tak, co pan robił w niedzielę?
Roman Adamski: Byłem z żoną u jej siostry.
Policjant: Przez cały dzień?
Roman Adamski: Od obiadu do późnego wieczora.
Policjant: To znaczy?
Roman Adamski: Gdzieś tak od godziny trzynastej do północy.

Dialog 2

Bogdan: Cześć Agata! Dawno cię nie widziałem.
Agata: Byłam na urlopie. Wróciłam dopiero w sobotę późnym wieczorem.
Bogdan: To dlaczego nie zadzwoniłaś w niedzielę?
Agata: Nie miałam czasu. Musiałam rozpakować bagaże, zrobić pranie …
Bogdan: Robiłaś pranie w niedzielę?
Agata: Czemu nie? Było ciepło, wszystko szybko wyschło i wieczorem mogłam wyprasować, co trzeba. A jak ty spędziłeś niedzielę?
Bogdan: Spałem chyba do dziesiątej. Po południu byłem z Markiem i Tadeuszem na basenie.

Dialog 3

Joanna: W niedzielę byliśmy w zoo. Wszyscy czworo.
Ewa: Naprawdę? Jak ci się udało odciągnąć Stefana od komputera?
Joanna: Nawet nie próbowałam. To on zaproponował ten wypad. Dzieci były zachwycone.
Ewa: A ja pracowałam. Miałam dyżur do szesnastej. A wieczorem poszłam z Krzysztofem do teatru.

Die Vergangenheit

Im Polnischen gibt es nur eine Zeitform, um Vergangenes auszudrücken. Anders als in der deutschen Sprache gibt es aber verschiedene Formen je nach Geschlecht der Person:

Infinitiv:	**pracować**			
ja	pracow**ałem**	(m)	pracow**ałam**	(f)
ty	pracow**ałeś**	(m)	pracow**ałaś**	(f)
on	pracow**ał**			
ona	pracow**ała**			
ono	pracow**ało**			
my	pracow**aliśmy**	(PF)	pracow**ałyśmy**	(SF)
wy	pracow**aliście**	(PF)	pracow**ałyście**	(SF)
oni	pracow**ali**			
one	pracow**ały**			

Die Endungen gelten für alle Verben. Die meisten Verben bilden ihre Vergangenheitsformen regelmäßig (auf der Grundlage des Infinitivstammes), es gibt aber auch eine Reihe von Verben, die in der Vergangenheit einen anderen Verbstamm benötigen.
PF = Personalform; SF = Sachform

1 Ergänzen Sie die Dialoge mit den vorgegebenen Wörtern.
Proszę uzupełnić dialogi podanymi słowami.

A. o • przepraszam • telefon • zapomniałem • późno • było • jestem • martwiłam się

Matka: Dlaczego wracasz tak .... do domu? Już po północy!
Syn: Mamo, ... U Janusza .... tak fajnie, że zupełnie .... spojrzeć na zegarek.
Matka: A ja .... o ciebie!
Syn: Niepotrzebnie, mamo. Przecież nie .... już małym dzieckiem.
Matka: Matki zawsze martwią się .... swoje dzieci.
Syn: Wiesz co? Kupię sobie .... komórkowy, wtedy zawsze będziesz mogła mnie złapać.

B. miała • byłam • razy • pewno • mózgu • poślizg • koniecznie • byłaś • stało

Monika: Gdzie .... wczoraj? Dzwoniłam do ciebie parę ...., ale nikt nie odbierał.
Hanka: .... u Marty w szpitalu.

Monika: Jak to: w szpitalu? Co się ....?
Hanka: Marta .... wypadek. jej samochód wpadł w .... i zderzył się z furgonetką.
Monika: Ojej! I co z Martą?
Hanka: Ma wstrząs .... i złamaną lewą nogę.
Monika: Biedna Marta! Muszę .... ją odwiedzić.
Hanka: Na .... się ucieszy.

C. dzięki • córka • byłem • wyjdą • zostałem • jutro • samochód • zrobić • czuje • centrum

Jurek: Cześć Kamil! Co słychać?
Kamil: W czwartek .... ojcem.
Jurek: Gratuluję! Syn czy córka?
Kamil: Córka.
Jurek: A jak się .... twoja żona?
Kamil: Normalnie. Jutro obie .... ze szpitala. Właśnie .... u nich. Teraz muszę jeszcze .... zakupy, bo .... nie będę miał na to czasu.
Jurek: Wiesz co? Niedaleko stoi mój .... Pojedziemy razem do .... handlowego.
Kamil: Wspaniale! ...., stary!

2 Suchen Sie zu jedem Verb im Präteritum sein Pendant im Präsens.
Proszę znaleźć do każdego czasownika w czasie przeszłym jego odpowiednik w czasie teraźniejszym.

1. my mieliśmy
2. oni byli
3. ja czytałem
4. one czekały
5. on musiał
6. ja chciałam
7. ty byłeś
8. on szukał
9. oni szli
10. ja jechałem
11. my spaliśmy
12. oni mogli
13. one kupowały
14. wy jedliście
15. ty stałaś
16. on miał

a. ja jadę
b. on ma
c. on musi
d. oni idą
e. my mamy
f. ty stoisz
g. wy jecie
h. one kupują
i. oni są
j. my śpimy
k. ja chcę
l. ja czytam
ł. ty jesteś
m. on szuka
n. oni mogą
o. one czekają

3 Tragen Sie die Verben richtig ein.
Proszę wpisać czasowniki we właściwe miejsca.

poszedł • wyszedł • wypił • kupił • zabrał • wstał • wziął • przywitał • lądował • przyjechał • ubrał się • ogolił się • jadł • poszli • czekał • pojechał • przeszła

1. Wczoraj Adam .... bardzo wcześnie.
2. .... prysznic i ....
3. Potem .... kubek herbaty, ale nie .... śniadania.
4. .... i .... z domu.
5. Autobusem .... na lotnisko.
6. .... na czas: samolot z Tokio właśnie ....
7. Adam .... kwiaty w kiosku i .... do hali przylotów.
8. .... prawie godzinę.
9. Wreszcie Justyna .... przez kontrolę celną.
10. Adam .... Justynę, ... jej bagaże i razem .... na postój taksówek.

4 Schreiben Sie diese Sätze im Präsens.
Proszę napisać te zdania w czasie teraźniejszym.

1. Byliśmy na urlopie nad morzem. ....
2. Pogoda była wspaniała. ....
3. Codziennie przed południem chodziliśmy na plażę. ....
4. Dzieci kąpały się w morzu, ja pływałem, a moja żona najchętniej leżała na kocu i opalała się. ....
5. Obiady jedliśmy zwykle w smażalni ryb. ....
6. Ryby bardzo nam smakowały. ....
7. Popołudnia czasem też spędzaliśmy na plaży, a czasem chodziliśmy na spacery po lesie. ....
8. Dzieci zbierały jagody, których było tam mnóstwo. ....
9. Potem jedliśmy na podwieczorek jagody z cukrem i bitą śmietaną. ....
10. Wieczorami czasem rozpalaliśmy ognisko i razem ze znajomymi piekliśmy kiełbaski. ....

5 Wählen Sie die passende Verbform.
Proszę wybrać właściwą formę czasownika.

1. Marku, jak .... weekend?
   a. spędził b. spędziłeś c. spędzili
2. Nasza rodzina .... na działce.
   a. była b. byliśmy c. było
3. Agnieszka i ja trochę .... w ogrodzie.
   a. pracowali b. pracował c. pracowaliśmy
4. Nasz syn Emil .... nam.
   a. pomagali b. pomagał c. pomagała
5. Nasze córki, Amelka i Wanda, ... w piaskownicy.
   a. bawili się b. bawiły się c. bawiło się
6. Po południu razem z sąsiadami .... kiełbaski.
   a. smażyliśmy b. smażyła c. smażyliście
7. Na świeżym powietrzu apetyt bardzo nam ....
   a. dopisywali b. dopisywaliśmy c. dopisywał
8. Po powrocie do domu dzieci .... spać.
   a. poszli b. poszedłem c. poszły
9. Agnieszka .... książkę.
   a. czytała b. czytałaś c. czytał
10. Ja .... obejrzeć program rozrywkowy w telewizji.
   a. woleli b. wolałam c. wolałem

6 Perfektiv oder imperfektiv?
Aspekt dokonany czy niedokonany?

1. W piątek po południu Larysa .... do Torunia. a. jechała b. pojechała
2. W czasie urlopu często .... nad jezioro. a. chodziliśmy b. poszliśmy
3. Na sobotę pani Anna .... gości. a. zapraszała b. zaprosiła
4. Robert już trzy razy .... egzamin na prawo jazdy, ale jeszcze nie .... a. zdawał b. zdał
5. Wczoraj .... swojego dawnego sąsiada. a. spotykałam b. spotkałam
6. Dawniej Mariola i Kasia często .... a. się odwiedzały b. się odwiedziły
7. Dorotko, czy już .... odrabiać lekcje? a. kończyłaś b. skończyłaś
8. O której godzinie .... z teatru? a. wracaliście b. wróciliście

7 Ergänzen Sie den Text, indem Sie die passenden Verbformen verwenden.
Proszę uzupełnić tekst wybierając odpowiednie formy czasowników.

Wczoraj Marcin (wstanie • wstaje • wstał • wstawał) bardzo wcześnie. Już o szóstej rano (musi • musiał) być na dworcu, bo pociąg do Krakowa (odjedzie • odjeżdża • odjechał • odjeżdżał) o szóstej osiem.
Marcin (weźmie • bierze • wziął • brał) prysznic, (ogoli się • goli się • ogolił się • golił się) i (ubierze • ubiera • ubrał • ubierał). Szybko (wypije • pije • wypił • pił) kawę i (zadzwoni • dzwoni • zadzwonił • dzwonił) po taksówkę. Nie (poczeka • czeka • poczekał • czekał) długo na taksówkę, ale jazda na dworzec (potrwa • trwa • trwała • potrwała) prawie dwadzieścia minut, bo na ulicach (będą • są • były) korki. Prawie w ostatniej chwili Marcin (wsiądzie • wsiada • wsiadł • wsiadał) do wagonu. Na szczęście nie tylko wcześniej (kupi • kupuje • kupił • kupował) bilet, ale także (zarezerwuje • rezerwuje • zarezerwował • rezerwował) miejsce siedzące przy oknie.
Ponieważ (będzie • jest • był) głodny, (pójdzie • idzie • poszedł • szedł) do wagonu restauracyjnego i tam (zje • je • zjadł • jadł) śniadanie.
Do Krakowa (przyjedzie • przyjeżdża • przyjechał • przyjeżdżał) krótko po godzinie jedenastej.

8 Schreiben Sie jetzt den Text von Übung 7 in den folgenden Versionen.
Proszę napisać ten tekst z ćwiczenia nr 7 w następujących wersjach.

a. in der Ich-Form – o sobie
b. in der Wir-Form – o nas
c. über Monika – o Monice

9 Schreiben Sie diese Sätze in der Vergangenheit.
Proszę napisać te zdania w czasie przeszłym.

1. W czwartek kurs polskiego kończy się już o trzynastej.
 ……………………………………………………………………………
2. Leszek Michalski ma dyżur w mediotece.
 ……………………………………………………………………………
3. Po obiedzie Roger idzie do medioteki.
 ……………………………………………………………………………
4. Gilbert i Alice jadą autobusem do Łazienek.
 ……………………………………………………………………………
5. Susanne chce zwiedzić Zamek Królewski, dlatego jedzie na Plac Zamkowy.
 ……………………………………………………………………………
6. Larysa i Michaela nie mają ochoty na zwiedzanie.
 ……………………………………………………………………………
7. Wolą iść na lody.
 ……………………………………………………………………………

Die Ordnungszahlen

Die Ordnungszahlen werden im Polnischen häufiger verwendet als im Deutschen, da man sie auch bei der Angabe der Uhrzeit benötigt. Hier eine Übersicht:

	männlich	**weiblich**	**sächlich**
1.	pierwszy	pierwsza	pierwsze
2.	drugi	druga	drugie
3.	trzeci	trzecia	trzecie
4.	czwarty	czwarta	czwarte
5.	piąty	piąta	piąte
6.	szósty	szósta	szóste
7.	siódmy	siódma	siódme
8.	ósmy	ósma	ósme
9.	dziewiąty	dziewiąta	dziewiąte
10.	dziesiąty	dziesiąta	dziesiąte
11.	jedenasty	jedenasta	jedenaste
12.	dwunasty	dwunasta	dwunaste
13.	trzynasty	trzynasta	trzynaste
14.	czternasty	czternasta	czternaste
15.	piętnasty	piętnasta	piętnaste
16.	szesnasty	szesnasta	szesnaste
17.	siedemnasty	siedemnasta	siedemnaste
18.	osiemnasty	osiemnasta	osiemnaste
19.	dziewiętnasty	dziewiętnasta	dziewiętnaste
20.	dwudziesty	dwudziesta	dwudzieste
30.	trzydziesty	trzydziesta	trzydzieste
40.	czterdziesty	czterdziesta	czterdzieste
50.	pięćdziesiąty	pięćdziesiąta	pięćdziesiąte
60.	sześćdziesiąty	sześćdziesiąta	sześćdziesiąte
70.	siedemdziesiąty	siedemdziesiąta	siedemdziesiąte
80.	osiemdziesiąty	osiemdziesiąta	osiemdziesiąte
90.	dziewięćdziesiąty	dziewięćdziesiąta	dziewięćdziesiąte
100.	setny	setna	setne
200.	dwusetny	dwusetna	dwustetne
300.	trzechsetny	trzechsetna	trzechsetne
400.	czterechsetny	czterechsetna	czterechsetne
1000.	tysięczny	tysięczna	tysięczne
2000.	dwutysięczny	dwutysięczna	dwutysięczne

Alle Ordnungszahlen werden dekliniert, und zwar genauso wie die entsprechenden Adjektive (männlich, weiblich und sächlich).

10 Übersetzen Sie ins Deutsche.
Proszę przetłumaczyć na niemiecki.

1. pierwszy syn ....
2. drugie dziecko ....
3. trzeci pokój ....
4. czwarte piętro ....
5. piąty dzień ....
6. szósty grudnia ....
7. siódma lekcja ....
8. ósmy samochód ....
9. dziewiąta symfonia ....
10. dziesiąta strona ....
11. numer jedenasty ....
12. dwunasty miesiąc ....
13. trzynasty maja ....
14. czternasty tydzień ....
15. dwudzieste urodziny ....
16. trzydziesta rocznica ....
17. czterdziesty klient ....
18. pięćdziesiąty list ....
19. siedemdziesiąte drugie piętro ....
20. setna rocznica ....

11 Bilden Sie sinnvolle Sätze.
Proszę utworzyć sensowne zdania.

1. Mieszkamy na
2. To jest nasz sąsiad
3. Pan Sosnowski ma już
4. Szkoda, że nie znałeś mojej
5. Tomek wrócił
6. Wczoraj pracowaliśmy
7. Jak ma na imię wasze
8. Pani Wanda urodziła niedawno
9. Czy przeczytałaś już
10. Nie, czytam dopiero
11. Napisałam do ciebie
12. Honorata zdaje egzamin
13. Mamy miejsca
14. Musi pan przejść

a. o dwudziestej.
b. czwartego marca.
c. ósmy rozdział?
d. czwartą żonę.
e. szóste dziecko!
f. z drugiego piętra.
g. trzeciego dnia urlopu.
h. piątym piętrze.
i. rozdział siódmy.
j. od ósmej do siedemnastej.
k. drugie dziecko?
l. pierwszej żony.
ł. na drugą stronę ulicy.
m. w szóstym rzędzie.

12+ Übersetzen Sie ins Polnische.
Proszę przetłumaczyć na polski.

1. Ich habe erst das erste Kapitel gelesen.
....
2. Ich wohne im zweiten Stock.
....
3. Am achten April habe ich die Prüfung bestanden.
....
4. Am vierten Urlaubstag habe ich das Schloss besichtigt.
....
5. Dieser Fahrstuhl hält nicht im dritten Stock.
....
6. Das war unser erstes Auto.
....
7. Frau Kowalczyk hat gestern das achte Kind geboren.
....
8. Am neunten August fahre ich nach Berlin.
....
9. Am vierzehnten März ziehen wir um.
....
10. Julia geht in die vierte Klasse.
....

13 Wie sagt man das auf Deutsch?
Jak to powiedzieć po niemiecku?

1. Ten cytat znajduje się na stronie sto dwudziestej siódmej.
....
2. Mieszkamy przy Placu Zamkowym pod numerem osiemnastym.
....
3. Gabriela zajęła pierwsze miejsce w konkursie recytatorskim.
....
4. Na drugie danie wezmę gulasz z kluskami i czerwoną kapustą.
....
5. Franciszek studiuje psychologię, jest na szóstym semestrze.
....
6. Apteka jest po drugiej stronie ulicy.
....
7. Szymon je już czwarty kawałek tortu!
....
8. Na trzeciej lekcji mamy fizykę.
....

Die Uhrzeit

Im Polnischen wird für die Angabe der Uhrzeit die Stunde mit einer Ordnungszahl angegeben. Für die Minuten gebraucht man Kardinalzahlen.

Die offiziellen Zeitangaben basieren auf der 24-Stunden-Uhr.
Hier einige Beispiele:

5.00	(godzina) piąta (zero zero)
6.24	(godzina) szósta dwadzieścia cztery
11.48	(godzina) jedenasta czterdzieści osiem
14.07	(godzina) czternasta zero siedem

Für umgangssprachliche Zeitangaben benutzt man meistens die 12-Stunden-Uhr, ggf. mit Präzisierung der Tageszeit:

2.00	(godzina) druga (w nocy)
3.10	dziesięć po trzeciej (w nocy)
5.30	wpół do szóstej (rano)
8.15	piętnaście po ósmej/kwadrans po ósmej (rano)
10.45	za piętnaście jedenasta/za kwadrans jedenasta (przed południem)
13.20	dwadzieścia po pierwszej (po południu)
19.40	za dwadzieścia ósma (wieczorem)
20.35	pięć po wpół do dziewiątej (wieczorem)

14 Wie spät ist es? Schreiben Sie die Uhrzeiten in Ziffern.
Która godzina? Proszę napisać podane godziny cyframi.

1. czternasta dwadzieścia siedem ....
2. ósma dziewiętnaście ....
3. zero zero trzy ....
4. dwudziesta pierwsza jedenaście ....
5. siódma piętnaście ....
6. dwunasta zero dwie ....
7. osiemnasta pięćdziesiąt siedem ....
8. czwarta dwanaście ....
9. dziewiąta zero zero ....
10. siedemnasta trzydzieści cztery ....
11. trzecia po południu ....
12. osiem po jedenastej ....
13. kwadrans po drugiej w nocy ....
14. za kwadrans ósma wieczorem ....
15. za dwie wpół do czwartej po południu ....

15 Wie lauten diese umgangssprachlichen Zeitangaben offiziell?
Jak brzmią te potoczne wyrażenia oficjalnie?

1. dziewiąta wieczorem ....
2. za dwadzieścia szósta po południu ....
3. za dwie minuty północ ....
4. kwadrans po ósmej wieczorem ....
5. za siedem wpół do siódmej rano ....
6. piąta po południu ....
7. dziesięć po jedenastej wieczorem ....
8. sześć minut po czwartej po południu ....
9. za pięć dziewiąta ....
10. dwadzieścia po dwunastej w południe ....

16 Früher, später oder gleichzeitig?
Wcześniej, później czy jednocześnie?

	a.	b.
0.	za kwadrans jedenasta wieczorem früher	dwudziesta trzecia piętnaście später
1.	ósma dwadzieścia	za dwanaście ósma rano ....
2.	dwudziesta siedem	siedem po ósmej wieczorem ....
3.	trzynasta pięć	piętnaście po pierwszej po południu ....
4.	osiemnasta trzydzieści	wpół do ósmej wieczorem ....
5.	siedemnasta trzydzieści dwie	dwie po wpół do szóstej po południu ....
6.	trzynasta piętnaście	za kwadrans druga po południu ....
7.	zero zero cztery	kwadrans po północy ....
8.	dwudziesta trzecia pięćdziesiąt	za kwadrans północ ....
9.	trzecia dwadzieścia pięć	pięć po wpół do czwartej nad ranem ....
10.	druga jedenaście	jedenaście po drugiej nad ranem ....
11.	czternasta dziesięć	dziesięć po dwunastej ....
12.	ósma piętnaście	kwadrans po ósmej ....

17 Wie spät ist es? Lesen Sie, nennen Sie zuerst die offizielle, dann die umgangssprachliche Angabe.
Która godzina? Proszę przeczytać, podając najpierw czas oficjalny, potem potoczny.

a. 13.16	c. 15.55	e. 00.15	g. 21.28	i. 09.37	k. 05.48
b. 02.45	d. 14.10	f. 18.33	h. 22.40	j. 04.01	l. 16.59

18 Bringen Sie die Sätze in die chronologische Reihenfolge.
Proszę uporządkować zdania chronologicznie.

1. Dwie po wpół do ósmej wsiadła do autobusu.
2. Następnie wzięła kąpiel i położyła się kwadrans po dziesiątej.
3. O wpół do piątej była umówiona z fryzjerką.
4. Do biura przyjechała za siedem ósma.
5. Wczoraj Marta wstała o wpół do siódmej.
6. Zjadła kolację i pięć po wpół do ósmej zatelefonowała do swojej siostry.
7. Ponieważ program nie był interesujący, wyłączyła telewizor i od ósmej dziesięć do wpół do dziesiątej czytała książkę.
8. Wzięła prysznic i za dziesięć siódma zjadła śniadanie.
9. Ubrała się i wyszła z domu za pięć wpół do ósmej.
10. Krótko po pierwszej po południu poszła na obiad.
11. Zasnęła kilka minut po wpół do jedenastej.
12. W drodze do domu weszła do sklepu z obuwiem, przymierzyła kilka par pantofli, ale nie kupiła żadnych. Wyszła ze sklepu kwadrans po szóstej.
13. Po obiedzie wznowiła pracę za dwadzieścia druga.
14. Od dziewiątej do wpół do jedenastej miała naradę.
15. O czwartej po południu skończyła pracę i pojechała do fryzjera.
16. Rozmowę skończyła za pięć ósma i włączyła telewizor.
17. Do domu wróciła za dziesięć siódma.
18. Z salonu fryzjerskiego wyszła za dwadzieścia szósta.

19 Beschreiben Sie den gestrigen Tag von Grzegorz. Nennen Sie dabei die Uhrzeiten.
Proszę opisać wczorajszy dzień Grzegorza, podając godziny.

1.	7.10	Grzegorz wstaje, myje się, goli i ubiera
2.	7.35	Grzegorz je śniadanie.
3.	7.55	Wychodzi do pracy.
4.	8.00	Wsiada do samochodu.
5.	8.20	Przyjeżdża do szpitala.

6. 8.30–11.45 Przyjmuje pacjentów w przychodni przyszpitalnej.
7. 12.00 Idzie na obiad.
8. 12.35–12.50 Przygotowuje się do operacji.
9. 12.55–14.10 Operuje pacjenta.
10. 14.10–14.50 Przygotowuje dokumentację.
11. 14.50 Pije kawę.
12. 15.05 Rozmawia z kolegami.
13. 15.40 Bada nowo przyjętego pacjenta.
14. 16.10 Kieruje pacjenta na oddział kardiologiczny.
15. 16.15–17.25 Omawia z ordynatorem trudny przypadek.
16. 17.30 Kończy pracę i jedzie na dworzec.
17. 17.55 Przyjeżdża na dworzec.
18. 18.10 Jest na peronie i czeka na pociąg.
19. 18.23 Pociąg przyjeżdża. Żona Grzegorza wysiada z wagonu. Grzegorz wita się z nią.
20. 18.35 Oboje wsiadają do samochodu i jadą do domu.
21. 19.05 Wchodzą do mieszkania.
22. 19.40 Jedzą kolację i rozmawiają.
23. 21.10–22.20 Grzegorz czyta czasopismo medyczne.
24. 22.25 Grzegorz myje się i idzie spać.

20+ Schreiben Sie die in Klammern stehenden Wortgruppen in der richtigen Form.
Proszę napisać stojące w nawiasach grupy słów w odpowiedniej formie.

1. Mieszkamy na *(drugie piętro)*. ....
2. To jest nasze *(pierwsze mieszkanie)*. ....
3. Kowalskim urodził się *(czwarty syn)*. ....
4. Jacek wrócił o *(ósma)* wieczorem. ....
5. Byliśmy na urlopie od *(szósty)* do ....
   (dwudziesty pierwszy) maja. ....
6. Na *(drugi program)* jest ciekawy film. ....
7. Na przyjęciu czułam się jak *(piąte koło)* u wozu. ....
8. *(trzeci dzień)* zwiedziliśmy zamek królewski. ....
9. Czy może mi pan pokazać tamtą *(druga akwarela)*? ....
10. W *(czwarty pokój)* jest nasza sypialnia. ....
11. Film zaczął się o *(dwudziesta)*. ....
12. Co jest na *(drugie danie)*? ....
13. Nasz autobus odjeżdża dokładnie o wpół do *(trzecia)*. ....
14. To jest moja sąsiadka z *(trzecie piętro)*. ....
15. Ciocia Sylwia obchodzi imieniny *(trzeci)* listopada. ....

21 Was ist das? Finden Sie die richtige Beschreibung.
Co to jest? Proszę dobrać odpowiedni opis.

a. kolczyki c. polonez e. folklor g. wiersz
b. fortepian d. wakacje f. księżyc h. powieść

1. Czys wolny od zajęć szkolnych, zwykle latem. ......
2. Prozatorski utwór literacki obejmujący zazwyczaj kilkaset stron. ......
3. Naturalny satelita. ......
4. Duży klawiszowy instrument muzyczny. ......
5. Polski taniec narodowy. ......
6. Utwór literacki, zazwyczaj rymowany. ......
7. Ozdoba wpinana w uszy. ......
8. Sztuka ludowa. ......

22 Verbinden Sie sinnvoll die Verben mit den rechts aufgeführten Wörtern und Wendungen.
Proszę sensownie połączyć czasowniki ze słowami i zwrotami podanymi po prawej stronie.

1. spędzić	a. do południa
2. obchodzić	b. muzeum
3. spać	c. na basen
4. iść	d. na gruźlicę
5. chodzić	e. po polsku
6. zwiedzić	f. po sklepach
7. mówić	g. srebrne wesele
8. zjeść	h. śniadanie
9. kąpać się	i. weekend
10. zachorować	j. w jeziorze

23 Ergänzen Sie die Sätze mit den Ergebnissen der Übung 22. Gebrauchen Sie die Verben im Präteritum.
Proszę uzupełnić zdania wyrażeniami z ćwiczenia 22, używając czasowników w czasie przeszłym.

1. Justyna .... i wyszła do pracy.
2. Wczoraj miałam wolny dzień, więc byłam w centrum i ....
3. Krzysztof trenuje skoki do wody. Wczoraj też .... na trening.
4. Kowalczykowie .... na działce.
5. Podczas pobytu na Majorce Chopin ....
6. Edyta i Marcin już od dawna są małżeństwem. Niedawno ....
7. Było bardzo ciepło, więc dzieci ....
8. W niedzielę Mirek .... i wstał dopiero na obiad.
9. Mój dziadek pochodził z Radomia i dobrze ....
10. Wczoraj turyści ....

24 Tragen Sie die Verben in die entsprechenden Lücken ein.
Proszę wpisać czasowniki e odpowiednie miejsca.

pojechaliśmy • zawiózł • pokazał • był • kąpaliśmy się • byliśmy • zwiedziliśmy • była • polecieliśmy • spędziliśmy • opowiadał • braliśmy

Ostatni urlop .... w Turcji. .... tam samolotem, a potem autokar .... nas z lotniska do naszego hotelu. Hotel .... wygodny i nowoczesny. Przed hotelem .... plaża. Często .... w morzu. .... też na kilku wycieczkach: .... okolice, ... do Pamukkale, ... udział w rejsie po Morzu Śródziemnym. Przewodnik .... nam także meczet i .... o zasadach islamu.

25 Verwenden Sie die Verben in Klammern im Präteritum.
Proszę użyć czasowników w nawiasach w czasie przeszłym.

1. Wczoraj *(przyjechać)* do nas goście.
   ....
2. Eliza nie *(kupić)* jajek, bo sklep *(być)* już zamknięty.
   ....
3. [My] *(chcieć)* obejrzeć film w telewizji.
   ....
4. Czy wy *(być)* kiedyś w Polsce?
   ....
5. Gdzie pani *(nauczyć się)* mówić po polsku?
   ....
6. Samochód *(wpaść)* w poślizg, ale kierowcy *(udać się)* go zatrzymać.
   ....
7. Jacek *(wrócić)* wczoraj z urlopu.
   ....
8. Ania i Dorota *(być)* chore.
   ....
9. Niedawno [my] *(przeprowadzić się)* do nowego mieszkania.
   ....
10. Maciusiu, dlaczego nie *(zjeść)* kotleta?
   ....
11. Janusz *(zgubić)* klucze do mieszkania.
   ....
12. Ja *(zdać)* egzamin na prawo jazdy dwa lata temu.
   ....

26 Bilden Sie Sätze im Präteritum.
Proszę utworzyć zdania w czasie przeszłym.

0. sobota – dzieci – być – kino
   W sobotę dzieci były w kinie.
1. poniedziałek – Laura – odwiedzić – chora koleżanka
   ……………………………………………………………………………………
2. wtorek – my – kupić – nowy komplet wypoczynkowy
   ……………………………………………………………………………………
3. środa – Michał i Tomek – grać w szachy
   ……………………………………………………………………………………
4. czwartek – *(ty)* – mieć – konferencja
   ……………………………………………………………………………………
5. piątek – mama – pracować – do drugiej
   ……………………………………………………………………………………
6. sobota – przyjechać – do nas – wuj Piotr
   ……………………………………………………………………………………
7. niedziela – wszyscy – pójść – do zoo
   ……………………………………………………………………………………
8. lipiec – Franciszek – pojechać – nad morze
   ……………………………………………………………………………………
9. dwa lata temu – *(my)* – spędzić – urlop – Polska
   ……………………………………………………………………………………
10. lato – dzieci – często – kąpać się – jezioro
   ……………………………………………………………………………………

27+ Übersetzen Sie ins Polnische.
Proszę przetłumaczyć na polski.

1. Ich habe an der Universität München studiert.
   ……………………………………………………………………………………
2. Im August sind wir nach Berlin umgezogen.
   ……………………………………………………………………………………
3. Gestern haben wir bis 21 Uhr gearbeitet.
   ……………………………………………………………………………………
4. Meine Sekretärin hat für uns drei Hotelzimmer reserviert.
   ……………………………………………………………………………………
5. Der Zug nach Krakau ist schon abgefahren.
   ……………………………………………………………………………………

28 Lesen Sie den Text und stellen Sie dann fest, ob die darunter stehenden Sätze mit seinem Inhalt übereinstimmen.
Proszę przeczytać tekst, a następnie stwierdzić, czy zdania poniżej są zgodne z jego treścią.

Tadeusz opowiada:
Ostatni weekend Lucyna i ja spędziliśmy na Mazurach. Mój brat Jurek ma tam letni domek nad samym jeziorem. Pojechaliśmy w piątek po południu samochodem. O ósmej wieczorem byliśmy na miejscu. Jurek i jego żona Sylwia spędzają tam urlop. Jeszcze w piątek wieczorem rozpaliliśmy ognisko i piekliśmy kiełbaski. W sobotę z samego rana poszliśmy z Jurkiem na ryby. Złowiliśmy dużego szczupaka i kilka mniejszych ryb. Nasze żony przyrządziły wspaniały obiad: pieczone ryby, frytki i sałatę. Wieczorem graliśmy w karty. W niedzielę spaliśmy do dziesiątej. Po śniadaniu kąpaliśmy się w jeziorze. Obiad zjedliśmy w restauracji. Około trzeciej po południu Lucyna i ja ruszyliśmy w drogę powrotną, a Sylwia i Jurek zostali na Mazurach. Na trasie były korki, więc do domu dotarliśmy dopiero o wpół do dziesiątej.

	tak	nie
1. Tadeusz jest żonaty.	☐	☐
2. Żona Tadeusza ma na imię Sylwia.	☐	☐
3. Lucyna jest siostrą Jurka.	☐	☐
4. Tadeusz ma letni domek na Mazurach.	☐	☐
5. Ostatni weekend Tadeusz spędził sam.	☐	☐
6. W piątek wieczorem było ognisko.	☐	☐
7. W sobotę Tadeusz i Jurek byli na rybach.	☐	☐
8. Jurek złowił kilka szczupaków.	☐	☐
9. Tadeusz złowił frytki.	☐	☐
10. W sobotę wieczorem wszyscy grali w karty.	☐	☐
11. W niedzielę poszli do restauracji na śniadanie.	☐	☐
12. Po południu Lucyna i Jurek kąpali się w jeziorze.	☐	☐
13. O szesnastej Tadeusz i jego żona odjechali.	☐	☐
14. W niedzielę po południu na szosie było mało samochodów.	☐	☐
15. Tadeusz i Lucyna byli w domu o dwudziestej trzydzieści.	☐	☐

Gdzie jest dworzec?

Wo ist der Bahnhof?

In der Stadt

w/na mieście	in der Stadt	bank	Bank
ulica	Straße	poczta	Post
plac	Platz	szkoła	Schule
aleja	Allee	przedszkole	Kindergarten
skrzyżowanie	Kreuzung	uniwersytet	Universität
chodnik	Fußweg	urząd	Amt
jezdnia	Fahrbahn	fabryka	Fabrik
zebra; pasy	Zebrastreifen	centrum handlowe	Einkaufszentrum
przystanek	Haltestelle	sklep	Geschäft
dworzec	Bahnhof	apteka	Apotheke
stacja	Station	przychodnia	Ärztehaus
port	Hafen	kościół	Kirche
centrum	Zentrum	stacja benzynowa	Tankstelle
przedmieście	Vorstadt	warsztat samochodowy	Autowerkstatt
osiedle	Wohngebiet		
dzielnica	Stadtteil	komisariat policji	Polizeikommissariat
ratusz	Rathaus		

Dialog 1

Pan Rybarczyk: Przepraszam, gdzie jest dworzec?
Pan Jaworski: Proszę iść tą ulicą prosto aż do następnego skrzyżowania. Tam skręci pan na lewo.
Pan Rybarczyk: A potem?
Pan Jaworski: Za kościołem skręci pan na lewo, a stamtąd już widać dworzec.
Pan Rybarczyk: Bardzo panu dziękuję.
Pan Jaworski: Nie ma za co.

Dialog 2

Ewa: Czy wiesz, jak dojechać na lotnisko?
Sebastian: To skomplikowane. Nie ma stąd bezpośredniego połączenia.Musisz jechać trzema autobusami.
Ewa: To okropne! Ja nie znoszę przesiadek!
Sebastian: Zawiózłbym cię samochodem, ale niestety jest w warsztacie.

	Ewa:	Szkoda. No więc jak tam dojechać?
	Sebastian:	Najpierw wsiądziesz w autobus 64 i pojedziesz cztery przystanki. Przy teatrze przesiądziesz się do autobusu numer 32, a przy Dworcu Głównym wsiądziesz do linii 45.
	Ewa:	To rzeczywiście skomplikowane. Najchętniej pojechałabym taksówką, ale teraz, krótko przed wypłatą, nie mam tyle pieniędzy.
	Sebastian:	Mógłbym ci pożyczyć, jeśli chcesz.
	Ewa:	Dziękuję, Sebastian, ale chyba jednak pojadę autobusem.
Dialog 3	Matka:	Co robić? Dzwoniłam już do siedmiu przedszkoli, ale nigdzie nie ma wolnego miejsca dla Jacusia.
	Ojciec:	To mamy problem. Moglibyśmy zadzwonić do agencji usługowej. Jeśli będziemy mieli szczęście, to znajdziemy opiekunkę.
	Matka:	Masz rację.
Dialog 4	Aldona:	Mam problem. Szukam dobrego słownika polsko-koreańskiego.
	Justyna:	Byłaś w bibliotece uniwersyteckiej?
	Aldona:	Tak. Pytałam też w siedmiu czy ośmiu innych bibliotekach i w kilkunastu księgarniach. Nie wiem, gdzie jeszcze mogłabym szukać.
	Justyna:	A w internecie?
	Aldona:	Masz rację, spróbuję.
Dialog 5	Leszek:	Czy wiesz, gdzie tu jest jakaś apteka?
	Monika:	Najbliższa jest koło poczty.
	Leszek:	A gdzie jest poczta?
	Monika:	Naprzeciwko szkoły muzycznej.
	Leszek:	Nadal wiem, że nic nie wiem.
	Monika:	Szkoła muzyczna jest między przystankiem tramwajowym a muzeum.
	Leszek:	Ale w pobliżu są aż cztery przystanki tramwajowe! Mogłabyś mi to inaczej objaśnić?
	Monika:	Popatrz, pójdziesz prosto do skrzyżowania. Za rogiem, po prawej stronie, jest przystanek. To naprawdę niedaleko.
	Leszek:	Dziękuję ci. Teraz już chyba trafię do apteki.

1 Ergänzen Sie die Dialoge.
Proszę uzupełnić dialogi.

A. prezent • pięć • sklepach • kupiłaś • zmęczona • dwóch • tym

Wanda: Jestem strasznie ....!
Irena: Dlaczego?
Wanda: Chyba przez .... godzin chodziłam po sklepach.
Irena: I co ....?
Wanda: Nic! Chciałam kupić .... imieninowy dla Wojtka, ale niczego ciekawego nie znalazłam.
Irena: Gdzie byłaś?
Wanda: W .... centrach handlowych, w trzech księgarniach i chyba w dziesięciu innych ....
Irena: A co chcesz mu podarować?
Wanda: Rzecz w ...., że sama nie wiem.

B. ciekawy • miast • wycieczce • kilkanaście • urlopie • szesnastu • dwustu • muzeach

Beata: Podobno byłeś na .... we Włoszech.
Henryk: Tak, na ....
Beata: I jak było?
Henryk: Urlop był ...., ale dosyć męczący. W ciągu .... dni zwiedziliśmy trzynaście ...., byliśmy w różnych ...., obejrzeliśmy .... kościołów.
Beata: Robiłeś zdjęcia?
Henryk: Tak, zrobiłem około .... zdjęć.

C. pokoje • piętnaście • cztery • dostać • wieczór • pokój • jednoosobowe • trzecim

Przewodnik: Dobry .... pani. Jestem z biura podróży „Kaszuby". Zarezerwowaliśmy u państwa ....
Recepcjonistka: Tak, na .... noce.
Przewodnik: Zgadza się. Czy mógłbym .... klucze?
Recepcjonistka: Oczywiście. To było .... pokoi dwuosobowych, trzy ...., dwa trzyosobowe i jeden .... czteroosobowy.
Przewodnik: Tak jest. Na którym piętrze są te pokoje?
Recepcjonistka: Jedno – i dwuosobowe znajdują się na .... piętrze, a pozostałe – na czwartym.

D. trzecim • dwa • nazwisko • miałaby • proponowałabym • chciałbym • jedenastego • byłyby • mogłoby

Jacek Sitkiewicz: .... zarezerwować dwa pokoje dwuosobowe.
Recepcjonistka: Na kiedy?
Jacek Sitkiewicz: Od siódmego do .... maja.
Recepcjonistka: Chwileczkę, muszę sprawdzić, czy mamy jeszcze miejsca w tym terminie. (…) Tak, są wolne pokoje. Jeden na ...., a drugi na szóstym piętrze.
Jacek Sitkiewicz: Nie .... pani dwóch pokoi na tym samym piętrze? Mój brat i bratowa przyjadą z dwojgiem małych dzieci, najlepsze .... pokoje obok siebie.
Recepcjonistka: Momencik. (…) .... wobec tego apartament rodzinny: .... pokoje z balkonem i przestronną łazienką.
Jacek Sitkiewicz: To chyba dobre rozwiązanie.
Recepcjonistka: W jakim wieku są dzieci?
Jacek Sitkiewicz: Siedem i dwa lata.
Recepcjonistka: Starsze dziecko .... spać na kanapie, a dla maluszka wstawimy łóżeczko dziecięce.
Jacek Sitkiewicz: Wspaniale! Proszę zarezerwować na .... Sitkiewicz.

2 Ergänzen Sie die Tabellen.
Proszę uzupełnić tabele.

A. dwiema godzinami • trzech aptek • siedmiu księgarń • ośmiu ulic • ośmioma ulicami • dwóm godzinom • trzem aptekom • kilku godzinach • dwóch godzinach • kilku godzin • trzech aptekach • siedmiu księgarniom • osiem ulic • siedem księgarń • dwie godziny • pięciu szkołom • pięcioma szkołami • kilkoma godzinami

N.	dwie godziny	trzy apteki	osiem ulic
G.	dwóch godzin	....	....
D.	....	....	ośmiu ulicom
A.	....	trzy apteki	....
I.	....	trzema aptekami	....
L.	....	....	ośmiu ulicach
N.	pięć szkół	kilka godzin	siedem księgarń
G.	pięciu szkół	....	....
D.	....	kilku godzinom	....
A.	pięć szkół	kilka godzin	....
I.	....	....	siedmioma księgarniami
L.	pięciu szkołach	....	siedmiu księgarniach

B. dwóch zamkach • kilku domach • siedem hoteli • siedmiu hotelom • dwóm zamkom • dwa zamki • kilku domów • kilkoma domami • siedmiu hoteli

N.	dwa zamki	siedem hoteli	kilka domów
G.	dwóch zamków	....	....
D.	....	....	kilku domom
A.	....	....	kilka domów
I.	dwoma zamkami	siedmioma hotelami	....
L.	....	siedmiu hotelach	....

C. ośmiu turystów • dwóch panów • wielu ludzi • wielu ludziach • ośmioma turystami • ośmiu turystom • dwóch panach • dwoma panami • wieloma ludźmi

N.	dwaj panowie	ośmiu turystów	wiele ludzi
G.	....	ośmiu turystów	....
D.	dwóm panom	....	wielu ludziom
A.	dwóch panów	....	wiele ludzi
I.	....	....	....
L.	....	ośmiu turystach	....

D. kilkunastoma słowami • siedem okien • siedmiu okien • trzy krzesła • trzema krzesłami • trzem krzesłom • kilkunastu słowach • siedmiu oknach • kilkanaście słów • kilkunastu słów

N.	trzy krzesła	siedem okien	kilkanaście słów
G.	trzech krzeseł	....	kilkunastu słów
D.	....	siedmiu oknom	....
A.	....	....	....
I.	trzema krzesłami	siedmioma oknami	....
L.	trzech krzesłach	....	....

3 Welche der vorgegebenen Formen ist richtig? Wählen Sie.
Która z podanych form jest właściwa? Proszę wybrać.

1. Krystyna ma ....
   a. trzech braci b. trzej bracia c. trzem braciom
2. Pociąg do Krakowa odjechał przed ....
   a. pięciu minut b. pięć minut c. pięcioma minutami
3. Zwiedziliśmy ....
   a. pięć miast b. pięciu miastom c. pięciu miastach
4. Turyści mieszkają w ....
   a. dwunastu pokoi b. dwunastu pokojach c. dwunastu pokojom
5. W naszym mieście jest ....
   a. siedem teatrów b. siedmiu teatrów c. siedmiu teatrom

6. Emil napisał ....
   a. dwóm listom b. dwa listy c. dwóch listów
7. Kowalscy mają ....
   a. trzech córek b. trzem córkom c. trzy córki
8. Marek ma .... lat.
   a. dwadzieścia lat b. dwudziestu lat c. dwudziestu latach
9. Edyta była w ....
   a. kilka sklepów b. kilku sklepach c. kilku sklepów
10. W pobliżu są ....
    a. dwie apteki b. dwóch aptek c. dwiema aptekami
11. Jadę do Hamburga z ....
    a. czterech kolegów b. czterema kolegami c. czterem kolegom
12. Ten hotel ma ....
    a. dwanaście pięter b. dwunastu pięter c. dwunastu piętrom

4 Setzen Sie das Zahlwort in der richtigen Form ein.
Proszę wpisać liczebnik we właściwej formie.

1. W moim mieście są ....*(3)* muzea.
2. W tym biurze pracują moje ....*(2)* znajome.
3. Muszę zadzwonić do ....*(5)* klientów.
4. Co podarujesz na Gwiazdkę swoim ....*(6)* wnuczkom?
5. Kupiłem ....*(4)* książki.
6. Leszek ma ....*(3)* psy.
7. Idę do kina z ....*(6)* kolegami.
8. Turyści przyjechali ....*(2)* autokarami.
9. Czy znasz historię o Ali Babie i ....*(40)* rozbójnikach?
10. Dzieci oglądają film o Królewnie Śnieżce i ....*(7)* krasnoludkach.
11. W tej sesji mam ....*(5)* egzaminów.
12. Spędziliśmy ....*(12)* dni nad morzem.
13. W naszym hotelu są ....*(72)* pokoje.
14. Bilet do muzeum kosztuje ....*(7)* euro.
15. Te walizki ważą ....*(28)* kilo. Musi pani zapłacić za nadbagaż.
16. Staliśmy w korku przez ....*(4)* godziny!
17. W moim mieście jest ....*(26)* linii tramwajowych.

Die Sammelzahlen +

Die Sammelzahlen gehören zu den Kardinalzahlen. Man verwendet sie in folgenden Situationen:

1. **zur Angabe der Anzahl der Kinder oder Jungtiere:**
   dwoje dzieci (zwei Kinder)
   troje szczeniąt (drei Welpen)
   siedmioro kacząt (sieben Entlein)
   Bei Jungtieren setzt sich auch eine einfachere Form durch: trzy szczenięta, siedem kacząt.
2. **bei Pluralia tantum (Substantiven ohne Einzahl):**
   troje drzwi (drei Türen)
   czworo sań (vier Schlitten)
   sześcioro szczypiec (sechs Zangen); auch sześć szczypiec möglich
3. **bei Personengruppen, wenn dabei sowohl Männer als auch Frauen sind:**
   dwanaścioro ludzi (zwölf Menschen: Männer und Frauen)
   czworo rodzeństwa (vier Geschwister: Brüder und Schwestern)
   sześcioro przyjaciół (sechs Freunde und Freundinnen)

5+ Nur Männer, nur Frauen oder Männer und Frauen?
Schreiben Sie M, F, oder M + F.
Tylko mężczyźni, tylko kobiety czy mężczyźni i kobiety?
Proszę napisać M, F lub M + F.

0. dwie studentki F
1. dwoje studentów ....
2. siedmioro dzieci ....
3. cztery turystki ....
4. czterej panowie ....
5. trzy panie ....
6. dziewięcioro gości ....
7. dwie lekarki ....
8. dwoje lekarzy ....
9. dwóch lekarzy ....
10. ośmiu pacjentów ....
11. trzy sprzedawczynie ....
12. sześciu turystów ....
13. dziesięcioro klientów ....
14. dziesięć klientek ....
15. dwudziestu studentów ....
16. dwadzieścioro studentów ....
17. troje niemowląt ....
18. dziewięciu dentystów ....
19. dwanaścioro dentystów ....
20. sześcioro kursantów ....
21. siedmiu kursantów ....
22. osiemnaście kursantek ....
23. czterech sprzedawców ....
24. pięcioro studentów ....

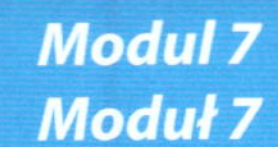

6+ Übersetzen Sie ins Deutsche.
Proszę przetłumaczyć na niemiecki.

1. Hania napisała listy do czworga przyjaciół.
....
2. Kowalczykowie pojechali z trojgiem dzieci do zoo.
....
3. Moja babcia miała sześcioro rodzeństwa.
....
4. Brakuje jeszcze trojga turystów.
....
5. Na tym oddziale pracuje czworo lekarzy.
....
6. Piotr i Sylwia mają dwoje dzieci.
....
7. Brakuje miejsc dla trojga pasażerów.
....
8. Muszę pomalować troje drzwi.
....
9. To jest koncert na dwoje skrzypiec, wiolonczelę i kontrabas.
....

7+ Übersetzen Sie ins Polnische.
Proszę przetłumaczyć na polski.

1. Ich habe E-Mails von sieben Kollegen und Kolleginnen bekommen.
....
2. Mein Großvater hatte acht Geschwister.
....
3. Der Lehrer spricht mit sieben Schülern und Schülerinnen.
....
4. Meine Freundin hat vier Kinder.
....
5. Meine Hündin hat sechs Welpen.
....
6. Wir haben Zimmer für dreißig Gäste reserviert.
....
7. Es fehlen Koffer von vier Passagieren.
....

8. In dieser Kanzlei arbeiten sieben Rechtsanwälte und Rechtsanwältinnen.
....

9. Schon etwa zwanzig Kunden und Kundinnen fragten nach diesem Buch!
....

10. Auf dem Spielplatz spielen dreizehn Kinder.
....

11. Der Professor hat schon elf Studenten und Studentinnen geprüft.
....

12. An der Konferenz nehmen vier Kolleginnen und Kollegen aus meinem Büro teil.
....

8 Schauen Sie sich die Skizze an und stellen Sie fest, ob die folgenden Sätze der dargestellten Situation entsprechen.
Proszę obejrzeć szkic i stwierdzić, czy poniższe zdania są zgodne ze szkicem.

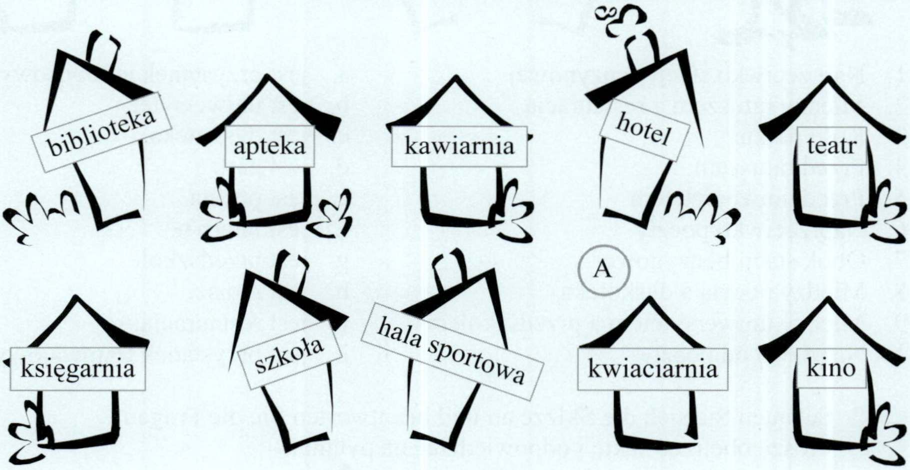

1. Przystanek autobusowy (A) jest przed kinem.
2. Teatr jest między hotelem a kwiaciarnią.
3. Hala sportowa jest naprzeciwko kawiarni.
4. Szkoła jest obok księgarni.
5. Naprzeciwko biblioteki jest kino.
6. Apteka jest obok biblioteki.
7. Hotel znajduje się między teatrem a kawiarnią.
8. Przystanek autobusowy jest za szkołą.
9. Między księgarnią a halą sportową jest kawiarnia.
10. Teatr znajduje się obok apteki.
11. Biblioteka znajduje się naprzeciwko hali sportowej.
12. Kwiaciarnia znajduje się obok kina.

9 Schauen Sie sich die Skizze an und bilden Sie Sätze, die der dargestellten Situation entsprechen.
Proszę obejrzeć szkic i utworzyć zdania zgodne ze szkicem.

1. Naprzeciwko stacji benzynowej
2. Między ratuszem a restauracją
3. Koło parku
4. Przed ratuszem
5. Przed uniwersytetem
6. Naprzeciwko poczty
7. Obok stacji benzynowej
8. Między pocztą a dyskoteką
9. Między uniwersytetem a przedszkolem
10. Na prawo od poczty

a. jest przystanek autobusowy.
b. jest uniwersytet.
c. jest dyskoteka.
d. jest park.
e. jest poczta.
f. jest internat.
g. jest przedszkole.
h. jest ratusz.
i. jest restauracja.
j. jest przystanek tramwajowy.

10 Schauen Sie sich die Skizze an und beantworten Sie die Fragen.
Proszę obejrzeć szkic i odpowiedzieć na pytania.

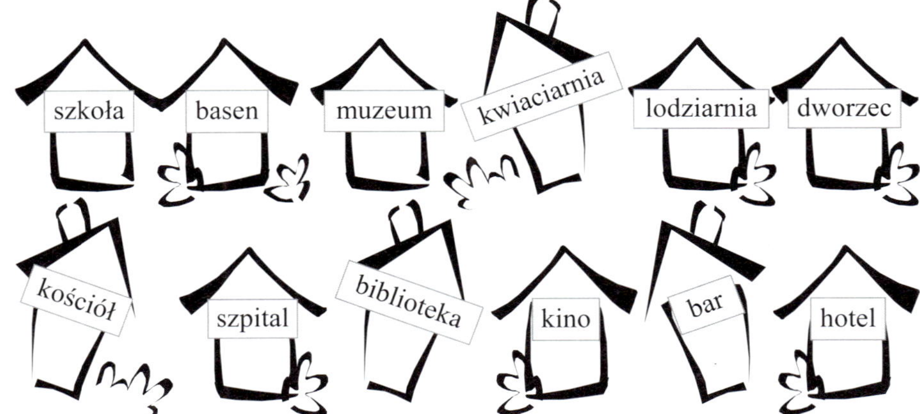

1. Co znajduje się naprzeciwko kościoła?
....
2. Co jest naprzeciwko kwiaciarni?
....
3. Co znajduje się naprzeciwko biblioteki?
....
4. Co znajduje się naprzeciwko szpitala?
....
5. Co jest na lewo od dworca?
....
6. Co jest na prawo od kościoła?
....
7. Co znajduje się między lodziarnią a muzeum?
....
8. Co znajduje się między basenem a kwiaciarnią?
....
9. Co jest między hotelem a kinem?
....
10. Co znajduje się między kinem a szpitalem?
....
11. Co znajduje się naprzeciwko baru?
....
12. Co jest obok hotelu?
....

11 Bilden Sie sinnvolle Satzpaare.
Proszę dobrać zdania w sensowne pary.

1. Chcę kupić kwiaty.
2. Mam apetyt na lody.
3. Muszę zatankować.
4. Szukam noclegu.
5. Chcę popływać.
6. Chcę zjeść obiad.
7. Chcę kupić książkę.
8. Chcę kupić chleb.
9. Ktoś mi ukradł samochód.
10. Chcę obejrzeć film.
11. Chcę zrobić zakupy.
12. Chcę pospacerować.

a. Idę do piekarza.
b. Idę do księgarni.
c. Idę do restauracji.
d. Idę do kwiaciarni.
e. Idę do parku.
f. Idę na basen.
g. Idę na komisariat policji.
h. Idę do hotelu.
i. Idę do kina.
j. Idę do supermarketu.
k. Idę do lodziarni.
l. Jadę na stację benzynową.

12 Lesen Sie die Sätze und stellen Sie fest, welche Einrichtungen sich in den einzelnen Gebäuden befinden. Wo ist der Friseursalon?
Proszę przeczytać zdania i stwierdzić, co znajduje sie w poszczególnych budynkach. Gdzie jest salon fryzjerski?

1. Restauracja jest między hotelem a basenem. ......
2. Naprzeciwko poczty jest kwiaciarnia. ......
3. W budynku numer 4 mieści się biuro podróży. ......
4. Sklep muzyczny jest naprzeciwko hotelu. ......
5. Gabinet dentystyczny jest po prawej stronie ulicy. ......
6. Obok kina jest basen. ......
7. W budynku numer 7 jest hotel. ......
8. Naprzeciwko basenu jest przedszkole. ......
9. Między biurem podróży a lodziarnią jest poczta. ......

13 Welches Wort passt nicht zu den anderen?
Które słowo nie pasuje do pozostałych?

1. prosto – na prawo – na obiad – na lewo ....
2. ulica – przystanek – plac – aleja ....
3. dworzec – przystanek – lotnisko – kościół ....
4. restauracja – szpital – bar – kawiarnia ....
5. szkoła – uniwersytet – dworzec – akademia ....
6. nocleg – zamek – muzeum – katedra ....
7. taksówka – autobus – lotnisko – tramwaj ....
8. szpital – apteka – przedszkole – klinika ....
9. kino – policja – teatr – opera ....
10. hala sportowa – stadion – siłownia – stacja benzynowa ....
11. cukiernia – kwiaciarnia – księgarnia – żłobek ....
12. zieleniec – biurowiec – skwer – park ....

14 Wie sagt man es auf Polnisch? Rekonstruieren Sie die Begriffe.
Jak to powiedzieć po polsku? Proszę zrekonstruować pojęcia.

A.

1. Taxistand	a. gabinet	A. autobusowy
2. Parkverbot	b. salon	B. pocztowy
3. Bahnhof	c. warsztat	C. kolejowy
4. Kosmetiksalon	d. przystanek	D. kosmetyczny
5. Friseursalon	e. postój	E. parkowania
6. Polizeikommissariat	f. zakaz	F. policji
7. botanischer Garten	g. komisariat	G. fryzjerski
8. Autowerkstatt	h. urząd	H. taksówek
9. Bushaltestelle	i. ogród	I. samochodowy
10. Postamt	j. dworzec	J. botaniczny

B.

1. Briefkasten	a. izba	A. świetlna
2. Verkehrsampel	b. przychodnia	B. pocztowa
3. Ausnüchterungszelle	c. ulica	C. informacyjna
4. Grundschule	d. sygnalizacja	D. wytrzeźwień
5. Tierklinik	e. stacja	E. podstawowa
6. Informationstafel	f. skrzynka	F. dla dzieci
7. Einbahnstraße	g. brama	G. dla zwierząt
8. Tankstelle	h. tablica	H. jednokierunkowa
9. Kinderarztpraxis	i. lecznica	I. wjazdowa
10. Einfahrtstor	j. szkoła	J. benzynowa

C.

1. internationaler Flughafen	a. schronisko	A. medyczne
2. medizinisches Fachgymnasium	b. przejście	B. piłkarskie
3. Reisebüro	c. osiedle	C. śmieci
4. Mülldeponie	d. boisko	D. archeologiczne
5. Fußgängerübergang	e. lotnisko	E. dla zwierząt
6. archäologisches Museum	f. liceum	F. miejskie
7. Wohngebiet	g. biuro	G. międzynarodowe
8. Tierheim	h. muzeum	H. podróży
9. Fußballplatz	i. kąpielisko	I. dla pieszych
10. städtisches Freibad	j. wysypisko	J. mieszkaniowe

15 Was kaufen wir in diesen Geschäften? Ordnen Sie zu.
Co kupujemy w tych sklepach? Proszę dopasować.

1. obuwniczy	a. szarlotka, tort, makowiec, pączek, rurka z kremem
2. cukiernia	b. róże, tulipany, gerbery, goździki, bukiety
3. apteka	c. kozaczki, półbuty, klapki, sandały, pasta do butów
4. kwiaciarnia	d. spodnie, sukienka, koszula, garnitur, kamizelka
5. odzieżowy	e. nici, guziki, haftki, szpilki, naparstek
6. pasmanteria	f. plaster z opatrunkiem, herbatka ziołowa, syrop od kaszlu, polopiryna, bandaż elastyczny

16 Welche Beschreibung passt zu welchem Begriff?
Który opis pasuje do którego pojęcia?

1. dyskoteka
2. apteka
3. szpital
4. zamek
5. kawiarnia
6. poczta
7. warsztat samochodowy
8. przystanek
9. uniwersytet
10. kościół
11. siłownia
12. bar mleczny

a. Tam kupujemy lekarstwa.
b. Tam możemy zjeść ciastko i wypić kawę.
c. Tam chętnie tańczą młodzi ludzie.
d. Tam czekamy na tramwaj lub autobus.
e. Tam dawniej mieszkał król.
f. Tam jest dużo studentów.
g. Tam leżą chorzy.
h. Tam można poprawić swoją kondycję fizyczną.
i. Tam możemy oddać samochód do naprawy.
j. Tam kupujemy znaczki i wysyłamy listy.
k. Tam można zjeść bezmięsny obiad.
l. Tam można się spokojnie pomodlić.

17 Wählen Sie korrekte Antworten.
Proszę wybrać prawidłowe odpowiedzi.

1. W księgarni kupujemy: kwiaty – słowniki – makowiec – lody – książki.
2. Na poczcie: nadajemy paczki – tankujemy – wysyłamy listy – kupujemy znaczki – pływamy
3. W parku: kupujemy lekarstwa – spacerujemy – kupujemy kolczyki – siedzimy na ławce – czekamy na tramwaj
4. U piekarza: gramy w golfa – kupujemy chleb – kupujemy bilet do teatru – kupujemy bułki – wypożyczamy książki
5. Na dworcu: czekamy na samolot – kupujemy bilet kolejowy – czekamy na pociąg – oddajemy radio do naprawy – uczymy się do egzaminu
6. U optyka: zamawiamy okulary – kupujemy czekoladę – dobieramy soczewki kontaktowe – jemy obiad – oddajemy okulary do naprawy
7. W barze mlecznym: tańczymy – uprawiamy sport – jemy zupę mleczną – zamawiamy naleśniki z serem – oddajemy ubranie do prania
8. W hotelu: nocujemy – rezerwujemy pokój – kupujemy telewizor – tankujemy – podejmujemy pieniądze
9. W banku: pijemy mleko – oglądamy film – prosimy o kredyt – podejmujemy pieniądze – kupujemy bilety autobusowe
10. W klubie sportowym: trenujemy – gramy w siatkówkę – gramy w karty – uprawiamy gimnastykę – myjemy samochód

Reale Konditionalsätze

Um eine Tätigkeit mit einer Bedingung zu verknüpfen, bilden wir Konditionalsätze. Bei realen Konditionalsätzen handelt es sich um wirkliche oder mögliche Situationen.
Die Bedingung wird mit den Konjunktionen kiedy, gdy, jeżeli, jeśli (wenn, falls) eingeleitet. Das Verb in beiden Sätzen steht im Indikativ Präsens oder Futur: **Kiedy** mam czas, idę na spacer do parku.
Gdy jest zimno, nie lubię wychodzić z domu.
Pójdziemy do kina, **jeśli** wrócisz do domu punktualnie.
Jeżeli nie nauczysz się ortografii, nie napiszesz dobrze dyktanda.

18 Suchen Sie die passende Ergänzung.
Proszę znaleźć pasujące uzupełnienie.

1. Jeśli sklep jeszcze jest otwarty,
2. Jeśli w niedzielę będzie ciepło,
3. Jeśli masz ochotę obejrzeć film,
4. Jeśli na poczcie nie będzie dużej kolejki,
5. Gdy pojedziemy do centrum handlowego,
6. Kiedy zdasz egzamin na prawo jazdy,
7. Jeżeli znajdę jutro czas,
8. Jeżeli szuka pan dobrego słownika,
9. Jeżeli zebranie skończy się wcześnie,
10. Jeżeli lekarz przepisze mi lekarstwa,
11. Gdy przestanie padać deszcz,
12. Kiedy mam czas,

a. możemy iść do kina.
b. kupię jajka.
c. wyjdę z psem do parku.
d. zrobimy duże zakupy.
e. radzę panu iść do księgarni uniwersyteckiej.
f. pójdę do apteki.
g. kupimy ci samochód.
h. pojedziemy nad jezioro.
i. czytam powieści historyczne.
j. kupię znaczki.
k. odwiedzę Leszka.
l. zdążę do domu na dziennik telewizyjny.

19 Beenden Sie die Sätze wie im Beispiel.
Proszę połączyć zdania jak pokazano na przykładzie.

0. Marek jest głodny. Robi sobie kanapkę.
   Jeśli Marek jest głodny, robi sobie kanapkę.
1. Będziemy mieli dosyć pieniędzy. Polecimy na Wyspy Kanaryjskie.
   ....
2. Ania kupi sobie rower. Nie będzie chodziła do pracy pieszo.
   ....
3. Chcesz jechać autobusem. Musisz najpierw kupić bilet w kiosku.
   ....

4. Pan jest studentem. Przysługuje panu bilet ulgowy.
   ....
5. Będzie mi potrzebna gotówka. Pójdę do banku.
   ....
6. Samochód jest zepsuty. Oddam go do warsztatu.
   ....
7. Macie mało czasu. Musicie wezwać taksówkę.
   ....
8. Adam chce studiować prawo. Musi najpierw zdać maturę.
   ....
9. Na parkingu nie będzie wolnych miejsc. Zaparkujemy na ulicy.
   ....
10. Chcesz kupić kwiaty. Musisz iść do kwiaciarni.
   ....

Der Konjunktiv

Die moderne polnische Sprache kennt nur eine Zeitform des Konjunktivs. Die Grundlage für die Bildung des Konjunktivs ist das Präteritum des jeweiligen Verbs. Dem Verb in der **3. Person Singular** bzw. **Plural des Präteritums** wird – je nach Person und Zahl – die Endung -bym, -byś, -by, -byśmy, -byście, -by hinzugefügt.

Infinitiv	Präteritum	Konjunktiv	
robić	ja robiłam	ja robiła**bym**	♀
czytać	ja czytałem	ja czytał**bym**	♂
szukać	ty szukałeś	ty szukał**byś**	♂
jechać	my jechaliśmy	my jechali**byśmy**	♂♂
kupić	wy kupiłyście	wy kupiły**byście**	♀♀
wstać	oni wstali	oni wstali**by**	♂♂

20 Tragen Sie das passende Personalpronomen ein.
Proszę wpisać właściwy zaimek osobowy.

1. .... kupiłabym
2. .... zrobiłby
3. .... pojechalibyśmy
4. .... znalazłyby
5. .... przeczytaliby
6. .... zjadłbyś
7. .... poszłaby
8. .... czytałabyś
9. .... kupiłybyśmy
10. .... spałoby
11. .... powiedziałabyś
12. .... zwiedziłybyście

21+ Schreiben Sie diese Sätze im Konjunktiv.
Proszę napisać te zdania w trybie przypuszczającym.

1. Kupimy kwiaty. ....
2. Ela i Marcin pojadą do Sopotu. ....
3. Jacek ożeni się z Beatą. ....
4. Janusz ma nowy samochód. ....
5. Ja pójdę na ryby. ....
6. Wy jedziecie na urlop. ....
7. Paweł pójdzie do dentysty. ....
8. Ty słuchasz muzyki. ....
9. Oglądamy ciekawy reportaż telewizyjny. ....
10. Karol i Dorota polecą do Lizbony. ....
11. Mamy problem. ....
12. Iza i Marta przygotują referat. ....
13. Pojedziemy do centrum handlowego. ....
14. Mechanik naprawi mój samochód. ....

Potenzielle und irreale Konditionalsätze

Anders als im Deutschen gibt es für diese beiden Arten der Konditionalsätze nur eine gemeinsame Form; es hängt also nur vom Kontext ab, ob es sich um eventuelle Möglichkeiten handelt oder um verpasste Chancen. Die Konjunktion gdyby wird eher in irrealen Konditionalsätzen gebraucht, während jeżeli und jeśli meistens auf potenzielle Konditionalsätze deuten.

Im Hauptsatz steht das Verb im Konjunktiv. Im Nebensatz steht das Verb in der jeweils relevanten Form der 3. Person (Singular oder Plural, maskuline, feminine oder neutrale Form); die Konjunktivendungen werden in der 1. und 2. Person Singular und Plural an die Konjunktion (gdyby) gekoppelt. Verwendet man eine andere Konjunktion (jeżeli, jeśli), steht das Verb auch im Nebensatz im Konjunktiv.

Marek pojechałby do Rzymu, **gdyby** dostał urlop.
Gdybyście mieli psa, chodzilibyście codziennie na spacery.
Arkadiusz i Joanna kupiliby nowy samochód, **gdyby** dostali kredyt.
Pojechałabym do centrum handlowego, **gdyby**m miała czas.
Jeżeli chcielibyśmy kupić mieszkanie, moglibyśmy wziąć kredyt.
Poszlibyśmy na spacer, **jeśli** mielibyśmy ochotę.

22 Verbinden Sie die Sätze zu sinnvollen Aussagen.
Proszę połączyć zdania w sensowne wypowiedzi.

1. Gdyby nie padał deszcz,
2. Gdybyś założył ciepłą kurtkę,
3. Gdybyśmy wcześniej wyszli z domu,
4. Gdyby dziecko miało wysoką temperaturę,
5. Gdyby kierowca nie był pijany,
6. Jeśli Ewa chciałaby ufarbować włosy,
7. Jeśli Leszek miałby telefon komórkowy,
8. Gdyby sklep nie był zamknięty,
9. Gdybym potrzebował porady prawnej,
10. Gdyby winda nie była zepsuta,

a. zdążylibyśmy na autobus.
b. nie musiałby szukać budki telefonicznej.
c. poszłaby do fryzjera.
d. moglibyśmy iść na spacer.
e. nie musielibyście wchodzić po schodach na dwunaste piętro.
f. poszedłbym do adwokata.
g. nie zmarzłbyś.
h. wezwalibyśmy lekarza do domu.
i. Magda zrobiłaby zakupy.
j. nie spowodowałby wypadku.

23 Verbinden Sie die Sätze zu sinnvollen Aussagen.
Proszę połączyć zdania w sensowne wypowiedzi.

1. Jeździlibyśmy samochodem za miasto,
2. Kasia poszłaby na koncert,
3. Urszula zamówiłaby tort czekoladowy,
4. Piotr mógłby pracować za granicą,
5. Kupiłabym sobie nowy kostium,
6. Daniel podjąłby pieniądze,
7. Moglibyśmy iść na obiad do restauracji,
8. Poszłabym do apteki,
9. Jarek mógłby studiować farmację,
10. Mój brat pojechałby do biblioteki,

a. gdyby nie była na diecie.
b. gdybyś chciała coś zjeść.
c. gdybym mogła zapłacić kartą kredytową.
d. gdyby potrzebne mu były książki.
e. gdybym miała receptę.
f. jeśli miałaby bilet.
g. gdyby benzyna nie była taka droga.
h. gdyby miał lepsze oceny z chemii.
i. gdyby bankomat nie był uszkodzony.
j. jeżeli znałby dobrze jakiś obcy język.

24 Schreiben Sie Konditionalsätze.
Proszę napisać zdania przypuszczające.

0. Sabina ma problemy. Poprosi mnie o pomoc.
   Gdyby Sabina miała problemy, poprosiłaby mnie o pomoc.
1. Martyna chce kupić nowe buty. Pojedzie do centrum handlowego.
   ....

2. Artur nie ma komputera. Pójdzie do kawiarni internetowej.
   ....
3. Monika nie lubi kawy. Zamówi herbatę.
   ....
4. Michał interesuje się malarstwem. Często chodzi na wystawy sztuki.
   ....
5. Mam jeszcze trochę czasu. Pójdę na lody.
   ....
6. Franciszek chce kupić fotele. Pojedzie do sklepu meblowego.
   ....
7. Agnieszka nie ma wizy. Nie może polecieć do Bostonu.
   ....
8. Barbara dobrze mówi po francusku. Może pracować w Brukseli.
   ....
9. Grzegorz nie lubi latać samolotem. Musi jechać do Moskwy pociągiem.
   ....
10. Boli mnie ząb. Muszę iść do dentysty.
   ....
11. Chcemy kupić dom. Weźmiemy kredyt.
   ....
12. Jacek i Stefan mają czas. Zagrają w szachy.
   ....

25 Ergänzen Sie den Text mit den genannten Wörtern.
Proszę uzupełnić tekst podanymi słowami.

uniwersytet • hotelu • lotniska • stacji • pałac • rezydencji • bazylikę • metrem • dni • muzeum • targ • parku • katedrę • statkiem • cmentarz

Agnieszka i Filip spędzili kilka .... (1) w Paryżu. Mieszkali w małym .... (2) na obrzeżu miasta, ale do centrum mogli bez problemu dojechać .... (3). Pierwszego dnia pojechali do Luwru, bo chcieli koniecznie zobaczyć to słynne .... (4).
Wieczorem wybrali się na przejażdżkę turystycznym .... (5) po Sekwanie.
W sobotę pojechali do Wersalu, dawnej .... (6) królów francuskich. Zwiedzili .... (7) i spacerowali po .... (8).
W niedzielę udali się na słynny „pchli .... (9)" przy końcowej .... (10) metra linii numer 4. Byli także na wieży Eiffla, zwiedzili .... (11) Sacré Cœur, ... (12) Père-Lachaise, gdzie znajdują się groby wielu znanych ludzi, ... (13) Notre Dame, najstarszy francuski .... (14) – Sorbonę i kilka innych ciekawych obiektów. Do Polski wrócili samolotem, który leciał z .... (15) Charles-de-Gaulle do Warszawy.

Lesen Sie den Text und wählen Sie korrekte Antworten.
Proszę przeczytać tekst i wybrać właściwe odpowiedzi.

Katarzyna opowiada:

Wczoraj nie pracowałam. Miałam wiele spraw do załatwienia. Najpierw musiałam pojechać do banku. Mój bank znajduje się w centrum, muszę tam jechać autobusem. Na szczęście przed moim domem jest przystanek autobusowy. Autobusy do centrum kursują często, więc szybko dojechałam do banku. Tam jednak musiałam dosyć długo czekać, bo była duża kolejka.
Z banku poszłam na pocztę, kupiłam znaczki i wysłałam list priorytetowy do brata. Obok poczty jest duża księgarnia. Kupiłam tam sobie dwie książki.
O dwunastej miałam wizytę u dentysty. Ponieważ było dość późno, do dentysty pojechałam taksówką.
Po wizycie u dentysty zrobiłam zakupy w supermarkecie i poszłam do optyka, aby odebrać nowe okulary. Wróciłam do domu, zjadłam obiad, a poten spotkałam się w kawiarni z trzema przyjaciółkami. Napiłyśmy się kawy i umówiłyśmy się na następny wtorek do kina.

1. Najpierw Katarzyna była:
   a. w banku b. u optyka c. w kinie d. na poczcie
2. Przystanek autobusowy jest:
   a. u dentysty b. przed bankiem c. daleko d. przed domem Katarzyny
3. Do centrum Katarzyna pojechała:
   a. tramwajem b. taksówką c. metrem d. autobusem
4. Na poczcie kupiła:
   a. list b. znaczki c. brata d. dwie książki
5. Potem poszła:
   a. do kina b. do księgarni c. do domu d. do dentysty
6. Do dentysty pojechała:
   a. metrem b. na rowerze c. taksówką d. tramwajem
7. Potem poszła:
   a. na kawę b. na film c. na zakupy d. do domu
8. Obiad zjadła:
   a. w domu b. w centrum c. w kawiarni d. u dentysty
9. Okulary odebrała:
   a. w taksówce b. na poczcie c. u dentysty d. u optyka

10. W kawiarni spotkała się:
   a. z bratem
   b. z optykiem
   c. z taksówkarzem
   d. z trzema paniami

11. W kawiarni:
   a. wypiła kawę
   b. obejrzała film
   c. zgubiła okulary
   d. zamówiła obiad

12. Dlaczego musiała długo czekać w banku?
   a. bo bank był jeszcze zamknięty
   b. bo była kolejka
   c. bo nie miała okularów
   d. bo była przerwa obiadowa

27 Finden Sie für jede Situation **eine** gute Möglichkeit.
Proszę znaleźć **jedną** dobrą możliwość do każdej sytuacji.

1. Jacek nie ma dosyć pieniędzy, by założyć własną firmę.
2. Lucyna szuka opiekunki do dzieci.
3. Martę boli ząb.
4. Dominik ma zepsuty samochód.
5. Joanna i Tomasz chcą wyjechać na wycieczkę do Hiszpanii.
6. Adam i Roman lubią pływać.
7. Moje dzieci chciałyby mieć jakieś zwierzę.
8. Ania i Sebastian szukają mieszkania.
9. Wygraliśmy pół miliona.
10. Iza i Leszek szukają prezentu dla córki.

a. Mogliby pojechać na basen.
b. Mógłby zwrócić się do banku o kredyt.
c. Mogliby pojechać do centrum handlowego.
d. Mogłaby zatelefonować do agencji usługowej.
e. Mogliby dać ogłoszenie do gazety.
f. Moglibyśmy kupić dom z ogrodem.
g. Mógłby oddać go do warsztatu.
h. Mogłaby iść do dentysty.
i. Moglibyśmy wziąć ze schroniska kota albo psa.
j. Mogliby zwrócić się do biura podróży.

Muszę iść do lekarza

Ich muss zum Arzt gehen

Ich muss zum Arzt gehen

Jak sie pan/pani czuje?	Wie geht es Ihnen?
Co ci dolega?	Was fehlt dir?
Mam katar i kaszel.	Ich habe Schnupfen und Husten.
Mam gorączkę.	Ich habe Fieber.
Czy masz kłopoty z żołądkiem?	Hast du Magenprobleme?
wezwać lekarza	einen Arzt rufen
Mam wysypkę.	Ich habe Ausschlag.
skierowanie do specjalisty	Überweisung zum Facharzt
Proszę głęboko oddychać.	Atmen Sie tief.
zapalenie oskrzeli	Bronchitis
przepisać lekarstwa	Medikamente verschreiben
środek przeciwbólowy	Schmerzmittel
choroby zakaźne	ansteckende Krankheiten
przejść operację	operiert werden
pigułka antykoncepcyjna	Antibabypille
zapalenie płuc	Lungenentzündung

Dialog 1

Zosia: Źle się czuję. Muszę iść do lekarza.
Agata: Co ci dolega?
Zosia: Boli mnie głowa, mam kaszel i katar.
Agata: Na pewno się przeziębiłaś. Masz gorączkę?
Zosia: Nie wiem, ale chyba nie. Nie czuję się jednak dobrze, jestem słaba.

Dialog 2

Ojciec: Dlaczego Mariusz leży w łóżku?
Matka: Jest chory.
Ojciec: Jest przeziębiony?
Matka: Nie, to jakieś kłopoty z żołądkiem. Nie ma apetytu, boli go brzuch i ma mdłości. Poza tym ma podwyższoną temperaturę.
Ojciec: Chyba powinniśmy wezwać lekarza. To może być coś poważnego.
Matka: Myślisz, że to ślepa kiszka?
Ojciec: Niewykluczone.

Dialog 3

Lekarz: Co panu dolega?
Pacjent: Mam wysypkę, proszę spojrzeć.
Lekarz: Rzeczywiście. Od kiedy ma pan tę wysypkę?
Pacjent: Od trzech dni. Najpierw była tylko na prawym przedramieniu, a teraz jest prawie na całym ciele – na brzuchu, na plecach …
Lekarz: Dam panu skierowanie do dermatologa. To prawdopodobnie alergia.

Dialog 4

Aptekarz: Słucham panią.
Klientka: Nie mogę spać. Czy mógłby pan dać mi jakieś tabletki?
Aptekarz: Bez recepty niestety nie. Ale mogę pani polecić te krople. To jest lek ziołowy.
Klientka: A jak się go dawkuje?
Aptekarz: Przed snem jedną łyżeczkę od herbaty.
Klientka: Wezmę jedną buteleczkę.
Aptekarz: Proszę bardzo. Radziłbym pani jednak skonsultować się z lekarzem, jeśli nie będzie poprawy.
Klientka: Dobrze. Bardzo panu dziękuję.

1 Ergänzen Sie die Dialoge.
Proszę uzupełnić dialogi.

A. gorączkę • antybiotyk • zbadać • piersiowej • lekarstwa • dni • oddychać • panu • głowa

Lekarz: Co .... dolega?
Pacjent: Przeziębiłem się. Kłuje mnie w klatce ...., boli mnie .... i gardło.
Lekarz: Czy ma pan ....?
Pacjent: Tak. Dzisiaj rano miałem trzydzieści osiem stopni i dwie kreski (38,2 °C).
Lekarz: Muszę pana .... Proszę się rozebrać. Proszę głęboko .... A teraz proszę wstrzymać oddech … Ma pan zapalenie oskrzeli. Musi pan poleżeć kilka .... w łóżku.
Pacjent: Jakie .... mam brać?
Lekarz: Przepiszę panu .... i krople od bólu gardła.

B. głowy • dorosłej • lekarza • środek • skierowanie • recepty • boli

Klientka: Poproszę jakiś dobry .... przeciwbólowy.
Aptekarz: Dla dziecka czy dla osoby ....?
Klientka: Dla mnie.
Aptekarz: A co panią ....?

Klientka: Mam często silne bóle ...., ale polopiryna nie pomaga.
Aptekarz: Niestety bez .... nie mogę sprzedać pani żadnego silnego leku. Powinna pani iść do ....
Klientka: Wiem. Mam .... do neurologa, ale jeszcze u niego nie byłam. Mam wizytę pojutrze.

C. koklusz • lekarstwa • operacje • wietrzną • wyrostek • choroby • antykoncepcyjną

Lekarz: Na jakie .... zakaźne pani chorowała?
Pacjentka: Jako dziecko miałam ...., świnkę i ospę ....
Lekarz: Czy przechodziła pani jakieś ....?
Pacjentka: Tak. Siedem lat temu. To był .... robaczkowy.
Lekarz: Czy bierze pani aktualnie jakieś ....?
Pacjentka: Tylko pigułkę ....

D. chory • lekarz • apteki • mózgu • zapalenie • schodów • szpitalu • syna

Robert: Dlaczego tak się spieszysz?
Lucjan: Muszę iść do ....
Robert: Jesteś ....?
Lucjan: Ja nie, ale Sabina ma .... płuc. Był u niej .... i zostawił dwie recepty.
Robert: A nie mógłbyś wysłać do apteki waszego ....?
Lucjan: Niestety nie. Wojtek spadł ze .... i ma wstrząs .... Od dwóch dni leży w ....

2 Wie heißen die Begriffe?
Jakie to pojęcia?

1. podwyższona	a. ziołowy
2. skierowanie	b. mózgu
3. lek	c. robaczkowy
4. zapalenie	d. temperatura
5. tabletki	e. do neurologa
6. ospa	f. oskrzeli
7. wyrostek	g. antybiotyk
8. pigułka	h. wietrzna
9. wstrząs	i. lekarza
10. wezwać	j. antykoncepcyjna
11. przepisać	k. mdłości
12. mieć	l. przeciwbólowe

3 Gruppieren Sie die Wörter richtig.
Proszę pogrupować słowa.

krople • serce • angina • nerki • noga • świnka • płuca • czopki • kaszel • wątroba • grypa • brzuch • maść • mdłości • głowa • żołądek • tabletki • zapalenie płuc • pigułki • gorączka • ręka • katar • koklusz • wysypka • plecy • oko • nos • odra

symptomy: ....
....

części ciała: ....
....

choroby: ....
....

organy wewnętrzne: ....
....

lekarstwa: ....
....

4 Wählen Sie zu jedem Wort die passende Erklärung.
Proszę dobrać do każdego słowa odpowiednie objaśnienie.

chirurg • recepta • strzykawka • sanatorium • laryngolog • skierowanie • okulista • pielęgniarka • operacja • prześwietlenie • szpital • aptekarz • narkoza • dentysta • pediatra

1. Pacjent dostaje ten dokument od lekarza. W aptece oddaje dokument aptekarzowi i dostaje lekarstwo. ....
2. Ten lekarz bada oczy i może przepisać okulary. ....
3. Dostaje ją pacjent przed operacją. ....
4. Ten lekarz nastawia złamamne kości i przeprowadza operacje. ....
5. To jest specjalista od chorób nosa, uszu i gardła. ....
6. Tam leżą chorzy. ....
7. Ta pani pracuje w szpitalu. Podaje lekarstwa, robi zastrzyki, czuwa nad chorymi. ....
8. Ten fachowiec wyrabia i sprzedaje leki w aptece. ....
9. Zabieg chirurgiczny, zwykle pod narkozą. ....
10. Instrument do robienia zastrzyków. ....
11. Lekarz, który leczy zęby. ....
12. Badanie przy pomocy aparatu rentgenowskiego. ....
13. Lekarz, który leczy dzieci. ....
14. Z tym dokumentem pacjent idzie do specjalisty. ....
15. Tam pacjenci po długiej chorobie dochodzą do zdrowia. ....

5 Suchen Sie Synonyme.
Proszę poszukać synonimów.

1. aptekarz	a. prześwietlenie
2. dentysta	b. kurort
3. rentgen	c. farmaceuta
4. uzdrowisko	d. bronchit
5. wyrostek robaczkowy	e. wysoka temperatura
6. zapalenie oskrzeli	f. stomatolog
7. tabletka	g. pielęgniarka
8. gorączka	h. proszek
9. siostra	i. alergia
10. uczulenie	j. ślepa kiszka

6 Bilden Sie sinnvolle Wortpaare. Als Hilfe: deutsche Bedeutungen in Klammern.
Proszę dobrać słowa w sensowne pary. Dla ułatwienia podano w nawiasach niemieckie znaczenia.

1. (Rettungswagen)	a. karetka	A. ratunkowe
2. (Rettungsdienst)	b. pogotowie	B. operacyjna
3. (Überweisung)	c. skierowanie	C. przeciwtężcowy
4. (Operationssaal)	d. sala	D. dyżur
5. (Nasentropfen)	e. krople	E. do specjalisty
6. (Tetanus-Spritze)	f. zastrzyk	F. lekarskie
7. (Schutzimpfung)	g. szczepienie	G. ochronne
8. (Blinddarm)	h. wyrostek	H. pogotowia
9. (Unfalldienst, Bereitschaft)	i. ostry	I. robaczkowy
10. (Krankschreibung)	j. zwolnienie	J. do nosa

7 Welches Wort passt nicht zu den anderen?
Które słowo nie pasuje do reszty?

1. dłoń – łokieć – palec – nos – przedramię ....
2. wątroba – kolano – żołądek – jelito – woreczek żółciowy ....
3. oko – ucho – nos – usta – pięta ....
4. stopa – lekarz – kolano – pięta – udo ....
5. maść – apteka – krople – syrop – tabletka ....
6. apekarz – chirurg – pielęgniarka – okulista – narkoza ....
7. masaż – szpital – przychodnia – apteka – sanatorium ....
8. katar – operacja – kaszel – dreszcze – gorączka ....
9. angina – grypa – odra – płuco – koklusz ....
10. strzykawka – głowa – brzuch – plecy – noga ....

8 Wählen Sie die passende Präposition aus.
Proszę wybrać odpowiedni przyimek.

1. Muszę iść .... lekarza.
 a. dla b. do c. od d. na
2. Przepiszę panu krople .... nosa.
 a. dla b. do c. z d. za
3. To są tabletki .... bólu głowy.
 a. za b. dla c. przy d. od
4. Czy dostanę krople .... serce?
 a. na b. od c. przez d. dla
5. Chyba mam uczulenie .... pomidory.
 a. za b. bez c. na d. w
6. Chcę się zaszczepić .... grypie.
 a. na b. przeciw c. od d. w
7. Proszę brać te krople .... jedzeniem.
 a. po b. za c. przed d. przeciw
8. Dam pani skierowanie .... specjalisty.
 a. od b. dla c. do d. u
9. .... trzech dni mam gorączkę.
 a. do b. dla c. za d. od
10. On jest chory .... grypę.
 a. na b. przez c. dla d. przy
11. To jest lekarstwo .... recepty.
 a. dla b. do c. od d. bez
12. Tadeusz idzie .... badanie kontrolne.
 a. na b. w c. bez d. o

Das vollendete Futur

Die Futurformen der vollendeten Verben erinnern stark an die Präsensformen von unvollendeten Verben. Hier ein kleiner Vergleich:

unvollendetes Verb im Präsens	vollendetes Verb im Futur
ja piszę	ja napiszę
ty jedziesz	ty pojedziesz
on je	on zje
my znamy	my poznamy
wy robicie	wy zrobicie
oni telefonują	oni zatelefonują

9 Tragen Sie die Verbformen richtig ein.
Proszę wpisać formy czasowników we właściwe miejsca.

przepiszą • przepiszę • dasz • weźmiemy • pójdziesz • damy • pójdziecie • dacie • przepisze • weźmie • przepiszecie • pójdę • weźmie

	dać	**przepisać**	**wziąć**	**pójść**
ja	dam	....	wezmę	....
ty	....	przepiszesz	....	....
on	da	....	....	pójdzie
my	....	przepiszemy	....	pójdziemy
wy	....	....	weźmiecie	....
oni	dadzą	....	wezmą	pójdą

10 Welches Verb gehört in welchen Satz?
Który czasownik pasuje do którego zdania?

pójdziesz • poda • zmierzy • wezmę • sprzedamy • pójdę • przepisze • wypiszę • zadzwonisz • zrobimy • pojedzie • udzielą • przyniosę • weźmiecie • dostanie • zaparzę • zamówię • pójdzie • przyjedzie • się przeziębisz • odbierze

1. Boli mnie głowa. .... aspirynę.
2. Lekarz .... pacjentowi antybiotyk.
3. Kiedy *(ty)* wreszcie .... na badanie?
4. *(Ja)* .... pani receptę.
5. Pani Sawicka .... w lutym do sanatorium.
6. Pielęgniarka zaraz .... pani lekarstwa.
7. Sanitariusze .... rannemu pierwszej pomocy.
8. Bez recepty *(my)* nie .... tych tabletek.
9. Kasiu, mama zaraz ci .... temperaturę.
10. Po południu *(ja)* .... na masaż.
11. Jedziecie na biwak? To chyba .... ze sobą apteczkę.
12. Nie mamy chwilowo tych kropli. *(ja)* .... je dla pana.
13. Marku, Juleczka ma gorączkę i boli ją brzuszek. .... po lekarza?
14. Przeziębiłeś się. Zaraz *(ja)* ci .... herbatę z malinami.
15. Przed zabiegiem pacjent .... zastrzyk znieczulający.
16. Tabletki zaraz *(ja)* ...., a maść *(my)* .... na osiemnastą.
17. Jacku, załóż kurtkę, bo ....!
18. Karetka .... za kilka minut.
19. Marcin .... do optyka i .... okulary.

11 Wie lauten diese Redewendungen? Was bedeuten sie?
Jak brzmią te wyrażenia? Co one znaczą?

ein Antibiotikum verschreiben • eine Spritze geben • eine Überweisung ausstellen • den Bauch röntgen • Erste Hilfe leisten • den Notarzt rufen • das Rezept einlösen • einen Zahn ziehen • den Blutdruck messen • eine Wunde verbinden • Diät befolgen

1. dać/wystawić	a. ciśnienie
2. opatrzyć	b. ząb
3. przepisać	c. receptę
4. prześwietlić	d. pogotowie
5. udzielić	e. diety
6. wezwać	f. ranę
7. przestrzegać	g. pierwszej pomocy
8. wyrwać	h. brzuch
9. zmierzyć	i. skierowanie
10. zrealizować	j. zastrzyk
11. zrobić	k. antybiotyk

12 Tragen Sie zehn Redewendungen aus der Übung 11 in die Sätze ein.
Verwenden Sie die Verben im vollendeten Futur.
Proszę uzupełnić zdania dziesięcioma wyrażeniami z ćwiczenia 11.
Proszę użyć czasowników w czasie przyszłym dokonanym.

1. Lekarz .... pacjentce .... do kardiologa.
2. Proszę momencik poczekać, siostra zaraz .... panu .... przeciwtężcowy.
3. Lekarz na pewno .... mi ...., bo słabsze lekarstwa nie pomagają.
4. Skaleczyłem się w rękę. Siostra .... mi ....
5. Pacjent skarży się na bóle brzucha i mdłości. Zaraz *(my)* mu ....
6. Sanitariusze .... osobom rannym w wypadku drogowym.
7. Zaraz pójdziemy do apteki i ....
8. Janek ma wysoką temperaturę, więc *(ja)* chyba .... do domu.
9. Boję się, że dentysta mi ....
10. Proszę podwinąć rękaw, *(ja)* zaraz .... pani ....

13 Wer sagt das: Arzt oder Patient?
Kto to mówi: lekarz czy pacjent?

1. Dam panu skierowanie do laboratorium na badanie krwi. ....
2. Od tygodnia nie mogę spać. ....
3. Spadłam ze schodów i boli mnie lewe przedramię. ....

4. Czy mogłabym prosić o skierowanie do gastrologa? ....
5. Powinien pan nosić okulary. ....
6. Dam panu zwolnienie z pracy na tydzień. ....
7. Proszę przyjść we wtorek na badanie kontrolne. ....
8. Nie mam już syropu. Czy mogę dostać receptę? ....
9. Musimy prześwietlić kręgosłup. ....
10. Jak mam przyjmować te tabletki? ....
11. Proszę zdjąć koszulę. ....
12. Powinien pan pojechać do sanatorium. ....

14 Beim Arzt: Tragen Sie die Äußerungen der Patientin an passende Stellen ein.
U lekarza: Proszę wpisać wypowiedzi pacjentki we właściwe miejsca.

a. Aaa …
b. Tak, wczoraj wieczorem miałam trzydzieści siedem i siedem kresek.
c. Dobrze. Dziękuję, panie doktorze.
d. Dobrze. Jak długo mam brać te leki?
e. Mam katar, kaszel, wszystko mnie boli …
f. I boli mnie, kiedy przełykam.
g. Tak, jako sekretarka.
h. Kiedy mam przyjść na badanie kontrolne?

Lekarz: Co pani dolega?
Pacjentka: ....
Lekarz: Mierzyła pani temperaturę?
Pacjentka: ....
Lekarz: Osłucham panią. Proszę zdjąć sweter i bluzkę. (…) Płuca są w porządku. Sprawdzimy gardło.
Pacjentka: ....
Lekarz: Jest zaczerwienione.
Pacjentka: ....
Lekarz: Przepiszę pani lekarstwa. Tabletki proszę zażywać trzy razy dziennie, po jedzeniu. Syrop od kaszlu co trzy godziny jedną łyżeczkę od herbaty.
Pacjentka: ....
Lekarz: Przez tydzień. Póki ma pani gorączkę, powinna pani leżeć w łóżku. Pracuje pani zawodowo?
Pacjentka: ....
Lekarz: Wobec tego dostanie pani zwolnienie z pracy.
Pacjentka: ....
Lekarz: Za tydzień. Wtedy zobaczymy, czy może pani wrócić do pracy.
Pacjentka: ....

15 Beim Arzt: Finden Sie die richtige Reihenfolge.
U lekarza: Proszę uporządkować wypowiedzi.

a. Zmierzymy ciśnienie … W porządku, sto trzydzieści na osiemdziesiąt. Od dawna nosi pan okulary?
b. Trudno powiedzieć. Od trzech albo czterech miesięcy. Ale prawie nigdy w pracy, zwykle w weekendy.
c. Co panu dolega?
d. Dwa miesiące temu. Ale te szkła mam od roku. I dobrze widzę.
e. Koniecznie muszę iść do neurologa?
f. W takim razie pójdę. Bardzo dziękuję.
g. Często mam bóle głowy, szczególnie w dni wolne od pracy.
h. Tak, od dzieciństwa.
i. Kiedy był pan ostatnio u okulisty?
j. Powinien pan pójść do specjalisty. Dam panu skierowanie do neurologa.
k. Tak, to koniecznie. Badanie EEG pomoże wykryć przyczynę tych dolegliwości.
l. Więc to nie oczy … A od jak dawna cierpi pan na bóle głowy?

Das Futur unvollendeter Verben

Diese Zeitform besteht aus dem Hilfsverb być im Futur sowie dem Vollverb. Das Futur unvollendeter Verben steht in der dritten Form Singular bzw. Plural der Vergangenheit:

Infinitiv	**Futur**
robić	ja będę robił(a) ty będziesz robił(a) oni będą robili one będą robiły

16 Schreiben Sie diese Verben im unvollendeten Futur.
Proszę napisać te czasowniki w czasie przyszłym niedokonanym.

1. ja idę	6. my szukamy ....
2. ty masz	7. wy prosicie ....
3. Marcin bierze	8. oni czekają ....
4. Iwona leży	9. one kupują ....
5. dziecko płacze	10. ja czytam ....

17 Schreiben Sie die in Klammern stehenden Verben im unvollendeten Futur.
Proszę napisać czasowniki w nawiasach w czasie przyszłym niedokonanym.

1. Pacjentka *(brać)* lekarstwa rano i wieczorem. ....
2. Pielęgniarka *(robić)* opatrunki chorym. ....
3. Rodzice *(odwiedzać)* codziennie dziecko w szpitalu. ....
4. Ciężarna pacjentka *(chodzić)* regularnie na badania kontrolne. ....
5. Ja nie *(przyjmować)* tych lekarstw! ....
6. Jeśli *(boleć)* pana oczy, proszę zrobić przerwę w pracy. ....
7. Studenci medycyny *(mieć)* praktyki w szpitalu. ....
8. Sanitariusze *(udzielać)* rannym pierwszej pomocy. ....
9. My *(chodzić)* na zabiegi do fizjoterapeuty. ....
10. Czy wy *(uczestniczyć)* w kursie racjonalnego żywienia? ....

18 Verwandeln Sie das vollendete in das unvollendete Futur, wie im Beispiel.
Proszę zamienić czas przyszły dokonany na niedokonany, jak pokazano na przykładzie.

0. Pielęgniarka zmierzy mi ciśnienie.
   Pielęgniarka będzie mierzyła mi ciśnienie.
1. Pójdę na masaż pleców.
   ....
2. Jurek zażyje lekarstwo.
   ....
3. Magda zanotuje sobie termin wizyty u lekarza.
   ....
4. Lekarze usuną pacjentowi wyrostek robaczkowy.
   ....
5. Dentysta nie wyrwie ci zęba.
   ....
6. Weterynarz zaszczepi psa przeciw wściekliźnie.
   ....

19 Verwandeln Sie die Sätze wie im Beispiel.
Proszę zmienić zdania jak pokazano na przykładzie.

0. Pielęgniarka **nie będzie robić** zastrzyków.
   Pielęgniarka **nie będzie robiła** zastrzyków.
1. Ja nie będę brać tych tabletek.
   ....
2. Czy ty będziesz chodzić na masaże, Ewo?
   ....
3. On chyba długo będzie leżeć w szpitalu.
   ....

4. Pani Zofia nie będzie dostawać zastrzyków.

   ....

5. Dziecko będzie brać antybiotyk.

   ....

6. Henryk, Monika i ja będziemy uprawiać sport.

   ....

7. Aniu, Kasiu, kiedy będziecie się szczepić przeciw grypie?

   ....

8. Chłopcy, kiedy będziecie chodzić na basen?

   ....

9. Dzieci będą chodzić na gimnastykę korekcyjną.

   ....

10. Rodzice będą podawać dziecku lekarstwa.

   ....

Verneinung mit Aspektwechsel

Wenn ein Satz mit dem Verb im vollendeten Futur verneint wird, sind zwei Varianten möglich:

1. Auch im verneinten Satz bleibt das Verb vollendet:
Wezmę lekarstwo. Nie wezmę lekarstwa.
Damit wird die Verneinung einer einmaligen Handlung ausgedrückt.

2. Im verneinten Satz wird das unvollendete Verb gebraucht:
Wezmę lekarstwo. Nie będę brał(a) lekarstwa.
Hier handelt es sich um eine allgemeine Einstellung:
Ich werde das Medikament weder jetzt noch später nehmen.

20+ Verneinen Sie und gebrauchen Sie dabei anstelle des perfektiven das imperfektive Futur.
Proszę zaprzeczyć używając czasu przyszłego niedokonanego zamiast dokonanego.

1. Kupię syrop od kaszlu.

   ....

2. Marek pójdzie na fizjoterapię.

   ....

3. Monika kupi tabletki przeciwbólowe.

   ....

4. Lekarz zbada dziecko.

   ....

5. Wezwiemy pogotowie.
   ....
6. Siostra zrobi pacjentowi okład.
   ....
7. Wezmę tabletkę od bólu głowy.
   ....
8. Zadzwonimy po lekarza.
   ....
9. Poprosimy o pomoc.
   ....
10. Zaszczepię się przeciw grypie.
   ....

Das Possessivpronomen „swój" – eine lexikalische Besonderheit

Dieses Pronomen hat keine einheitliche Entsprechung in der deutschen Sprache. Es ersetzt alle Possessivpronomina, wenn der Besitzer im gleichen Satz genannt wird und dem Besitz nahe steht.
„Swój" steht nie im Nominativ.

Vergleichen Sie:

1. Agata idzie do swojej babci.	Agata geht zu ihrer (eigenen) Oma.
aber:	
Lekarz bada babcię Agaty.	Der Arzt untersucht Agatas Oma.
Jej babcia jest chora.	Ihre Oma ist krank.
2. Rozmawiam ze swoim bratem.	Ich unterhalte mich mit meinem Bruder.
aber:	
Mam brata.	Ich habe einen Bruder.
Mój brat mieszka w Kielcach.	Mein Bruder wohnt in Kielce.

21 Welches Possessivpronomen? Wählen Sie.
Który zaimek dzierżawczy? Proszę wybrać.

1. Na co choruje *(swój/twój)* brat? ....
2. Matka idzie ze *(swoim/jej)* dzieckiem do dentysty. ....
3. Tomku, czy wziąłeś *(swoje/twoje)* lekarstwo? ....
4. Pójdę do *(swojego/mojego)* lekarza. ....
5. Jacek rozmawia *(ze swoim/z jego)* psychoterapeutą. ....
6. Dzisiaj *(swój/mój)* lekarz przyjmuje po południu. ....
7. *(Swoje/Nasze)* dzieci są chore. ....
8. Eliza zgubiła *(swoje/jej)* okulary. ....

22 Welches Possessivpronomen? Wählen Sie.
Który zaimek dzierżawczy? Proszę wybrać.

1. Der Arzt informiert die Mutter der Patientin.
   Lekarz informuje *(jego/jej/swoją)* matkę. ....
2. Vergiss nicht, deine Tabletten zu nehmen!
   Nie zapomnij wziąć *(twoich/moich/swoich)* tabletek! ....
3. Ich habe deinen OP-Termin in meinem Terminplaner notiert.
   Zanotowałem termin *(naszej/twojej/swojej)* operacji ....
   w *(moim/naszym/swoim)* terminarzu. *(2 Möglichkeiten)* ....
4. Warum liegt euer Sohn im Krankenhaus?
   Dlaczego *(wasz/twój/swój)* syn leży w szpitalu? ....
5. Unsere Kinder sind gesund.
   (Nasze/Moje/Swoje) dzieci są zdrowe. ....
6. Die Ärzte haben meinen Bruder operiert.
   Lekarze zoperowali *(ich/mojego/swojego)* brata. ....
7. Der Optiker hat meine Brille repariert.
   Optyk naprawił *(jego/moje/swoje)* okulary. ....
8. Der Optiker hat seine Brille repariert.
   Optyk naprawił *(jego/moje/swoje)* okulary. ....
9. Ich muss zu meinem Zahnarzt gehen.
   Muszę iść do *(mojego/jego/swojego)* dentysty. *(2 Möglichk.)* ....
10. Mein Bruder ist krank. Besucht ihr ihn?
    Czy odwiedzicie *(waszego/mojego/swojego)* chorego brata? ....

23 Das Possessivpronomen wird adjektivisch dekliniert. Ergänzen Sie die Deklinationsmuster, indem Sie die vorgegebenen Formen richtig einsetzen.
Zaimek dzierżawczy odmienia się podobnie jak przymiotnik. Proszę uzupełnic wzorce deklinycyjne wpisując podane formy we właściwe miejsca.

A. moje serce • moim sercu • mojemu sercu • moje serce • mojego serca • moim sercem
moim brzuchem • mój brzuch • mojego brzucha • moim brzuchu • mojemu brzuchowi • mój brzuch
moja noga • mojej nogi • moją nogę • mojej nodze • mojej nodze • moją nogą

	mein Herz	**mein Bauch**	**mein Bein**
N.	....	....	....
G.	....	....	....
D.	....	....	....
A.	....	....	....
I.	....	....	....
L.	....	....	....

B. moi rodzice • moich rodziców • moich rodzicach • moich rodziców • moim rodzicom • moimi rodzicami • moi rodzice
moje dzieci • moje dzieci • moje dzieci • moim dzieciom • moimi dziećmi • moich dzieci • moich dzieciach

	meine Eltern	meine Kinder
N.	....	....
G.	....	....
D.	....	....
A.	....	....
I.	....	....
L.	....	....
V.	...................................!	...................................!

C. naszego lekarza • naszego lekarza • naszemu lekarzowi • nasz lekarz • nasz lekarzu • naszym lekarzem • naszym lekarzu
wasza apteka • waszą aptekę • waszej aptece • waszej apteki • waszą apteką • waszej aptece
waszemu lekarstwu • waszym lekarstwem • waszym lekarstwie • waszego lekarstwa • wasze lekarstwo • wasze lekarstwo

	unser Arzt	eure Apotheke	euer Medikament
N.	....	....	....
G.	....	....	....
D.	....	....	....
A.	....	....	....
I.	....	....	....
L.	....	....	....
V.	...................................!	*(nicht gebräuchlich)*	*(nicht gebräuchlich)*

D. nasi lekarze • naszych lekarzy • naszymi lekarzami • naszym lekarzom • nasi lekarze • naszych lekarzy • naszych lekarzach
wasze recepty • waszych receptach • waszym receptom • waszymi receptami • wasze recepty • waszych recept

	unsere Ärzte	eure Rezepte
N.	....	....
G.	....	....
D.	....	....
A.	....	....
I.	....	....
L.	....	....
V.	...................................!	*(nicht gebräuchlich)*

24 Welche Form ist korrekt?
Która forma jest poprawna?

1. Sanitariusz rozmawia z .... bratem.
   a. mojego b. mojemu c. moim d. mój
2. Darku, gdzie jest .... lekarstwo?
   a. twoje b. twojemu c. twojego d. twoim
3. Co dolega .... córce?
   a. waszą b. waszej c. wasza d. waszym
4. Może pójdziesz do .... okulisty? To bardzo dobry specjalista!
   a. naszemu b. naszego c. nasz d. naszym
5. Czy .... lekarz przyjmuje dzisiaj rano?
   a. mojemu b. mojego c. moim d. mój
6. Jurku, co się stało z .... kolanem?
   a. twoim b. twojemu c. twoje d. twoich
7. Anna często odwiedza .... chorego brata.
   a. swojemu b. swoim c. swojego d. swój
8. Ten lekarz przepisuje wszystkim .... pacjentom antybiotyki.
   a. swoim b. swoje c. swoja d. swoich
9. Jutro pójdę do .... lekarza rejonowego.
   a. swoi b. swojemu c. swoim d. swojego
10. W czasie obchodu pacjenci powinni leżeć w .... łóżkach.
   a. swoich b. swoje c. swoimi d. swojemu

25 Verwenden Sie das Possessivpronomen in der richtigen Form.
Proszę użyć zaimka dzierżawczego w odpowiedniej formie.

1. Czy to jest *(twoje)* .... lekarstwo, mamo?
2. Robert idzie do *(swój)* .... lekarza.
3. Lekarz robi zastrzyk *(moja)* .... córce.
4. Kiedy lekarze będą badali *(nasz)* .... syna?
5. Marta rozmawia ze *(swój)* .... psychologiem.
6. Lekarze rozmawiają o *(swoi)* .... pacjentach.
7. Idę do weterynarza ze *(swój)* .... kotem.
8. Zbyszku, czy masz wyniki *(swoje)* .... badań?
9. Katarzyna zaraz zadzwoni do *(nasz)* .... lekarza rejonowego.
10. Porozmawiam z *(twoi)* .... lekarzami o *(twoja)* .... chorobie.
11. Proszę przysłać karetkę do *(moja)* .... babci.
12. Gdzie są *(moje)* .... okulary?

26 Ergänzen Sie die Sätze sinnvoll.
Proszę sensownie uzupełnić zdania.

1. Ponieważ Beata źle widzi, musi nosić ....
2. Pani Majewska spodziewa się dziecka. Idzie dzisiaj na badanie do ....
3. Na naszej ulicy był wypadek, dlatego przyjechało .... ratunkowe.
4. Tomek ma ....: 39,4 °C.
5. Moje .... jest normalne: 120 na 80.
6. Paweł ma nadwagę. Lekarz zalecił mu .... niskokaloryczną.
7. Przed operacją pacjent dostanie ....
8. Musimy iść do .... po lekarstwa.
9. Pediatra leczy chore ....
10. Dam pani .... do specjalisty.

27+ Finden Sie für jeden polnischen Begriff die deutsche Bedeutung.
Proszę znaleźć niemieckie znaczenie każdego polskiego pojęcia.

A.	**Objawy**		**Symptome**
1.	przeziębienie	a.	Kopfschmerzen
2.	duszność	b.	Verstopfung
3.	katar	c.	Erkältung
4.	mdłości	d.	Schnupfen
5.	bóle głowy	e.	Schüttelfrost
6.	zaparcie	f.	Atemnot
7.	dreszcze	g.	Schlaflosigkeit
8.	bezsenność	h.	Übelkeit

B.	**Choroby**		**Krankheiten**
1.	grypa	a.	Mumps
2.	angina	b.	Masern
3.	koklusz	c.	Angina
4.	świnka	d.	Keuchhusten
5.	odra	e.	Grippe
6.	żółtaczka	f.	Lungenentzündung
7.	różyczka	g.	Röteln
8.	zapalenie płuc	h.	Gelbsucht

C.	**Części ciała**		**Körperteile**
1.	kolano	a.	Hals
2.	głowa	b.	Bauch
3.	brzuch	c.	Rücken
4.	plecy	d.	Fuß
5.	łokieć	e.	Kopf
6.	stopa	f.	Auge
7.	szyja/gardło	g.	Knie
8.	oko	h.	Ellenbogen

D. Organy wewnętrzne	Innere Organe
1. oskrzela	a. Kehlkopf
2. serce	b. Bronchien
3. nerka	c. Leber
4. mózg	d. Herz
5. krtań	e. Magen
6. trzustka	f. Niere
7. wątroba	g. Bauchspeicheldrüse
8. żołądek	h. Gehirn

E. W szpitalu	Im Krankenhaus
1. oddział	a. Visite
2. obchód	b. Kreißsaal
3. ordynator	c. Station
4. siostra oddziałowa	d. Chefarzt
5. ostry dyżur	e. Aufnahme
6. sala operacyjna	f. Notdienst
7. sala porodowa	g. Oberschwester
8. izba przyjęć	h. Operationssaal

28+ Rekonstruieren Sie die Sprichwörter.
Proszę zrekonstruować przysłowia.

1. Oko za oko,	a. ten ma w nogach.
2. Ręka	b. to szkolna wymówka.
3. Kto nie ma w głowie,	c. to z serca
4. Do serca	d. ząb za ząb.
5. Paluszek i główka	e. przez żołądek.
6. Co z oczu,	f. nie sługa.
7. Serce	g. ręke myje.
8. Oczy	h. są zwierciadłem duszy.

29 Ergänzen Sie den Text.
Proszę uzupełnić tekst.

pięć • lekarstwa • trzech • kaszel • zadzwoniła • inni • przychodni • Karolinę • gardła • ciśnienie • czekać • miała

Karolina jest przeziębiona. Od .... (1) dni ma silny .... (2), katar, bóle głowy i .... (3), a od wczoraj także gorączkę. Dzisiaj rano .... (4) do swojego lekarza, dostała numerek i o dziesiątej poszła do .... (5). W poczekalni byli też .... (6) pacjenci. Karolina musiała .... (7) około dwudziestu minut.
Lekarz osłuchał .... (8), zajrzał jej do gardła i zmierzył .... (9). Potem przepisał jej .... (10) i dał zwolnienie z pracy na .... (11) dni. Zalecił Karolinie leżeć w łóżku, dopóki będzie .... (12) gorączkę.

30 Lesen Sie den Text und beantworten Sie die Fragen.
Proszę przeczytać tekst i odpowiedzieć na pytania.

Kochana Basiu,

od trzech dni jestem w sanatorium. Zaraz po przyjeździe dostałam klucz do swojego pokoju. Mam pokój jednoosobowy z łazienką, balkonem, telefonem i telewizorem.
Jeszcze przed obiadem byłam u lekarza na badaniu wstępnym. Zaraz po obiedzie musiałam iść na EKG, a później na badania specjalistyczne. Po kolacji dostałam plan zabiegów.
Codziennie rano mam półgodzinną gimnastykę. Trzy razy w tygodniu kąpiele borowinowe, codziennie inhalacje. We wtorki i czwartki mam masaże, w poniedziałki i piątki – gimnastykę w wodzie.
W wolnym czasie mogę spacerować po lesie lub iść na przechadzkę do uzdrowiska. Okolica jest bardzo ładna. Szczególnie podoba mi się park zdrojowy.
W sanatorium mamy bibliotekę, kawiarenkę, wypożyczalnię rowerów i basen. W ogrodzie stoją leżaki.
Dzisiaj rano miałam gimnastykę, a potem inhalacje. Za pół godziny pójdę na obiad. Po obiedzie pewnie posiedzę w ogrodzie i poczytam książkę. O trzeciej mam masaż. Potem zamierzam iść na spacer do uzdrowiska. O szóstej jest kolacja. Po kolacji chciałabym popływać.
Jutro jest piątek, więc będę miała gimnastykę poranną, inhalacje, kąpiel borowinową i gimnastykę w wodzie. Po południu chciałabym wypożyczyć rower i pojechać do miasteczka, jeśli będzie ładna pogoda.

Serdecznie Cię pozdrawiam.
Łucja

1. Do kogo Łucja pisze list?
2. Od jak dawna Łucja jest w sanatorium?
3. Jaki pokój ma Łucja?
4. Kiedy Łucja była na badaniu EKG?
5. Kiedy dostała plan zabiegów?
6. Co jest codziennie rano?
7. Jakie inne zabiegi ma Łucja?
8. Gdzie może spacerować w wolnym czasie?
9. Jaki sprzęt sportowy można wypożyczyć w sanatorium?
10. Kiedy będzie obiad?
11. Jakie plany ma Łucja na popołudnie?
12. Czy po południu też ma jakieś zabiegi?
13. Co Łucja chce robić po kolacji?
14. Jaki dzień tygodnia jest dzisiaj?
15. Jak Łucja chce spędzić jutrzejsze popołudnie?

Prognoza pogody

Wettervorhersage

Wettervorhersage	
ładna/brzydka pogoda	schönes/schlechtes Wetter
Słońce świeci.	Die Sonne scheint.
Pada deszcz.	Es regnet.
Pada śnieg.	Es schneit.
Jest zimno/ciepło/chłodno/gorąco.	Es ist kalt/warm/kühl/heiß.
opady	Niederschläge
deszcz	Regen
śnieg	Schnee
grad	Hagel
deszcz ze śniegiem	Schneeregen
burza	Gewitter
błyskawica	Blitz
piorun, grzmot	Donner
mgła	Nebel
upał	Hitze
mróz	Frost
wiatr	Wind
niebo	Himmel
niż (atmosferyczny)	Tiefdruck
wyż (atmosferyczny)	Hochdruck
chmura	Wolke
tęcza	Regenbogen

Dialog 1

Ewa: Dzisiaj jest dosyć chłodno. Znowu muszę założyć sweter.
Zbyszek: Masz rację. W tym roku mamy wyjątkowo chłodny maj.
Ewa: Czy słyszałeś prognozę pogody?
Zbyszek: Tak. Dzisiaj będzie pochmurnie, a jutro ma padać deszcz i będzie jeszcze chłodniej.
Ewa: Nie żartuj!
Zbyszek: Powtarzam tylko, co mówili w telewizji.
Ewa: Czy ta wiosna nigdy nie nadejdzie?
Zbyszek: Podobno zbliża się do Polski wyż znad Atlantyku. Po niedzieli powinno się ocieplić.

Dialog 2

Tomasz: Może pojechalibyśmy nad jezioro?
Katarzyna: Dobry pomysł! Jest ciepło, słonecznie …
Tomasz: Jutro ma być jeszcze cieplej. Zapowiadają trzydzieści stopni.
Katarzyna: Dawno nie mieliśmy tak pięknego czerwca!

Dialog 3

Mira: Strasznie zmarzłam. Jest taka wstrętna pogoda, leje deszcz, a do tego ten wiatr …
Iwona: Listopad jest chyba najbrzydszym miesiącem. Mokro, zimno, szaro i smutno …
Mira: Dobrze, że u ciebie jest ciepło i przytulnie.
Iwona: Napij się gorącej herbaty, a zaraz zrobi ci się cieplej.

Dialog 4

Mariusz: Spójrz, w nocy spadł śnieg.
Alicja: Rzeczywiście! Jak ładnie, biało! Lekki mróz i słońce, wymarzona pogoda na zimowy spacer.
Mariusz: Może poszlibyśmy z dziećmi na sanki?
Alicja: Na pewno się ucieszą.

Dialog 5

Anna: Czy u was też była wczoraj taka straszna burza?
Beata: Burza? Nie, po południu spadł ulewny deszcz, ale trwało to najwyżej kwadrans. Burzy nie było.
Anna: A u nas koło czwartej niebo pociemniało, zaczęło grzmieć i się błyskać. Tylu błyskawic dawno nie widziałam! A potem lunął deszcz. Padało prawie dwie godziny.
Beata: Zmokłaś?
Anna: Nie. Na szczęście o tej porze już byłam w domu. Ale Łukasz wrócił z pracy cały mokry.
Beata: Nie miał parasola?
Anna: Miał, ale wiał silny wiatr i lało tak mocno, że parasol nic mu nie pomógł.

1 Ergänzen Sie die Dialoge mit den vorgegebenen Wörtern.
Proszę uzupełnić dialogi podanymi słowami.

A. nartach • pogoda • słońce • was • śnieg • plecaki • zima • pada

Marta: Jaka jest u was ....?
Halina: Od kilku dni mamy prawdziwą zimę. Spadł ...., wszystko jest białe. Do tego świeci .... Jest po prostu pięknie!

Marta: To wspaniale! Czy moglibyśmy przyjechać do .... na narty?

Halina: Koniecznie musicie przyjechać! Mamy wymarzone warunki do jazdy na ....

Marta: Cudownie! Wiesz, u nas .... jest szara, bez śniegu, czasem .... deszcz.

Halina: No to pakujcie .... i przyjeżdżajcie!

B. lato • burza • basen • spać • dnia • upał • dni • trzydzieści dwa

Jacek: Co za ....! Jest chyba ze czterdzieści stopni w cieniu!

Stefan: Nie przesadzaj. .... stopnie.

Jacek: Mnie to wystarczy. Czy to .... nigdy się nie skończy?

Stefan: Za dwa .... ma nadejść niż: ochłodzenie, deszcz, może nawet ....

Jacek: Za dwa dni! W ciągu .... nie mogę pracować, w nocy nie mogę ....

Stefan: To chodź ze mną na ...., w wodzie będzie chłodniej.

C. plucha • październik • złotej • niebieskie • jesieni • wiatr • słoneczne • słonecznie

Monika: W tym roku mamy prześliczny ....!

Jola: Tak, to prawda. Dni są ...., niebo takie ...., a drzewa kolorowe …

Monika: Bardzo lubię spacery po lesie i barwy ....

Jola: Ja też, ale tylko tej „...................... polskiej jesieni". Dopóki jest ciepło i ...., bo kiedy przyjdzie .... i zacznie wiać listopadowy ...., na pewno wolisz siedzieć w domu.

2 Wie kann man das anders formulieren? Finden Sie Äußerungen mit ähnlicher Bedeutung.
Jak to można inaczej sformułować? Proszę znaleźć wyrażenia o podobnym znaczeniu.

1. Wieje wiatr.
2. Jest upalnie.
3. Od wczoraj jest mróz.
4. Niebo jest zachmurzone.
5. Świeci słońce.
6. Leje jak z cebra.
7. Jutro ma nastąpić ochłodzenie.
8. Jest gęsta mgła.

a. Temperatura spadła poniżej zera.
b. Jest słonecznie.
c. Pada bardzo silny deszcz.
d. Jest wietrznie.
e. Jest bardzo gorąco.
f. Jutro temperatura spadnie.
g. Jest mgliście.
h. Jest pochmurnie.

Adjektive und Adverbien

Da diese Wortarten in der deutschen Sprache oft die gleiche Form haben, werden sie hin und wieder verwechselt. Im Polnischen sind ihre Formen unterschiedlich:

Adjektiv	Adverb	Bedeutung
zimny, zimna, zimne	zimno	kalt
dobry, dobra, dobre	dobrze	gut
pogodny, pogodna, pogodne	pogodnie	heiter

Das Adjektiv bezeichnet das Substantiv näher und hat deshalb in der polnischen Sprache eine entsprechende Form (Geschlecht, Zahl, Deklinationsfall).
Das Adverb bezieht sich auf das Verb und hat auch im Polnischen nur eine Form.

3 Adjektiv oder Adverb?
Przymiotnik czy przysłówek?

1. Wczoraj było **upalnie**. ....
2. Wczoraj był **upalny** dzień. ....
3. Dzisiaj jest **chłodno**. ....
4. W niedzielę ma być **słonecznie**. ....
5. Wieje **silny** wiatr. ....
6. W nocy spadło **dużo** śniegu. ....
7. W nocy spadł śnieg i teraz świat jest **biały**. ....
8. Za kilka dni nastąpi **znaczne** ochłodzenie. ....
9. Noc była **mroźna**. ....
10. Nadchodzi niż **atmosferyczny** znad Atlantyku. ....

4 Ergänzen Sie die Tabelle.
Proszę uzupełnić tabelę.

przysłówek (Adverb)	**przymiotnik** (Adjektiv) **m**	**f**	**n**
ładnie	....	ładna	....
jesiennie	jesienny	....	....
słonecznie	....	....	słoneczne
ciepło	....	....	ciepłe
....	kolorowy	....	....
....	....	zimna	....
gorąco	gorący	....	....

przysłówek (Adverb)	**przymiotnik** (Adjektiv) m	f	n
dobrze	....	dobra	....
źle	zły	....	....
brzydko	....	....	brzydkie
deszczowo	....	....	....
pogodnie	....	....	....
pochmurnie	....	....	....

5 Bilden Sie Sätze nach dem Muster.
Proszę utworzyć zdania według wzoru.

A. 0. Dzisiaj jest słoneczny dzień. Dzisiaj jest słonecznie.
1. Dzisiaj jest pogodny dzień. ....
2. Dzisiaj jest zimny dzień. ....
3. Dzisiaj jest ciepły dzień. ....
4. Dzisiaj jest deszczowy dzień. ....
5. Dzisiaj jest upalny dzień. ....

B. 0. Dzisiaj jest słonecznie. Dzisiaj jest słoneczny dzień.
1. Dzisiaj jest brzydko. ....
2. Dzisiaj jest ładnie. ....
3. Dzisiaj jest chłodno. ....
4. Dzisiaj jest wietrznie. ....
5. Dzisiaj jest przyjemnie. ....

6 Setzen Sie das passende Wort ein.
Proszę wpisać odpowiednie słowo.

1. Wczoraj było .... *(zimno – zimny – zimna – zimne).*
2. Niebo jest .... *(pochmurnie – pochmurny – pochmurna – pochmurne).*
3. Jeśli będzie .... *(ładnie – ładny – ładna – ładne)* pogoda, pojedziemy nad jezioro.
4. Ta jesień jest wyjątkowo .... *(ciepło – ciepły – ciepła – ciepłe).*
5. Pod wieczór spadł .... *(ulewnie – ulewny – ulewna – ulewne)* deszcz.
6. Po deszczu trawa jest .... *(mokro – mokry – mokra – mokre).*
7. W ogrodzie jest .... *(mokro – mokry – mokra – mokre).*
8. Wieje .... *(lekko – lekki – lekka – lekkie)* wiaterek.
9. Dawno nie padało, w lesie jest .... *(sucho – suchy – sucha – suche).*

Die Steigerung der Adverbien

Adverbien, die von Adjektiven abgeleitet sind, lassen sich steigern. Komparativ und Superlativ erhalten meist die Endung -(i)ej; der Superlativ zusätzlich die Vorsilbe naj-.
Oft gibt es im Wortstamm einen Konsonantenwechsel, z. B.:

cie**pł**o – cie**pl**ej – najcie**pl**ej	warm
brzy**dk**o – brzy**dz**iej – najbrzy**dz**iej	hässlich
kró**tk**o – kró**c**ej – najkró**c**ej	kurz
dłu**g**o – dłu**ż**ej – najdłu**ż**ej	lange
ci**ch**o – ci**sz**ej – najci**sz**ej	leise

Gelegentlich verändert sich auch der letzte Vokal (z. B. ą → ę, o → e).
Einige Adverbien werden unregelmäßig gesteigert, z. B.:

źle – gorzej – najgorzej	schlecht, schlimm
dobrze – lepiej – najlepiej	gut
mało – mniej – najmniej	wenig
dużo – więcej – najwięcej	viel

7 Tragen Sie die fehlenden Formen ein.
Proszę wpisać brakujące formy.

Positiv	Komparativ	Superlativ
zimno	zimniej	....
chłodno	....	najchłodniej
ciepło	....	....
ładnie	....	....
gorąco	goręcej	....
pogodnie	....	....
wesoło	....	najweselej
smutno	....	....
krótko	....	najkrócej
długo	dłużej	....
cicho	....	najciszej
mało	mniej	....
dużo	więcej	....
dobrze	....	najlepiej
źle	gorzej	....
daleko	....	najdalej
blisko	....	najbliżej
ciemno	....	....

8 Ergänzen Sie die Sätze wie im Beispiel.
Proszę uzupełnić zdania według wzoru.

0. Do domu jest **daleko**, do biblioteki **dalej**, a do kina **najdalej**.
1. W maju spadło **mało** deszczu, w kwietniu ...., a w marcu ....
2. Dzisiaj jest **gorąco**, wczoraj było ...., a we wtorek ....
3. Dzisiaj jest **zimno**, jutro ma być ...., a pojutrze ....
4. W maju zwykle jest **ciepło**, w czerwcu ...., ale w sierpniu ....
5. Na plaży jest **przyjemnie**, w parku jeszcze ...., ale w ogrodzie ....
6. Po południu było **chłodno**, wieczorem ...., a w nocy ....
7. W Lublinie jest **dużo** śniegu, w Ustrzykach ...., ale w Zakopanem ....
8. W kwietniu noc trwa **krótko**, w maju ...., a w czerwcu ....

9+ Wie lauten diese Sprichwörter?
Jak brzmią te przysłowia?

1. Na świętego Grzegorza (12.3.)
2. Od Hanki (26.7.)
3. Pankracy, Serwacy, Bonifacy, (12., 13., 14.5.)
4. Bój się w styczniu wiosny,
5. Kwiecień plecień, bo przeplata,
6. Gdy mróz w lutym mocno trzyma,
7. Styczeń pogodny
8. Choć już w kwietniu słonko mocno grzeje,
9. Styczeń mroźny i biały
10. Słoneczna Brygida i Martyna (30.1.)
11. Gdy Piotr z Pawłem płaczą, (29.6.)
12. Jedna jaskółka

a. nieraz pole śnieg zawieje.
b. trochę zimy, trochę lata.
c. idzie zima do morza.
d. zwiastuje letnie upały.
e. wróży rok płodny.
f. zimne wieczory i ranki.
g. tedy jest niedługa zima.
h. ludzie przez siedem tygodni słonka nie zobaczą.
i. wróży dostatek zboża i wina.
j. wiosny nie czyni.
k. dla ogrodów źli chłopacy.
l. bo marzec zazdrosny.

10+ Was ist das?
Co to jest?

1. Opad atmosferyczny w formie wody, na przykład ulewa albo kapuśniaczek. ....
2. Silny ruch powietrza – bryza, zefirek, huragan albo tornado. ....
3. Świeci na niebie w pogodny dzień. ....
4. Powoduje, że powietrze jest białe jak mleko i nic nie widać. ....
5. Może z niej padać deszcz, śnieg albo grad. ....
6. Nagły spadek temperatury powietrza. ....
7. Temperatura poniżej zera. ....

8. Opad atmosferyczny, który pokrywa trawę po mroźnej nocy. ....
9. Opad atmosferyczny, który widać letnim rankiem na trawie. ....
10. Rozjaśnia na moment niebo w czasie burzy. ....

Die Steigerung der Adjektive

Nicht alle Adjektive können gesteigert werden. Die Steigerung ist nur dann möglich, wenn es sich um eine Eigenschaft handelt, die in mehr oder weniger starkem Maße auftreten kann, also z. B. Größe, Temperatur, Intensität, Härte usw.

Im **Komparativ** erhalten die Adjektive die Endung -szy oder -ejszy:

cichy – cich**szy**	leise, still
zimny – zimni**ejszy**	kalt

Manchmal wird der Stamm des Adjektivs verkürzt:

szeroki – sz**erszy**	weit, breit

Unregelmäßige Formen bilden u. a.:

dobry – lepszy	gut
zły – gorszy	schlecht, böse
lekki – lżejszy	leicht
duży – większy	groß
mały – mniejszy	klein

Einige Adjektive bilden die Steigerungsformen mithilfe des Adverbs bardziej.

interesujący – **bardziej** interesujący	interessant
deszczowy – **bardziej** deszczowy	verregnet

Im **Superlativ** wird dem Adjektiv im Komparativ die Vorsilbe naj- vorangestellt:
zimny – zimniejszy – najzimniejszy

Falls der Komparativ mithilfe des Adverbs bardziej gebildet wird, steht naj- vor dem Adverb:
interesujący – bardziej interesujący – **naj**bardziej interesujący

11 Tragen Sie die fehlenden Formen ein.
Proszę wpisać brakujące formy.

dobry	lepszy	....
zły	....	najgorszy
długi	....	najdłuższy
wesoły	weselszy	....
zimny	....	najzimniejszy

ciepły	cieplejszy	....
drogi	droższy	....
tani	....	najtańszy
krótki	....	najkrótszy
miły	milszy	....
silny	....	najsilniejszy
słaby	słabszy	....
ładny	....	najładniejszy
duży	....	największy
mały	....	najmniejszy
chłodny	chłodniejszy	....
gorący	gorętszy	....
przyjemny	....	przyjemniejszy
lekki	....	najlżejszy
smaczny	smaczniejszy	....

12 Sind diese Adjektive steigerbar? Wenn ja, ergänzen Sie den Komparativ.
Czy te przymiotniki można stopniować? Jeżeli tak, proszę dopisać stopień wyższy.

1. dobry	....	11. niski	....
2. wysoki	....	12. kwadratowy	....
3. polski	....	13. ostatni	....
4. interesujący	....	14. szybki	....
5. chłodny	....	15. duży	....
6. deszczowy	....	16. mały	....
7. słodki	....	17. smutny	....
8. słony	....	18. wesoły	....
9. ciepły	....	19. srebrny	....
10. zimny	....	20. metalowy	....

13+ Wie lauten diese Sprichwörter?
Jak brzmią te przysłowia?

1. Baba z wozu,	a. ten lepszy.
2. Pod latarnią jest	b. najlepszym kucharzem.
3. Kto pierwszy,	c. koniom lżej.
4. Bliższa ciału koszula	d. ale w domu najlepiej.
5. Głód jest	e. niż sukmana.
6. Im dalej w las,	f. zawsze najciemniej.
7. Wszędzie dobrze,	g. tym więcej drzew.

14 Welches Wort passt in welchen Satz?
Które słowo pasuje do którego zdania?

większa • ładniejsza • więcej • dłużej • ładniej • lepiej • chłodniejsza • lepszym • dłuższe • najcieplejszy • chłodniej • cieplej

1. Latem dni są .... niż noce.
2. Dzisiaj spadło dużo śniegu, ale wczoraj spadło ....
3. Łazienka jest duża, ale kuchnia jest jeszcze ....
4. W maju wieczorem długo jest jasno, ale w czerwcu jeszcze .... świeci słońce.
5. Dzień jest chłodny, ale noc ma być jeszcze ....
6. W parku jest chłodno. Na boisku jest ....
7. W tej restauracji można zjeść .... niż w tamtej.
8. Mirek jest .... sportowcem niż Piotr.
9. Wczoraj było ładnie, dzisiaj jest jeszcze ....
10. Wczoraj pogoda była .... niż dzisiaj.
11. W lipcu jest zwykle .... niż w maju.
12. 35 °C! Dzisiaj jest .... dzień tego tygodnia.

15 Welche Beschreibung passt zu welchem Begriff?
Który opis pasuje do którego pojęcia?

1. burza
2. upał
3. mgła
4. błyskawica
5. ochłodzenie
6. śnieg
7. ulewa
8. chmura
9. mróz
10. deszcz
11. ocieplenie
12. tęcza

a. Pada z niej deszcz.
b. Temperatura powietrza rośnie, robi się cieplej.
c. Silny deszcz połączony z błyskawicami i piorunami.
d. Widzimy ją na niebie, gdy podczas deszczu świeci słońce.
e. Cieplej niż ciepło.
f. Opad atmosferyczny, zwykle w zimie.
g. Temperatura poniżej zera.
h. Widzimy ją na niebie podczas burzy.
i. Bardzo silny deszcz.
j. Temperatura powietrza obniża się, robi się chłodniej.
k. Wtedy cały świat jest biały i widzimy tylko czubek własnego nosa.
l. Woda, która leci z chmur na ziemię.

16+ Wählen Sie das richtige Wort.
Proszę wybrać właściwe słowo.

1. Lekki, drobny deszczyk to ....
   a. barszczyk   b. kapuśniaczek   c. żurek
2. Duża sterta śniegu to ....
   a. zaspa   b. ospa   c. wyspa

3. Kropelki wody, które widać rano na trawie, to ....
   a. rosa b. szron c. mgła
4. Okres letnich upałów to ....
   a. babie lato b. kanikuła c. przedwiośnie
5. Długi okres bez opadów to ....
   a. susza b. burza c. powódź
6. Bardzo silny wiatr to ....
   a. chuligan b. hulajnoga c. huragan
7. Kolorowy łuk na niebie, gdy pada deszcz i świeci słońce to ....
   a. tęcza b. grad c. błyskawica
8. Jest bardzo głośny i towarzyszy burzy.
   a. upał b. grzmot c. śnieg

Relativsätze

Der relative Nebensatz wird mit dem Hauptsatz durch ein Relativpronomen który, która, które, którzy, które verbunden. Dieses Pronomen wird adjektivisch dekliniert.

Hier einige Beispiele:

Wczoraj spadł śnieg, **który** stopniał dzisiaj rano. (männl., Nom.)	Gestern fiel Schnee, der heute früh geschmolzen ist.
Wiosna, na **którą** czekaliśmy, jest zimna. (weibl., Akk.)	Der Frühling, auf den wir gewartet haben, ist kalt.
Wreszcie świeci słońce, **którego** tak nam brakowało. (sächl., Gen.)	Endlich scheint die Sonne, die uns so gefehlt hat.

17 Ergänzen Sie die Tabellen auf der Grundlage der Sätze.
Proszę uzupełnić tabele na podstawie zdań.

A.

N.	który	....	....
G.	którego	której	którego
D.	....	której	....
A.	............../.............	....	które
I.	którym	....	którym
L.	....	której	....

1. Czy to jest ten klucz, który zgubił Marek?
2. Gdzie jest to radio, które mam naprawić?
3. Gdzie jest ten chłopiec, któremu trzeba pomóc?

4. Kim jest ta pani, która tam stoi?
5. To moja koleżanka, z którą pracuję od kilku lat.
6. Czy pójdziesz na spotkanie, o którym ci mówiłem?
7. To mój znajomy, którego powinniście poznać.
8. To moja kuzynka Beata, którą często odwiedzam.
9. Dziecko, któremu lekarz zrobił zastrzyk, czuje się lepiej.
10. To mój znajomy, o którym ci opowiadałem.

B.

N.	....	....
G.	których	....
D.	którym	którym
A.	....	które
I.	którymi	....
L.	....	których

1. Tu są rękawiczki, których szukasz.
2. Tam mieszkają moi znajomi, o których ci mówiłam.
3. To są koledzy, którzy nam pomogą.
4. Gdzie są okulary, które tu leżały?
5. To są dzieci, z którymi często bawi się Asia.
6. Kiedy przyjdą goście, których zaprosiłaś na kolację?

18 Wählen Sie das passende Relativpronomen.
Proszę wybrać odpowiedni zaimek względny.

1. To są moi znajomi, ... poznałem na urlopie.
   a. któremu b. których c. którzy
2. Panuje gęsta mgła, ... utrudnia widzenie.
   a. która b. który c. które
3. Wczoraj spadł ulewny deszcz, ... wyrządził duże szkody.
   a. którego b. który c. którym
4. To mój notes, bez .... nie mogę się obejść.
   a. której b. których c. którego
5. Dziewczyna, z .... Marcin był w kinie, to jego siostra.
   a. którą b. której c. która
6. Czy wysłałeś list, ... ci dałam?
   a. którego b. któremu c. który
7. Jakie było to spotkanie, na .... wczoraj byłaś?
   a. którą b. które c. którym
8. Przyszła do mnie koleżanka, ... obiecałam pomóc.
   a. któremu b. którą c. której
9. Miasto, w .... mieszkamy, jest bardzo stare.
   a. którym b. który c. której

10. Czy możesz mi dać adres dentysty, do .... chodzisz?
    a. który b. którego c. którym
11. Nie wiem, w .... szufladzie są koperty.
    a. którym b. która c. której
12. Śnieg, ... spadł w nocy, stopniał w południe.
    a. który b. którego c. które

19 Verbinden Sie die Satzteile.
Proszę połączyć części zdań.

1. Zza chmur wyszło słońce,	a. do którego pojedziemy jutro.
2. To mój brat Norbert,	b. którym zwykle jeżdżę do pracy.
3. Tam jest muzeum,	c. któremu musisz oddać dyskietkę?
4. Gdzie jest ten kolega,	d. który jest elektronikiem.
5. Wreszcie nastało lato,	e. na które tak czekały dzieci.
6. Tutaj zatrzymuje się autobus,	f. o którym tyle słyszeliśmy!
7. Wreszcie zobaczymy Kraków,	g. które rozświetliło okolicę.

20 Verbinden Sie die Satzteile.
Proszę połączyć części zdań.

1. Wczoraj była burza,	a. na którą czekamy?
2. Słońce przesłoniła chmura,	b. której nikt nie lubi.
3. Kiedy wreszcie przyjdzie wiosna,	c. która zniszczyła wiele plonów.
4. Mieliśmy ostrą zimę,	d. która jest jakby przedłużeniem lata.
5. W czerwcu i lipcu panowała susza,	e. która skończyła się dopiero w kwietniu.
6. W listopadzie zwykle jest plucha,	f. z której spadł deszcz.
7. Nastała złota polska jesień,	g. która trwała ponad godzinę.

21 Verbinden Sie die Satzteile.
Proszę połączyć części zdań.

1. Na niebie widać chmury,	a. którym opowiem bajkę.
2. W sierpniu mieliśmy upały,	b. o których marzę od dawna.
3. W lipcu mieliśmy piękne dni,	c. z którymi pojadę nad morze.
4. Eliza i Ania to moje przyjaciółki,	d. które zwiastują piękną pogodę.
5. Mam dwoje dzieci,	e. które przesłoniły słońce.
6. Na niebie świecą gwiazdy,	f. które przekraczały 40 °C.
7. To są wakacje,	g. które spędzaliśmy nad jeziorem.

22 Ergänzen Sie das fehlende Relativpronomen.
Proszę wpisać brakujący zaimek względny.

1. Niż, ... nadchodzi znad Atlantyku, przyniesie deszcze i ochłodzenie.
2. Śnieg, ... spadł wczoraj, już stopniał.
3. Burza, ... wczoraj przeszła nad miastem, wyrządziła wiele strat.
4. To są chmury, z .... niebawem zacznie padać deszcz.
5. Deszcz, na .... tak czekali rolnicy, wreszcie zaczął padać.
6. Wrzesień to miesiąc, w .... kończy się lato.
7. Znaleźliśmy w lesie dużo grzybów, ... wyrosły dzięki ciepłym dniom i deszczowym nocom.
8. Przez cztery dni padał śnieg, ... zasypał wiele dróg.
9. Po deszczowym dniu nastała mroźna noc, ... spowodowała gołoledź na ulicach.
10. Piękna pogoda, dzięki .... w sadach dojrzały owoce, niedługo się skończy.

23+ Verbinden Sie die Satzpaare wie im Beispiel.
Proszę połączyć zdania, jak pokazano na przykładzie.

0. Wczoraj wiał silny **wiatr**. **Jego** prędkość przekraczała 100 km/h.
   Wczoraj wiał silny **wiatr**, **którego** prędkość przekraczała 100 km/h.
1. Podczas urlopu mieliśmy kilka deszczowych **dni**. W czasie **tych dni** zwiedziliśmy trzy muzea.
   ....
2. Drogi spowija gęsta **mgła**. Uniemożliwia **ona** prowadzenie samochodu.
   ....
3. Wreszcie pada **deszcz**. **Na ten deszcz** wszyscy czekali.
   ....
4. Od tygodnia panują **upały**. Trudno **je** wytrzymać.
   ....
5. Wczoraj spadł **śnieg**. Dzieci bardzo się **z niego** cieszą.
   ....
6. Jest straszna **ulewa**. Żaden parasol nas **od niej** nie uchroni.
   ....
7. We wtorek napłynie do nas **niż**. Przyniesie **on** ochłodzenie.
   ....
8. Kiedy wreszcie nadejdzie **lato**? Synoptycy zapowiadają **je** od tygodnia.
   ....
9. Pada deszcz i wieje silny **wiatr**. Wyrywa **on** ludziom z rąk parasole.
   ....

24 Ergänzen Sie die Sätze mit den vorgegebenen Wörtern in der richtigen Form.
Proszę uzupełnić zdania podanymi słowami w odpowiedniej formie.

parasol • lawina • pogoda • tęcza • chmura • dzień • piorun • upał • zawieja • wichura

1. W telewizji podają właśnie prognozę .... na jutro.
2. Latem .... są dłuższe niż noce.
3. Pada śnieg i wieje silny wiatr. Jest ....
4. Musisz wziąć ...., bo pada deszcz.
5. Panuje straszny ...., więc pojadę na basen.
6. Z gór zeszła ...., która zasypała kilka domów.
7. Kiedy jednocześnie pada deszcz i świeci słońce, na niebie ukazuje się ....
8. Gwałtowna .... uszkodziła dach i wyrwała kilka drzew.
9. W czasie burzy .... uderzył w drzewo przed naszym domem.
10. Z dużej .... mały deszcz.

25 Ergänzen Sie die Texte mit den vorgegebenen Wörtern.
Proszę uzupełnić teksty podanymi słowami.

A. słoneczne • najcieplejszym • krótkie • wakacji • deszczowe • świeci • kwietnia • deszcz • lato • drzewa • ptaki • dłuższe

Wiosna nadchodzi zwykle na przełomie marca i .... (1). Dni są coraz .... (2), a słońce .... (3) intensywniej niż zimą. Często jednak pada .... (4). Z południa przylatują .... (5), kwitną pierwsze kwiaty i .... (6). W czerwcu zaczyna się .... (7). Czasem bywa ono gorące i .... (8), kiedy indziej chłodne i .... (9).
Dni są długie, a noce .... (10). Lipiec jest zwykle .... (11) miesiącem. Jest to pora .... (12) i urlopów.

B. owoce • wrześniu • lato • złota • żółte • barwę • wiatry • słoneczna • kwiaty • gruszki • rzadziej • deszcz

We .... (1) nastaje jesień. Na początku często bywa ona .... (2). Ten okres to „babie .... (3)" lub „..................... (4) polska jesień". Kwitną jeszcze różne .... (5), w sadach dojrzewają jabłka, ... (6) i inne .... (7). Liście drzew stają się .... (8), czerwone lub brązowe.
Kiedy stracą zieloną .... (9), opadają z drzew. W listopadzie już prawie wszystkie drzewa nie mają liści. Słońce świeci coraz .... (10), jest zimno, wieją .... (11) i często pada .... (12).

26 Lesen Sie den Text und beantworten Sie die Fragen.
Proszę przeczytać Text i odpowiedzieć na pytania.

Ostatnia zima była bardzo dziwna. Już w pierwszych dniach grudnia chwycił mróz, ale nie było śniegu. Spadł on wprawdzie krótko przed Bożym Narodzeniem, ale szybko stopniał i święta nie były białe.
W Nowy Rok mieliśmy lekki mróz, po południu znów spadło trochę śniegu. Przez cztery dni mieliśmy prawdziwą zimę – śnieg, mróz i trochę słońca. Ale potem nastało ocieplenie. Przez trzy tygodnie często padał deszcz i wiał silny wiatr. Pod koniec stycznia znów zaświeciło słońce. Do połowy lutego pogoda była typowo wiosenna, temperatura w ciągu dnia dochodziła nawet do +18 °C! Potem ponownie przyszło ochłodzenie, ale zima wróciła dopiero w marcu. Dwudziestego marca spadł śnieg, który stopniał dopiero w połowie kwietnia.

1. Kiedy spadł pierwszy śnieg?
2. Czy Boże Narodzenie było białe?
3. Jaka pogoda była 1. stycznia?
4. Jak długo panowała w styczniu deszczowa i wietrzna pogoda?
5. Jaka pogoda dominowała w pierwszej połowie lutego?
6. Kiedy wróciła prawdziwa zima?
7. Kiedy stopniał ostatni śnieg?

27+ Wie lauten diese Begriffe?
Jak brzmią te wyrażenia?

1. oberwanie	a. pod psem
2. babie	b. zachmurzenie
3. gwałtowne	c. oblodzenie
4. długotrwałe	d. chmury
5. miejscowe	e. opady
6. ulewny	f. mróz
7. przygruntowe	g. lato
8. siarczysty	h. deszcz
9. częściowe	i. przymrozki
10. pogoda	j. ochłodzenie

Nasi goście

Unsere Gäste

Unpersönliche Ausdrucksformen

trzeba	es ist nötig	nie trzeba	es ist nicht nötig
wolno	es ist erlaubt	nie wolno/ nie można	es ist nicht erlaubt
można	es ist möglich	nie można	es ist nicht möglich
warto	es lohnt sich	nie warto	es lohnt sich nicht
należy	es ist notwendig	nie należy	es ist nicht zulässig

Dialog 1

Stefan: Jutro przyjadą Klaus i Bärbel. Trzeba pojechać po nich na dworzec.

Joanna: Pojedź ty. Mnie nie wolno prowadzić samochodu, dopóki biorę lekarstwa.

Stefan: Dobrze, pojadę po nich. Co jeszcze musimy zrobić?

Joanna: Ja zajmę się domem. To niewiele: tort już jest upieczony, pokój przygotowany … Do jutra wszystko będzie gotowe. Ale trzeba jeszcze zrobić większe zakupy.

Stefan: Może pojedziemy razem do hipermarketu?

Joanna: Wiesz co, to dobre rozwiązanie. Tak będzie najwygodniej.

Dialog 2

Szef: Pani Izo, trzeba zarezerwować hotel dla naszych gości z Wiednia.

Sekretarka: Zaraz się tym zajmę. Jakie pokoje? Na kiedy?

Szef: Tutaj wszystko jest napisane.

Sekretarka: Dziękuję. Czy powinnam też zadzwonić po tłumacza?

Szef: Nie, nie trzeba. Tłumacz już jest powiadomiony. Proszę tylko przygotować dla niego umowę-zlecenie.

Dialog 3

Henryk: Przepraszam, czy tu wolno palić?

Anna: Tak, proszę. Tutaj jest popielniczka.

Henryk: Dziękuję. Pani też zapali?

Anna: Nie, dziękuję. Nie palę.

Dialog 4

Artur: Musimy dzisiaj omówić program dla naszych gości.
Lucyna: Tak, nie można z tym zwlekać. Ale najpierw trzeba zarezerwować hotel.
Artur: Pokoje są już zarezerwowane. Śniadania i kolacje w hotelowej restauracji też.
Lucyna: Świetnie! Wobec tego należy ustalić program. Poza tym trzeba zamówić przewodnika, autokar, obiady …
Artur: Na przewodnika warto wziąć pana Bolka. On bardzo dobrze mówi po niemiecku.
Lucyna: Masz rację. A poza tym to naprawdę doskonały przewodnik. Musimy do niego zadzwonić. Ale jaki program proponujesz?
Artur: Najpierw warto zrobić przejażdżkę po Warszawie, pokazać najciekawsze miejsca …
Lucyna: Dobrze. Wieczorem można iść z gośćmi na balet lub na koncert.
Artur: Raczej nie. Pierwszego wieczoru na pewno będą zmęczeni. Ale w niedzielę można pojechać z nimi do Żelazowej Woli i tam wysłuchać koncertu fortepianowego.
Lucyna: Dobrze, ale chyba warto najpierw zarezerwować bilety. Zajmiesz się tym?
Artur: Chętnie. A ty zadzwoń do pana Bolka i po autokar.

1 Ergänzen Sie die Dialoge.
Proszę uzupełnić dialogi.

A. znajomi • polecam • filharmonii • dużo • lokal • trzeba • dobrej

Ewa: Czy znasz jakiś dobry lokal w centrum?
Witold: Dlaczego pytasz?
Ewa: Przyjadą do mnie .... z Zurychu. Chcę iść z nimi do ...., a potem do jakiejś .... restauracji.
Witold: .... „Adrię". To świetny ...., a przy tym dwa kroki od filharmonii.
Ewa: Czy .... zarezerwować tam stolik?
Witold: Powinnaś. W „Adrii" zwykle jest .... gości.

B. wolno • pan • parkingu • niedroga • pana • restauracja • zjeść • prawo • zaparkować

Turysta: Przepraszam ...., gdzie tu można .... samochód?
Policjant: Tutaj w ogóle nie .... parkować. Niech pan skręci w drugą ulicę na ...., tam jest parking.

Turysta: Dziękuję bardzo. A czy może mi .... powiedzieć, gdzie w pobliżu można .... dobry obiad?
Policjant: Naprzeciwko .... jest duża .... Podobno dobra i ...., ale ja tam jeszcze nie byłem.

C. sobotę • pokój • zwiedzania • warto • Kraków • trzeba • zarezerwować • noce • przyjadą

Filip: Kiedy .... twoi znajomi z Hamburga?
Monika: W ....
Filip: To musimy przygotować .... i pomyśleć, co im pokazać.
Monika: Tak, ... mieć jakiś program. Pokażemy im Stare Miasto, Łazienki, Wilanów. Poza tym .... ich zabrać do Muzeum Narodowego.
Filip: I co jeszcze?
Monika: Thomas i Julia chcieliby zobaczyć .... i Wieliczkę.
Filip: Wobec tego należy .... hotel w Krakowie.
Monika: Już załatwione. Na trzy .... W Krakowie jest tak dużo do ....!

2 Verändern Sie die Sätze wie im Beispiel.
Proszę przekształcić zdania według wzoru.

0. **Musimy** zarezerwować pokój. ⇨ **Trzeba** zarezerwować pokój.
1. Musimy kupić bilety na koncert.
   ....
2. Muszę zrobić zakupy.
   ....
3. Musimy koniecznie zwiedzić zamek.
   ....
4. Musimy zarezerwować stolik w restauracji.
   ....
5. Muszę wszystko przygotować.
   ....
6. Muszę upiec tort.
   ....
7. Musimy pojechać do centrum.
   ....
8. Musimy przygotować program konferencji.
   ....
9. Muszę odebrać gości z lotniska.
   ....
10. Musimy zaprosić Monikę i Roberta.
   ....

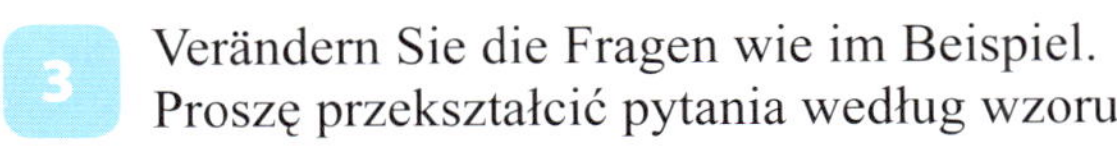

3 Verändern Sie die Fragen wie im Beispiel.
Proszę przekształcić pytania według wzoru.

0. Czy **mogę** zapalić? Czy **można** zapalić?
1. Czy mogę otworzyć okno? ....
2. Czy mogę prosić o pomoc? ....
3. Czy mogę prosić o informację? ....
4. Czy mogę skorzystać z telefonu? ....
5. Czy mogę wziąć na chwilę ten słownik? ....
6. Czy mogę prosić o rachunek? ....
7. Czy mogę panią prosić do tańca? ....
8. Czy mogę wejść? ....
9. Czy mogę zapłacić kartą? ....
10. Czy mogę coś dodać? ....

4 Finden Sie Sätze mit gleicher Bedeutung.
Proszę znaleźć zdania o tym samym znaczeniu.

1. Prosimy o ciszę.
2. Zakaz parkowania
3. Kąpiel wzbroniona
4. Nie deptać trawników!
5. To świetny film!
6. Palenie wzbronione
7. Zakaz gry w piłkę
8. Plac zabaw
9. Uwaga! Zwierzęta!
10. Nie karmić zwierząt!
11. Samoobsługa
12. Parking

a. Tutaj nie wolno palić.
b. Tutaj nie wolno parkować.
c. Tutaj można się bawić.
d. Nie wolno karmić zwierząt.
e. Tutaj wolno parkować.
f. Tu należy samemu się obsłużyć.
g. Tutaj trzeba uważać na zwierzęta.
h. Tutaj należy być cicho.
i. Tutaj nie wolno się kąpać.
j. Ten film warto obejrzeć.
k. Tutaj nie wolno grać w piłkę.
l. Nie wolno wchodzić na trawnik.

5 Ergänzen Sie die Sätze mit den vorgegebenen Wörtern. Achtung: Manchmal gibt es mehrere korrekte Lösungen!
Proszę uzupełnić zdania podanymi słowami. Uwaga: Czasem jest kilka poprawnych możliwości.

można • trzeba • warto • należy • wolno

1. To jest ciekawy film. .... go zobaczyć.
2. Czy tutaj .... zarezerwować pokój?
3. Jutro są imieniny Ani. .... upiec tort.
4. Czy pan wie, gdzie .... zjeść dobry obiad?
5. Przepraszam, czy tutaj .... palić?
6. Blankiet .... wypełnić czytelnie.

7. Co .... zwiedzić w Berlinie?
8. Tutaj nie .... hałasować.
9. Na skrzyżowaniu .... bardzo uważać.
10. Nie .... jechać za granicę bez dokumentów.
11. Tam nie ma nic ciekawego. Nie .... tam iść.
12. Czy mogę pani pomóc? – Dziękuję, nie ....

6 Übersetzen Sie ins Deutsche.
Proszę przetłumaczyć na niemiecki.

1. Trzeba jeszcze kupić owoce.
   ....
2. Czy tu można palić?
   ....
3. Tutaj nie wolno parkować.
   ....
4. Nie należy przechodzić przez jezdnię przy czerwonym świetle.
   ....
5. Warto iść do muzeum.
   ....
6. Czy naprawdę nie można nic więcej zrobić?
   ....
7. Nie wolno panu prowadzić samochodu.
   ....
8. Trzeba najpierw myśleć, potem działać!
   ....
9. W tym miejscu nie wolno łowić ryb.
   ....
10. Trzeba iść z psem do weterynarza.
   ....

7+ Übersetzen Sie ins Polnische. Verwenden Sie die unpersönlichen Ausdrucksformen.
Proszę przetłumaczyć na polski, używając form bezosobowych.

1. Wir müssen Anna anrufen.
   ....
2. Wo darf ich rauchen?
   ....
3. Hier ist das Rauchen verboten.
   ....
4. Es lohnt sich, ins Theater zu gehen.
   ....

5. Man sollte beim Einparken aufpassen.
....
6. Wir sollten den Gästen das Schloss zeigen.
....
7. Es ist nicht nötig, in die Bibliothek zu fahren.
....
8. Hier ist keine Hilfe möglich.
....
9. An dieser Stelle ist das Baden verboten.
....
10. Wir müssen das Auto in die Werkstatt bringen.
....

8 Feiertage in Polen: Wie heißen sie auf Polnisch?
Święta w Polsce: Jak nazywają się po polsku?

1. Neujahr
2. Ostern
3. Tag der Arbeit
4. Tag der Verfassung
5. Fronleichnam
6. Maria Himmelfahrt
7. Allerheiligen
8. Tag der Unabhängigkeit
9. Weihnachten

a. Boże Ciało
b. Boże Narodzenie
c. Wniebowzięcie Najświętszej Maryi Panny
d. Nowy Rok
e. Wielkanoc
f. Dzień Niepodległości
g. Wszystkich Świętych
h. Święto Pracy
i. Święto Konstytucji Trzeciego Maja

9 Welche Feiertage sind hier gemeint? Ergänzen Sie.
Jakie to święta? Proszę uzupełnić.

1. Na .... ubieramy choinkę, pod którą kładziemy prezenty.
2. Na .... przygotowujemy malowane jajka: kraszanki (barwione na jeden kolor) i pisanki (wielokolorowe).
3. W dniu .... idziemy na cmentarz i zapalamy znicze na grobach.
4. .... witamy na balu sylwestrowym, na koncercie albo na prywatce.
5. .... jest świętem katolickim. W Polsce odbywają się procesje z udziałem wiernych.
6. Wraz z zakończeniem pierwszej wojny światowej Polska odzyskała niepodległość. Jedenastego listopada cały kraj obchodzi ....
7. W roku 1791 Sejm Czteroletni uchwalił Konstytucję Trzeciego Maja. W rocznicę tego dnia w Polsce obchodzi się ....

10 Was ist typisch für diese Feiertage? Ordnen Sie zu.
Co jest typowe dla tych świąt? Proszę dopasować.

Wielkanoc	choinka • procesja • cmentarz • pisanki • kolędy
Boże Ciało	Święty Mikołaj • święconka • mazurek • prezenty • babka drożdżowa • baranek
Wszystkich Świętych	znicze • Śmigus Dyngus • Wigilia
Boże Narodzenie	kraszanki • Droga Krzyżowa • pasterka • szopka

11 Ergänzen Sie die Texte mit den vorgegebenen Wörtern.
Proszę uzupełnić teksty podanymi słowami.

A. Tygodnia • wodą • wyłożonego • marca • wzajemnie • jajkiem • baranka • Sobotę • kościołach • drożdżową • rodzina • wielkanocny

Pod koniec .... (1) lub w kwietniu obchodzimy Wielkanoc. Tydzień przed Wielkanocą nosi nazwę Wielkiego .... (2). Od Wielkiego Piątku wierni w katolickich .... (3) odwiedzają symboliczny grób Jezusa Chrystusa. W Wielką .... (4) przygotowuje się Święconkę: do koszyczka przybranego zielonymi gałązkami i .... (5) białą serwetką wkłada się barwione jajka, chleb, kiełbasę i babkę .... (6). Nie może też zabraknąć wielkanocnego .... (7) z cukru lub z czekolady. Tak przygotowany koszyczek zanosi się do kościoła, gdzie ksiądz skrapia go .... (8) święconą. W niedzielę wielkanocną cała .... (9) zasiada wspólnie do śniadania. Wszyscy dzielą się .... (10) i składają sobie wzajemnie życzenia wszystkiego najlepszego. W poniedziałek .... (11) w Polsce ludzie oblewają się .... (12) wodą. Ten zwyczaj to Śmigus Dyngus.

B. Mikołaj • dwunastu • pierwsza • owoców • kolorowych • bezmięsne • prezenty • dobrobyt • choinki • gwiazda • grudnia • opłatkiem • obrusem

Na Boże Narodzenie nie powinno zabraknąć .... (1). Jest to zwykle jodła albo świerk. Choinkę ubiera się zazwyczaj dopiero dwudziestego czwartego .... (2). Ten dzień to Wigilia. Polskie choinki są zwykle bogato przystrojone, nie brakuje na nich .... (3) bombek, papierowych łańcuchów, lamety, cukierków i lampek. Na czubku choinki znajduje się szpic albo .... (4). Gdy na niebie pojawi się .... (5) gwiazdka, wszyscy zasiadają do stołu nakrytego białym .... (6), pod który należy uprzednio położyć trochę siana. Wszystkie potrawy spożywane podczas wigilijnej wieczerzy powinny być postne czyli .... (7). Tradycyjna wieczerza wigilijna składa się z .... (8) potraw. Należą do nich na przykład barszcz z uszkami, karp, kompot z suszonych .... (9). Koniecznie należy podać także coś z makiem, gdyż mak symbolizuje .... (10). Zanim jednak wszyscy zaczną jeść, dzielą się .... (11) i składają sobie życzenia. Po wieczerzy można rozpakować .... (12). Małe dzieci wierzą, że przynosi je święty .... (13).

Das Partizip der Vergangenheit

Das Partizip der Vergangenheit (Partizip II) hat in der polnischen Sprache die Form eines Adjektivs. Hier einige Beispiele aus den Übungen:

Verb	Partizip	Beispiel	Bedeutung
suszyć	suszony	suszone śliwki	getrocknete Pflaumen
upiec	upieczony	upieczony tort	gebackene Torte
malować	malowany	malowane jajka	gefärbte Eier
święcić	święcony	święcona woda	Weihwasser
nakryć	nakryty	nakryty stół	gedeckter Tisch

12 Bilden Sie das Partizip der Vergangenheit, wie im Beispiel gezeigt.
Proszę utworzyć imiesłów przymiotnikowy bierny według wzoru.

A. zrobić – zrobiony, zrobiona, zrobione
załatwić – ....
kupić – ....
wypełnić – ....
zabronić – ....
zamówić – ....
zgubić – ....
zapłacić – ....
znaleźć – ....

B. przeczytać – przeczytany, przeczytana, przeczytane
napisać – ....
kochać – ....
zwiedzać – ....
zakazać – ....
fotografować – ....
opowiadać – ....
wygrać – ....
sprzedać – ....
ugotować – ....
zaparkować – ....
schować – ....

C. umyć – umyty, umyta, umyte
wypić – ....
popsuć – ....
odkryć – ....
przeżyć – ....
uszyć – ....

13 Von welchen Verben stammen diese Partizipien? Ordnen Sie zu.
Od jakich czasowników pochodzą te imiesłowy? Proszę dopasować.

1. zjedzony	a. zaprosić
2. zaproszony	b. naprawić
3. zapakowany	c. uprać
4. zajęty	d. zepsuć
5. sprzątnięty	e. zjeść
6. naprawiony	f. zapakować
7. zepsuty	g. wyleczyć
8. wzięty	h. zająć
9. wyleczony	i. napisać
10. wypity	j. sprzątnąć
11. napisany	k. wypić
12. uprany	l. wziąć

14 Ergänzen Sie die Sätze mit den vorgegebenen Partizipien.
Proszę uzupełnić zdania podanymi imiesłowami.

zamówione • udekorowanej • namalowany • suszonych • zamknięta • wybudowany • zastawionym • przygotowane • zdany • smażonego • zaproszeni • zarezerwowany • mrożoną • zarezerwowane • zaproszonych • haftowany • upieczony • bitą

1. .... goście siedzieli przy suto .... stole.
2. Kelner zaraz przyniesie .... potrawy.
3. Czy już wszystko jest .... na przyjazd austriackiej delegacji?
4. Przykro mi, ale ten stolik jest ....
5. Jutro zwiedzimy zamek, który został .... w czternastym wieku.
6. Obraz „Bitwa pod Grunwaldem" został .... przez Jana Matejkę.
7. Musimy uczcić .... egzamin.
8. Restauracja jest dzisiaj .... z przyczyn technicznych.
9. Goście weszli do pięknie .... sali.
10. Na wigilijnym stole nie może zabraknąć .... karpia i kompotu z .... owoców.
11. Ciotka Matylda podarowała nam .... obrus.
12. Pokoje dla naszych gości są już ....
13. Woli pan kawę .... czy lody z .... śmietaną?
14. Serdecznie witamy .... gości!
15. Tort weselny .... został przez najlepszego cukiernika w mieście.

15+ Von welchen Infinitiven stammen diese Partizipien? Fügen Sie jedem Partizip ein passendes Substantiv aus der Liste hinzu.
Od jakich bezokoliczników utworzono te imiesłowy? Proszę do każdego imiesowu dopisać odpowiedni rzeczownik z listy.

pulower • aktorka • obiad • tort • mleko • pies • obiekt • dziewczynki • koszula • dom • tekst • adwokat • matka • miejsce • portret

Partizip	Infinitiv	Substantiv
1. wzięty	....	....
2. upieczony	....	....
3. zmarznięte	....	....
4. zmęczona	....	....
5. zajęte	....	....
6. zjedzony	....	....
7. przeczytany	....	....
8. wypite	....	....
9. sfotografowany	....	....
10. namalowany	....	....
11. zaszczepiony	....	....
12. zbudowany	....	....
13. uprasowana	....	....
14. uprany	....	....
15. znana	....	....

16 Welche Familien- und privaten Feste sind das? Ordnen Sie zu.
Święta prywatne i rodzinne. Proszę dopasować.

1. imieniny
2. urodziny
3. chrzciny
4. wesele
5. Pierwsza Komunia Święta
6. srebrne wesele
7. złote gody
8. Dzień Matki
9. Dzień Ojca
10. Dzień Babci
11. Dzień Dziadka
12. Dzień Dziecka
13. Mikołajki
14. Walentynki
15. Andrzejki

a. Hochzeit
b. Muttertag
c. Goldene Hochzeit
d. Taufe
e. Kindertag
f. Namenstag
g. Andreasfest
h. Geburtstag
i. Erste Kommunion
j. Großvatertag
k. Nikolaus
l. Vatertag
ł. Valentinstag
m. Silberhochzeit
n. Großmuttertag

17+ Ergänzen Sie den Text mit den Namen der Feste aus der Übung 16.
Proszę uzupełnić tekst nazwami świąt z ćwiczenia 16.

Każde imię ma swojego patrona i w dniu poświęconym temu patronomi osoba, która nosi jego imię, obchodzi .... (1). Anna świętuje 26. lipca, Barbara 4. grudnia, Michał 29. września, Piotr 29. czerwca ... Solenizant zaprasza gości, którzy przynoszą mu kwiaty i prezenty. O wiele mniejsze znaczenie mają w Polsce .... (2). Zwykle obchodzi się ten dzień, który jest rocznicą narodzin, w gronie rodzinnym. Gdy dwoje ludzi zawiera związek małżeński, wyprawia zwykle .... (3). W Polsce jest to zazwyczaj wielka impreza, na którą zaprasza się mnóstwo gości.
Kiedy urodzi się dziecko, otrzymuje ono imię. Przyjęcie dziecka do wspólnoty chrześcijańskiej to chrzest, a zorganizowane z tej okazji przyjęcie to .... (4). Pochodzące z rodzin katolickich dzieci w wieku około ośmiu lat czeka .... (5). Odbywa się ona w jedną z majowych niedziel. Po dwudziestu pięciu latach małżeństwa mąż i żona obchodzą .... (6), a po półwieczu wspólnego pożycia – .... (7). Rodzina ma w Polsce duże znaczenie, toteż świętuje się tutaj nie tylko .... (8) *(zawsze 26. maja)*, lecz także .... (9) *(23. czerwca)*, poza tym w styczniu .... (10) i .... (11). Pierwszego czerwca jest .... (12).
Innym ważnym dla dzieci dniem jest 6. grudnia, ... (13): W nocy Mikołaj kładzie pod poduszkę drobne upominki. W dniu imienin Andrzeja *(30. listopada)* wiele dziewcząt spotyka się wieczorem, by za pomocą wróżb zobaczyć swoją przyszłość. Ten stary ludowy obyczaj to .... (14). Pod koniec dwudziestego wieku w Polsce rozpowszechnił się nowy zwyczaj: .... (15). Obchodzi się to święto 14. lutego, w dniu imienin Walentego, patrona zakochanych.

18+ Richtig oder falsch?
Prawda czy nieprawda?

		prawda	nieprawda
1.	Wieczór wróżb dla dziewcząt to Walentynki.	☐	☐
2.	Dwudziesta piąta rocznica zawarcia małżeństwa to srebrne wesele.	☐	☐
3.	Pierwsza Komunia jest uroczystością katolicką.	☐	☐
4.	W Polsce każdy hucznie obchodzi urodziny.	☐	☐
5.	Wesele to uroczyste nadanie imienia dziecku.	☐	☐
6.	26. maja w Polsce obchodzi się Dzień Matki.	☐	☐
7.	Imieniny Andrzeja przypadają 30. listopada.	☐	☐
8.	Chrzciny to pięćdziesiąta rocznica zawarcia małżeństwa.	☐	☐
9.	Osoba obchodząca imieniny to solenizant.	☐	☐
10.	Dzień Ojca obchodzony jest 1. czerwca.	☐	☐
11.	Złote gody są dniem zakochanych.	☐	☐

12. Szóstego grudnia rano dzieci znajdują pod choinką drobne prezenty. ☐ ☐
13. Andrzejki to stary ludowy zwyczaj. ☐ ☐
14. W styczniu w Polsce obchodzi się Dzień Babci. ☐ ☐
15. Dzień Dziadka obchodzi się w lipcu. ☐ ☐

19 Was passt zusammen? Verbinden Sie.
Które pojęcia pasują do siebie? Proszę połączyć.

1. Wigilia	a. procesja
2. Walentynki	b. Boże Narodzenie
3. Wielkanoc	c. wróżby
4. Nowy Rok	d. cmentarz
5. Boże Ciało	e. zakochani
6. ślub	f. Śmigus Dyngus
7. Wszystkich Świętych	g. przyjęcie do wspólnoty chrześcijańskiej
8. Dzień Matki	h. maj
9. Andrzejki	i. wesele
10. chrzest	j. Sylwester

Verpflichtung und Notwendigkeit

Mit dem Wort powinien und dem Infinitiv des jeweiligen Verbs drückt man eine Notwendigkeit oder Verpflichtung aus. Je nach Person nimmt powinien verschiedene Formen an. Vergleichen Sie:

ja ♂	Powinienem zarezerwować stolik.
ja ♀	Powinnam zrobić zakupy.
ty ♂	Powinieneś zaprosić Martę.
ty ♀	Powinnaś wysłać zaproszenia.
on	Powinien kupić kwiaty.
ona	Powinna nakryć do stołu.
ono	Powinno złożyć mamie życzenia.
my ♂♂	Powinniśmy kupić choinkę.
my ♀♀	Powinnyśmy udekorować pokój.
wy ♂♂	Powinniście zapakować prezenty.
wy ♀♀	Powinnyście upiec makowiec i sernik.
oni	Powinni pomalować jajka.
one	Powinny pojechać na cmentarz.

20 Übersetzen Sie die Sätze aus der Übersicht ins Deutsche.
Proszę przetłumaczyć powyższe zdania na niemiecki.

21 Ergänzen Sie die Sätze mit den Wörtern *powinnam – powinienem – powinnyśmy – powinniśmy.*
Proszę uzupełnić zdania słowami *powinnam – powinienem – powinnyśmy – powinniśmy.*

	Kto mówi?	**Co mówi?**	
0.	Anna:	Powinnam	zarezerwować noclegi.
1.	Marek:	....	zaparkować przed domem.
2.	Ewa i Dorota:	....	zatelefonować do Teresy.
3.	Julia i Marcin:	....	wysłać zaproszenia na wesele.
4.	Helena:	....	iść do fryzjera.
5.	Renata i Agnieszka:	....	przygotować zimny bufet.
6.	Andrzej:	....	kupić napoje.
7.	Wojtek:	....	odebrać gości z lotniska.
8.	Marlena i Tadeusz:	....	być punktualni.
9.	Ewa i Sylwia:	....	przygotować program na jutro.
10.	Jacek i Beata:	....	kupić prezent dla Janusza.
11.	Marcin:	....	zaprosić Izę do restauracji.
12.	Roman i Paweł:	....	zamówić autokar.
13.	Katarzyna:	....	iść do domu.
14.	Adam i Lucyna:	....	zaprosić Monikę.
15.	Iwona i Daniela:	....	podarować Basi mikser.

22 Ergänzen Sie die Sätze mit den Wörtern *powinna – powinien – powinny – powinni.*
Proszę uzupełnić zdania słowami *powinna – powinien – powinny – powinni.*

1. Magda chce kupić sobie kostium na ślub siostry. .... pojechać do domu mody.
2. Waldemar spieszy się na wesele. .... zadzwonić po taksówkę.
3. Klara i Anna chcą kupić prezent dla ojca. .... pojechać do centrum handlowego.
4. Tomasz i Tadeusz przygotowują konferencję. .... zarezerwować salę.
5. Henryk chce odwiedzić brata za granicą. .... wziąć urlop.
6. Dzieci chcą iść do kina. Ale najpierw .... odrobić lekcje.
7. Justyna i Wanda przygotowują wieczorek taneczny. .... udekorować salę.
8. Bogdan i Aldona chcą zawrzeć związek małżeński. .... ustalić termin.
9. Mira chce kupić kwiaty dla babci. .... iść do kwiaciarni.
10. Jurek chce zaprosić Martynę do teatru. .... do niej zadzwonić.
11. Wolfgang i Franziska jadą do Krakowa. .... zwiedzić zamek królewski na Wawelu.
12. Claudia jedzie do Gdańska. .... wysłuchać koncertu organowego w katedrze w Oliwie.

23 Finden Sie passende Ratschläge.
Proszę znaleźć stosowne rady.

1. Marku, musisz wysłać paczkę?
2. Chłopcy, lecicie do Kanady?
3. Aniu, pada deszcz.
4. Jacku, już późno.
5. Ewo, Danusiu, macie klasówkę?
6. Tomku, chcesz prowadzić samochód?
7. Haniu, Marysiu, macie kłopoty?
8. Karolu, musisz jutro wstać o czwartej?
9. Izo, Leszku, jedziecie w góry?
10. Iwonko, jesteś głodna?

a. Powinnaś wziąć parasol.
b. Nie powinieneś pić wina.
c. Powinieneś iść do łóżka.
d. Powinieneś iść na pocztę.
e. Powinniście się ciepło ubrać.
f. Powinnaś coś zjeść.
g. Powinniście wziąć paszporty.
h. Powinieneś nastawić budzik.
i. Powinnyście poprosić o pomoc.
j. Powinnyście powtórzyć materiał.

24 Formulieren Sie Ratschläge mit den vorgegebenen Vokabeln und dem Wort *„powinien"* in der passenden Form.
Proszę sformułować rady z podanymi wyrażeniami oraz słowem *„powinien"* w odpowiedniej formie.

1. Jedziemy na Mazury. *(zabrać namioty)*
....
2. Monika zaprosiła mnie na imieniny. *(kupić jej prezent)*
....
3. Zaprosiliśmy gości. *(przygotować dobrą kolację)*
....
4. Andrzej idzie w odwiedziny do Danieli. *(kupić kwiaty)*
....
5. Nie możemy się spóźnić na wesele Eweliny i Wojtka. *(pojechać taksówką)*
....
6. Niedługo Boże Narodzenie. *(wy, ♂♂, kupić choinkę)*
....
7. Przyjedzie do nas ciocia Teresa. *(my, ♂♂, przygotować pokój gościnny)*
....
8. Sylwia i Michał wyprawiają wesele. *(wysłać zaproszenia)*
....

25 Ergänzen Sie den Text mit den vorgegebenen Wörtern.
Proszę uzupełnić tekst podanymi słowami.

sanatorium • kaplice • Wieliczki • rynku • otoczona • kilkaset • zbudowany • siedzibę • stolicą • soli • ludzi • obejrzeć • głosi • warte • wyrzeźbiony • wycieczkę • znajduje się • Wawelskim • których • warto

Za trzy dni jedziemy na .... (1) do Krakowa i Wieliczki. Kraków był wcześniej .... (2) Polski. Można tam obejrzeć dawną .... (3) polskich królów – zamek na Wawelu, ... (4) w stylu renesansowym.

W zamku należy koniecznie .... (5) kolekcję arrasów. .... (6) także zwiedzić Kaplicę Zygmuntowską, która znajduje się również na Wzgórzu .... (7). Chcemy też zobaczyć Smoczą Jamę u podnóża Wawelu. Legenda .... (8), że mieszkał tam smok, który pożerał zwierzęta i .... (9). Na pewno pójdziemy też do Kościoła Mariackiego, który .... (10) na rynku. Można w nim zobaczyć ołtarz .... (11) przez Wita Stwosza, słynnego rzeźbiarza z Norymbergi.
Pośrodku .... (12) zobaczymy Sukiennice. Są to hale targowe. Przy rynku jest wiele kawiarenek, w .... (13) można napić się kawy, wina lub soku, zjeść lody albo ciastko.
Starówka krakowska .... (14) jest Barbakanem. Tak nazywają się dawne mury obronne. Po zwiedzeniu Krakowa wybierzemy się do .... (15), gdzie można zobaczyć nastarszą w Polsce kopalnię .... (16). Obecnie w kopalni znajduje się .... (17), w którym leczone są alergie i choroby układu oddechowego. .... (18) zobaczenia są także wykute w soli .... (19), które mają już .... (20) lat.

26 Sagen Sie es anders! Finden Sie zu jedem Begriff ein, zwei oder drei andere mit (fast) gleicher Bedeutung.
Proszę to powiedzieć inaczej! Do każdego pojęcia proszę dobrać jedno, dwa lub trzy inne, ale o (prawie) tym samym znaczeniu.

aktualnie • dawniej • doskonale • dostatek • dzwonić • kolekcja • niedrogi • obejrzeć • oprócz tego • podarunek • poinformować • ponadto • również • sławny • śródmieście • świetnie • także • teraz • upominek • wspaniale • wróżba

1. też: a. .... b. ....
2. słynny: a. ....
3. zobaczyć: a. ....
4. powiadomić: a. ....
5. bardzo dobrze: a. .... b. .... c. ....
6. prezent: a. .... b. ....
7. tani: a. ....
8. centrum: a. ....
9. telefonować: a. ....
10. wcześniej: a. ....
11. zbiór: a. ....
12. poza tym: a. .... b. ....
13. obecnie: a. .... b. ....
14. dobrobyt: a. ....
15. przepowiednia: a. ....

Lösungsschlüssel

Modul 1

1. A. Dobry – pana – zarezerwowany – imię – numer – klucz
B. dobry – jest – nazwisko – Doktor – Proszę
C. Cześć – moja – jest – żona – wieczór – mi
D. Ewa – siostra – moja – Cześć – Jestem – Miło

2. A. **1.** f **2.** e **3.** i **4.** a **5.** h **6.** c **7.** b **8.** d **9.** g
B. **1.** d **2.** j **3.** a **4.** c **5.** i **6.** b **7.** f **8.** h **9.** e **10.** g

3. **1.** Das ist meine E-Mail-Adresse. **2.** Habt ihr ein Auto? **3.** Das Zimmer Nummer acht ist frei. **4.** Julia ist beschäftigt. **5.** Ich habe keine Zeit. **6.** Meine Schwester heißt (mit Vornamen) Dorota. **7.** Meine Kollegin hat ein Problem. **8.** Hast du meine Adresse? **9.** Agata und Magda sind krank. **10.** Das Auto ist in der Garage.

4. **1.** Anna ma urlop w maju. **2.** To jest mój kolega, Jacek Grochalski. **3.** Sekretarka jest na urlopie. **4.** Mam problem. **5.** Mój brat ma na imię Daniel. **6.** Przepraszam, jak się pan (pani) nazywa? **7.** Gdzie są dzieci? **8.** Profesor Tomkowiak ma konferencję.

5. A. Jestem – jest
B. jest – jest – są – jesteś – jestem – jest
C. Jesteśmy – jest – jestem – są – jesteście

6. A. masz – mam – Mam
B. ma – mam – ma – mamy – mam – ma
C. macie – mam – mam – mamy

7. **m:** automat – autobus – antybiotyk – astronom – ananas – bank – banan – cukier – dom – dach – dyrektor – dramat – deser – fizyk – film – gulasz – hotel – instytut – jogurt – kontroler – kilometr – literat – lew – litr – minister – numer – optyk – pan – program – problem – pingwin – rum – sport – system – samochód – termin – teatr – telewizor – telefon – temat – uniwersytet – wagon – wariant
f: autorka – apteka – biblioteka – cytryna – cukinia – dama – drogeria – ekonomia – fabryka – fizyka – firma – geografia – gimnastyka – historia – higiena – herbata – kawa – karta – konferencja – lektura – lekcja – lawenda – moda – mama – operacja – pantera – pasta – recepta – recepcja – recepcjonistka – studentka – sałata – telewizja – ulica – waga – zupa
n: akwarium – biuro – dziecko – dyktando – imię – kakao – kino – mleko – metro – mango – piwo – radio – wino

8. A. **S:** autobusy – banki – automaty – asystentki – banany – dzieci – domy – hotele – komputery – krawaty – kostiumy – liczby – muzea – panie – studentki – uniwersytety – wagony
P: bankierzy – chirurdzy – dentyści – dyrektorzy – koledzy – panowie – profesorowie – poeci – studenci
B. **S:** alle Substantive

9. **1.** Oni **2.** Ona **3.** Ona **4.** On **5.** One **6.** Ono **7.** On **8.** Ono **9.** One **10.** Oni **11.** On

10. mały – mała – małe • dobry – dobra – dobre • stary – stara – stare • krótki – krótka – krótkie • długi – długa – długie • polski – polska – polskie • niemiecki – niemiecka – niemieckie • francuski – francuska – francuskie • kolorowy – kolorowa – kolorowe • intensywny – intensywna – intensywne • czerwony – czerwona – czerwone

11. **1.** dobry **2.** interesująca **3.** japoński **4.** Nowa **5.** Francuska **6.** małe **7.** słoneczny **8.** intensywny **9.** luksusowy **10.** komórkowy **11.** polska **12.** trudne

12. **1.** d **2.** c **3.** g **4.** e **5.** a **6.** b **7.** f

13. zagraniczni – zagraniczne • smutni – smutne • ciekawi – ciekawe • prawdziwi – prawdziwe • zdolni – zdolne • znani – znane • zdrowi – zdrowe • surowi – surowe • inteligentni – inteligentne • sprawiedliwi – sprawiedliwe • spokojni – spokojne • zdenerwowani – zdenerwowane • silni – silne • romantyczni – romantyczne • chorzy – chore • niemieccy – niemieckie • amerykańscy – amerykańskie • holenderscy – holenderskie • japońscy – japońskie •

14. **1.** a: źli – b: złe – c: zły – d: zła **2.** a: miły – b: mili – c: miłe – d: miła **3.** a: wesołe – b: wesołe – c: weseli – d: wesoła **4.** a: dorosły – b: dorośli – c: dorosłe – d: dorosła **5.** a: wspaniały – b. wspaniała – c: wspaniałe – d: wspaniali **6.** a: szczupła – b: szczupłe – c: szczupli – d: szczupłe **7.** a: blady – b: blade – c: bladzi – d: blada **8.** a: chude – b: chudzi – c: chudy – d: chuda **9.** a: pracowite – b: pracowity – c: pracowita – d: pracowici **10.** a: głupi – b: głupia – c: głupi – d: głupie

15. **1.** mój **2.** twoja **3.** jej **4.** jego **5.** nasze **6.** moje **7.** jego **8.** ich **9.** wasz **10.** ich **11.** wasza **12.** jej **13.** nasz **14.** ich **15.** twoi **16.** jego **17.** jego **18.** ich **19.** jego **20.** jej **21.** mój **22.** jej **23.** nasza

16. A. moja – moja – mój – mój – moja – Mój – jego – ich
B. Moja – Moje – moi – mój/nasz
C. mój – Nasza – nasz – nasi – nasze – Jej

17. mąż – żona • teść – teściowa • syn- córka • zięć – synowa • brat – siostra • kuzyn – kuzynka • wnuk – wnuczka • prawnuk – prawnuczka • dziadek – babcia • pradziadek – prababcia • wujek – ciocia • siostrzeniec – siostrzenica • bratanek – bratanica • szwagier – szwagierka • szwagier – bratowa

18. **1.** Tadeusz **2.** Urszula **3.** Agata **4.** Monika oder Agata **5.** Andrzej **6.** Ewelina **7.** Robert **8.** Gabriel **9.** Matylda oder Gabriel **10.** Piotr **11.** Monika **12.** Bartosz

19. **1.** mój dziadek **2.** moja bratowa **3.** moja ciocia **4.** moja wnuczka **5.** mój teść **6.** moja ciocia **7.** moja prababcia **8.** moja bratanica **9.** mój siostrzeniec **10.** mój wnuk **11.** moja teściowa **12.** mój szwagier **13.** mój kuzyn **14.** moja szwagierka **15.** mój zięć

20. bliźniak – bliźniaczka • kolega – koleżanka • pan – pani • brat – siostra • żona – mąż

21. A. **1.** Jarek jest inżynierem. **2.** Karol jest literatem. **3.** Stefan jest aktorem. **4.** Ireneusz jest lekarzem. **5.** Marian jest tłumaczem. **6.** Artur jest dziennikarzem. **7.** Leszek jest fotografem. **8.** Roman jest nauczycielem. **9.** Tomasz jest filozofem. **10.** Damian jest kelnerem.
B. **1.** Feliks jest mechanikiem. **2.** Adam jest politykiem. **3.** Marek jest muzykiem. **4.** Ludwik jest chirurgiem. **5.** Emil jest kardiologiem. **6.** Andrzej jest neurologiem. **7.** Paweł jest biologiem. **8.** Ryszard jest chemikiem. **9.** Bruno jest prawnikiem. **10.** Janusz jest śpiewakiem.
C. **1.** Tadeusz jest geodetą. **2.** Norbert jest fizjoterapeutą. **3.** Bartosz jest pianistą. **4.** Józef jest okulistą. **5.** Mirek jest farmaceutą. **6.** Kamil jest artystą. **7.** Zbyszek jest sędzią. **8.** Marcin jest pediatrą. **9.** Dominik jest gimnazjalistą. **10.** Witold jest homeopatą. **11.** Jerzy jest dyplomatą. **12.** Andrzej jest psychiatrą.
D. **1.** Zofia jest pielęgniarką. **2.** Agnieszka jest lekarką. **3.** Justyna jest dziennikarką. **4.** Alina jest kucharką. **5.** Lucyna jest fryzjerką. **6.** Daria jest aktorką. **7.** Ewelina jest sekretarką. **8.** Renata jest dentystką. **9.** Maria jest policjantką. **10.** Patrycja jest kosmetyczką. **11.** Monika jest recepcjonistką. **12.** Aneta jest pisarką.
E. **1.** Oliwia jest prokuratorem. **2.** Iza jest weterynarzem. **3.** Karolina jest psychologiem. **4.** Gabriela jest inżynierem. **5.** Julia jest astronomem. **6.** Halina jest dyrygentem. **7.** Katarzyna jest zegarmistrzem. **8.** Dorota jest burmistrzem. **9.** Magda jest mechanikiem. **10.** Krystyna jest fizykiem.

22. Im Instrumental Singular haben sowohl männliche als auch sächliche Adjektive und Possessivpronomina sowie Numerale die Endung -ym oder -im.
Weibliche Adjektive, Possessivpronomina und Numerale bekommen im Instrumental Singular stets die Endung -ą.

23. **2.** e **3.** i **4.** ł **5.** c **6.** h **7.** j **8.** a **9.** m **10.** l **11.** n **12.** r **13.** p **14.** d **15.** f **16.** b **17.** s **18.** k **19.** t **20.** o

24. **1.** młodym chirurgiem **2.** naszą nową koleżanką **3.** polską poetką **4.** doświadczonym prawnikiem **5.** renesansowym poetą **6.** reżyserem filmowym **7.** rosyjskim kompozytorem **8.** znanym reżyserem **9.** austriackim dyrygentem **10.** pierwszym polskim królem **11.** niemieckim bakteriologiem **12.** moim starszym bratem **13.** moją przyjaciółką **14.** dobrą nauczycielką **15.** twoją nową szefową **16.** polską uczoną **17.** genialnym artystą **18.** amerykańskim wynalazcą **19.** londyńskim detektywem **20.** norweskim literatem

25. **1.** Tadeusz **2.** elektronikiem **3.** centrum **4.** żona **5.** szpitalu – chirurgicznym **6.** Warszawie **7.** nowym – parterze **8.** Lenarczykowie – dzieci

26. **1.** Nazywam **2.** aptece **3.** mąż **4.** kontrabasie **5.** Mieszkamy **6.** dwoje **7.** Nasza **8.** studentką **9.** Krakowie **10.** syn **11.** handlowej **12.** ekonomistą

27. Nazywam się Ewa Godlewska. Jestem bibliotekarką. Jestem zamężna i mam córkę i syna. Mój mąż ma na imię Jacek. On jest policjantem. Mieszkamy w Warszawie na Starym Mieście. Nasza córka ma na imię Wanda. Ona jest jeszcze mała i chodzi do przedszkola. Nasz syn ma na imię Eryk. Jest uczniem. Eryk chce być kierowcą Formuły 1.
Nazywam się Wanda Godlewska. Jestem jeszcze mała i chodzę do przedszkola. Mam brata. Mój brat ma na imię Eryk. On jest uczniem. Eryk chce być kierowcą Formuły 1. Moja mama ma na imię Ewa. Ona jest bibliotekarką. Mój tato ma na imię Jacek. On jest policjantem. Mieszkamy w Warszawie na Starym Mieście.
Nazywam się Jacek Godlewski. Jestem policjantem. Jestem żonaty i mam córkę i syna. Moja żona ma na imię Ewa. On jest bibliotekarką. Mieszkamy w Warszawie na Starym Mieście. Nasza córka ma na imię Wanda. Ona jest jeszcze mała i chodzi do przedszkola. Nasz syn ma na imię Eryk. Jest uczniem. Eryk chce być kierowcą Formuły 1.
Nazywam się Eryk Godlewski. Jestem uczniem. Chcę być kierowcą Formuły 1. Mój tato ma na imię Jacek. On jest policjantem. Moja mama ma na imię Ewa. Ona jest bibliotekarką. Moja siostra ma na imię Wanda. Ona

jest jeszcze mała i chodzi do przedszkola. Mieszkamy w Warszawie na Starym Mieście.

28. **2.** na dachu **3.** w Hamburgu **4.** w Płocku **5.** w Szanghaju **6.** w Nowym Jorku **7.** w luksusowym hotelu **8.** na miękkim fotelu **10.** w głębokim stawie **12.** w Pekinie **13.** w Lublinie **14.** na tapczanie **15.** w Sztokholmie **16.** na basenie **18.** w Charkowie **19.** w Kijowie **21.** w Wyszogrodzie **22.** w samochodzie **24.** na uniwersytecie **25.** w samolocie **27.** w Moskwie **28.** w Jokohamie **29.** na Kubie **30.** w Barcelonie **32.** na nowej sukience **33.** na poduszce **34.** na zielonej łące **35.** na poczcie **37.** w Sali konferencyjnej **38.** na pływalni **39.** w dużej kuchni **40.** w dobrej restauracji **42.** w Kilonii **43.** w Hiszpanii **44.** w Japonii **45.** w Dolnej Saksonii **47.** na nowym lotnisku **48.** w Opolu **49.** w śródmieściu **50.** w Morzu Czarnym **52.** w Bernie **53.** w Mrągowie **54.** na drzewie **55.** w kinie **57.** w Oslo

29. **1.** i **2.** e **3.** a **4.** f **5.** l **6.** h **7.** b **8.** m **9.** k **10.** g **11.** j **12.** ł **13.** c **14.** d

30. **1.** c **2.** b **3.** a **4.** b **5.** c **6.** c **7.** a **8.** c **9.** b

31. **1.** bratowa **2.** taksówka **3.** bigos **4.** ma **5.** nowy

32. **1.** Tomasz nie jest elektronikiem. **2.** Sabina nie jest studentką. **3.** Urszula nie mieszka w Augsburgu. **4.** Ten film nie jest interesujący. **5.** Anna nie pracuje w muzeum. **6.** Beata nie chce studiować w Krakowie. **7.** Mój syn nie chce być lekarzem. **8.** Nie jestem zmęczony. **9.** Julia nie jest siostrą Laury. **10.** Dorota Malinowska nie jest zamężna.

33. **1.** d **2.** c **3.** e **4.** g **5.** i **6.** a **7.** j **8.** b **9.** h **10.** f

34. **1.** Czyja **2.** Czy **3.** Gdzie **4.** Jak **5.** Co **6.** Ile **7.** Czyj **8.** Dlaczego **9.** Czyje **10.** Czyja

35. **1.** b **2.** a **3.** c **4.** a **5.** c **6.** a **7.** b **8.** b **9.** c **10.** b **11.** c **12.** d

Modul 2

1. A. panią – małą – szarlotkę – lubię – cytrynowy – bardzo
B. zupę – Pomidorowa – lubię – Kotlet – sałata – mielone
C. Słucham – makaronem – bezalkoholowego – wodę – gazu – deser
D. zupę – lubię – paluszki – ryby – masz – czekoladowe
E. zjeść – jajecznicę – boczkiem – szczypiorku – bez

2. **lody:** truskawkowe – czekoladowe **kotlet:** schabowy – mielony – wieprzowy **herbata:** zielona – z cytryną – z mlekiem **zupa:** pomidorowa – szczawiowa – jarzynowa – pieczarkowa – kalafiorowa **kompot:** wiśniowy – agrestowy – ananasowy **tort:** orzechowy – czekoladowy – cytrynowy **jajecznica:** z szynką – ze szczypiorkiem – z boczkiem **kawa:** zbożowa – ze śmietanką – z cukrem – mrożona – po turecku **wino:** deserowe – białe – wytrawne – czerwone – musujące **ser:** chudy – biały – tłusty – szwajcarski

3. **Poproszę:** zupę pomidorową – zupę ogórkową
Nie ma: zupy pomidorowej – zupy grzybowej
Czy jest: gulasz węgierski? – biały chleb?
Poproszę: kotlet mielony – biały chleb
Nie ma: kotleta mielonego – gulaszu węgierskiego
Czy jest: czerwone wino? – jasne piwo?
Poproszę: białe wino – jasne piwo
Nie ma: białego wina – czerwonego wina
Czy są: lody waniliowe? – lody czekoladowe?
Poproszę: lody truskawkowe – lody czekoladowe
Nie ma: lodów truskawkowych – lodów waniliowych
Gdzie jest: Michał Markowski? – Janusz Barski?
Znam: Piotra Wolskiego – Janusza Barskiego
Nie znam: Piotra Wolskiego – Michała Markowskiego

4. **Poproszę:** **1.** wodę mineralną **2.** tort czekoladowy **3.** lody waniliowe **4.** kawę zbożową **5.** płatki kukurydziane **6.** wino deserowe **7.** kompot truskawkowy **8.** czeskie piwo **9.** francuski szampan **10.** biały ser **11.** leniwe pierogi **12.** świeże mleko

5. A. **2.** likieru **3.** tortu **4.** kremu **5.** dżemu
B. **2.** kurczaka **3.** arbuza **4.** indyka **5.** sera
C. **2.** groszku **3.** cukru **4.** pumpernikla **5.** ogórka
D. **2.** piwa **3.** wina **4.** masła **5.** mięsa
E. **2.** czekolady **3.** kiełbasy **4.** margaryny **5.** herbaty
F. **2.** szynki **3.** cebuli **4.** fasoli **5.** marchewki
G. **2.** orzechów **3.** owoców **4.** lodów **5.** bananów
H. **2.** wiśni **3.** wafli **4.** moreli **5.** czereśni
I. **2.** porzeczek **3.** jajek **4.** sardyek **5.** czekoladek
J. **2.** cytryn **3.** ryb **4.** jeżyn **5.** jarzyn

6. **1.** a **2.** b **3.** c **4.** b **5.** a **6.** b **7.** a **8.** b **9.** b **10.** c **11.** b **12.** a

7. **1.** k **2.** j **3.** e **4.** a **5.** l **6.** d **7.** g **8.** b **9.** h **10.** f **11.** i **12.** c

8. A. **1.** b **2.** d **3.** c **4.** e **5.** a
B. **1.** c **2.** d **3.** e **4.** a **5.** b
C. **1.** e **2.** a **3.** d **4.** c **5.** b
D. **1.** d **2.** a **3.** e **4.** c **5.** b

9. **j:** groszek – bigos – lody – ryba – gruszka – zupa – orzech – sałata – jajko – indyk – banan – barszcz – szynka – sernik – pierogi –

ciasto – jajecznica – truskawki – deser – masło – makaron – frytki – ananas – tort – smalec – ryż – kapusta – czekolada – mięso
p: barszcz – wino – woda – herbata – kakao – kawa – lemoniada – piwo – mleko – czekolada – sok
x: filiżanka – puszka – koszyczek – talerz – hotel – samolot – benzyna – apetyt – kelner – celnik – kieliszek – widelec

10. A. **1.** paryska **2.** gryczana **3.** mleczna **4.** wędzona **5.** kiszona **6.** kuchenna **7.** lodowa **8.** włoska
B. **1.** chrupki **2.** topiony **3.** laskowy **4.** ćwikłowy **5.** wiedeński **6.** konserwowy **7.** laurowy **8.** wołowy
C. **1.** sadzone **2.** śmietankowe **3.** mielone **4.** pełnotłuste **5.** tortowe **6.** kukurydziane **7.** wołowe **8.** angielskie

11. A. **1.** deser **2.** lody **3.** zakąskę **4.** szparagi
B. **1.** ciasta **2.** ptysie **3.** pierniki **4.** makowce **5.** sok pomidorowy

12. A. **1.** Czy chcesz zupę szparagową? Nie chcę zupy szparagowej. Wolę barszcz. **2.** Czy chcesz gulasz wieprzowy? Nie chcę gulaszu wieprzowego. Wolę naleśniki z serem. **3.** Czy chcesz dżem truskawkowy? Nie chcę dżemu truskawkowego. Wolę miód. **4.** Czy chcesz herbatę? Nie chcę herbaty. Wolę kawę. **5.** Czy chcesz ser topiony? Nie chcę sera topionego. Wolę jajko na miękko. **6.** Czy chcesz lody waniliowe? Nie chcę lodów waniliowych. Wolę budyń czekoladowy. **7.** Czy chcesz kaczkę pieczoną? Nie chcę kaczki pieczonej. Wolę rybę smażoną. **8.** Czy chcesz ser szwajcarski? Nie chcę sera szwajcarskiego. Wolę szynkę.
B. **1.** Czy lubisz brokuły? Nie lubię brokułów. Wezmę marchewkę z groszkiem. **2.** Czy lubisz rybę z wody? Nie lubię ryby z wody. Wezmę kotlet schabowy. **3.** Czy lubisz truskawki? Nie lubię truskawek. Wezmę brzoskwinie. **4.** Czy lubisz szarlotkę? Nie lubię szarlotki. Wezmę sernik. **5.** Czy lubisz pierogi z grzybami? Nie lubię pierogów z grzybami. Wezmę pierogi z mięsem. **6.** Czy lubisz kawę mrożoną? Nie lubię kawy mrożonej. Wezmę lody z owocami. **7.** Czy lubisz piwo? Nie lubię piwa. Wezmę sok pomidorowy. **8.** Czy lubisz zapiekankę jarzynową? Nie lubię zapiekanki jarzynowej. Wezmę kurczaka.

13. **1.** pije **2.** jem **3.** jedzą **4.** pijecie **5.** piję **6.** jemy **7.** pijemy **8.** pijesz **9.** piją **10.** jedzą piją **11.** jecie **12.** pije **13.** pijecie **14.** jemy **15.** piją **16.** piję **17.** jedzą **18.** pije **19.** piją jedzą **20.** jesz **21.** piję

14. **1.** d **2.** i **3.** h **4.** f **5.** o **6.** a **7.** m **8.** c **9.** g **10.** ł **11.** e **12.** n **13.** b **14.** k **15.** j **16.** l

15. **1.** Pani Magdalena. **2.** Włoszczyzna, zielony groszek, kalarepa, marchew, kalafior, brokuły, mięso wołowe z kością. **3.** Gulasz z makaronem. **4.** Na zupę pani Magdalena kupuje mięso wołowe z kością, a na gulasz wołowinę i wieprzowinę. **5.** Lody z truskawkami i bitą śmietaną. **6.** W cukierni. **7.** Mąż pani Magdaleny.

16. A. **1.** bigos **2.** desery **3.** pieczywo **4.** wędlina **5.** słodycze **6.** przyprawy **7.** mrożonki **8.** kolacja **9.** śniadanie **10.** frytki
B. **1.** szybkowar **2.** solniczka **3.** kompotierka **4.** cukiernica **5.** patelnia **6.** talerz głęboki **7.** kieliszek **8.** waza **9.** sztućce **10.** talerz płytki

17. **1.** 47 **2.** 28 **3.** 54 **4.** 11 **5.** 85 **6.** 100 **7.** 8 **8.** 36 **9.** 23 **10.** 71 **11.** 16 **12.** 98

18. **1.** > **2.** > **3.** < **4.** > **5.** < **6.** > **7.** < **8.** > **9.** > **10.** < **11.** < **12.** <

19. **1.** dwadzieścia osiem **2.** czterdzieści trzy **3.** siedemnaście **4.** zero **5.** jedenaście **6.** trzydzieści cztery **7.** dwadzieścia dziewięć **8.** siedemnaście **9.** dziewięćdziesiąt dwa **10.** osiemnaście

20. **1.** czterdzieści sześć **2.** pięćdziesiąt siedem **3.** pięćdziesiąt jeden **4.** sto **5.** dziewięćdziesiąt osiem **6.** pięćdziesiąt sześć **7.** siedemdziesiąt osiem **8.** dziewięćdziesiąt pięć **9.** dwadzieścia osiem **10.** siedemdziesiąt osiem **11.** siedemnaście **12.** siedemdziesiąt trzy **13.** dwadzieścia sześć **14.** pięć **15.** dwanaście **16.** sześćdziesiąt pięć **17.** pięćdziesiąt cztery **18.** dwadzieścia sześć **19.** pięćdziesiąt jeden **20.** jeden

21. **1.** sześć dziewięćdziesiąt **2.** sześć sześćdziesiąt **3.** pięć dziewięćdziesiąt **4.** sześć osiemdziesiąt **5.** siedem siedemdziesiąt **6.** sześć dwadzieścia **7.** sześć sześćdziesiąt **8.** siedem pięćdziesiąt **9.** sześć dziewięćdziesiąt **10.** sześć sześćdziesiąt **11.** sześć dziesięć **12.** pięć czterdzieści

22. **posiłki:** jajecznica – kieliszek **napoje gorące:** lemoniada – woda mneralna **naczynia stołowe:** widelec – patelnia **przyprawy:** mleko – barszcz **zupy:** makaron – szpinak **dania mięsne:** surówka z kapusty – pierogi z serem **owoce:** cebula – cukinia **jarzyny:** kluski – pomarańcze **wędliny:** ser topiony – musztarda **sztućce:** czosnek – pieczarki **ryby:** pasztet – smalec **pieczywo:** ryż – masło **ciasta i ciastka:** kawa zbożowa – zapiekanka **drób:** cukierniczka – kotlet

23. A. d – g – b – e – a – h – f – c
B. h – e – f – a – b –j – d – k – c – i – g

24. **1.** f **2.** c **3.** i **4.** k **5.** a **6.** g **7.** l **8.** t **9.** m **10.** h **11.** p **12.** o **13.** b **14.** n **15.** s **16.** e **17.** ł **18.** d **19.** j **20.** r

25. A. d – a – e – b – g – c – f – h
B. e – c – d – g – a – b – h – f

Modul 3

1. A. robisz – Powtarzam – mam – boję się – jest – rozumiesz – mogę
B. zajęta – gotuję – robisz – ziemniaki – kotlety – jest – lubię
C. robicie – Macie – wiem – planuje – urządzamy – dzwonię – Przyjdziemy – dziękuję – przyjdziemy
D. jesteś – kończę – idę – czasu – zaczyna się – bilety – musimy – gotowa
E. Cieszę się – pójdziemy – spieszę się – idziesz – jutro – mam – chodzę

2. A. **Anna:** Ania – Anka – Anusia **Katarzyna:** Kasia **Małgorzata:** Małgosia – Gosia **Barbara:** Basia **Lidia:** Lidka **Joanna:** Joasia – Asia **Elżbieta:** Ela **Maria:** Marysia – Majka **Urszula:** Ula **Alicja:** Ala **Aleksandra:** Ola **Agnieszka:** Aga – Agnisia **Renata:** Renia
B. **Aleksander:** Olek **Tadeusz:** Tadek – Tadzik **Dariusz:** Darek **Maciej:** Maciek **Piotr:** Piotrek **Wojciech:** Wojtek **Zbigniew:** Zbyszek **Jerzy:** Jurek **Jarosław:** Jarek **Jan:** Janek – Jaś – Jasiek **Jakub:** Kuba **Mirosław:** Mirek **Bartosz:** Bartek

3. **czytać:** ty czytasz – on czyta – my czytamy – oni czytają
grać: on gra – wy gracie – oni – grają
znać: ja znam – on zna – wy znacie
pomagać: ja pomagam – ty pomagasz – wy pomagacie
szukać: ty szukasz – my szukamy – oni szukają
powtarzać: ja powtarzam – my powtarzamy – wy powtarzacie

4. **1.** czyta **2.** grają **3.** znacie **4.** powtarzają **5.** gra **6.** pomaga **7.** szuka **8.** czyta/zna/powtarza **9.** znamy **10.** szukam

5. **robić:** ja robię – on robi – oni robią
lubić: on lubi – my lubimy – oni lubią
bawić się: ja bawię się – ty bawisz się – wy bawicie się
mówić: ty mówisz – my mówimy – oni mówią
kupić: ja kupię – on kupi – wy kupicie

6. **1.** lubię **2.** mówi **3.** bawisz się **4.** robi **5.** lubię **6.** mówicie **7.** robisz **8.** kupią **9.** lubią **10.** bawi się

7. **chodzić:** ja chodzę – on chodzi – wy chodzicie – oni chodzą
budzić: ja budzę – ty budzisz – my budzimy – oni budzą
słodzić: ty słodzisz – my słodzimy – wy słodzicie – oni słodzą
nudzić: ja nudzę – on nudzi – my nudzimy – wy nudzicie
radzić: ty radzisz – on radzi – wy radzicie – oni radzą

8. **1.** chodzą **2.** budzi **3.** słodzę **4.** nudzą **5.** radzę **6.** chodzicie **7.** słodzisz **8.** nudzą **9.** radzi **10.** budzę

9. **marzyć:** ty marzysz – on marzy – my marzymy – oni marzą
uczyć się: ja uczę się – on uczy się – wy uczycie się
smażyć: ty smażysz – my smażymy – wy smażycie – oni smażą
tańczyć: ja tańczę – ty tańczysz – wy tańczycie
leczyć: ja leczę – on leczy – my leczymy – oni leczą

10. **1.** leczy **2.** tańczą **3.** smaży **4.** uczymy się **5.** marzę **6.** marzycie **7.** smażysz **8.** leczą **9.** tańczę **10.** uczy się

11. my robimy – on uczy się – ty smażysz – ja budzę się – ty radzisz – oni tańczą– on bawi się – on radzi – wy lubicie – my chodzimy – on marzy – oni czytają – wy uczycie się – wy bawicie się – ja nudzę się – ja gram – wy mówicie – on kupi – my powtarzamy – oni czytają – wy słodzicie – on chodzi – my radzimy – on lubi

12. A. **1.** d **2.** h **3.** e **4.** a **5.** l **6.** g **7.** k **8.** c **9.** f **10.** i **11.** b **12.** j
B. **1.** e **2.** a **3.** k **4.** g **5.** j **6.** l **7.** c **8.** h **9.** b **10.** i **11.** f **12.** d

13. **1.** czyta **2.** szukają **3.** pomagasz **4.** znam **5.** gramy **6.** mówi **7.** robicie **8.** lubi **9.** bawią się **10.** kupię **11.** chodzą **12.** budzi **13.** słodzisz **14.** Radzę **15.** nudzimy się **16.** uczy się **17.** marzymy **18.** smażę **19.** tańczą **20.** leczy **21.** wróży **22.** krąży **23.** liczycie **24.** parzą

14. **1.** c **2.** e **3.** b **4.** i **5.** d **6.** a **7.** j **8.** h **9.** f **10.** g

15. **1.** e **2.** h **3.** a **4.** j **5.** c **6.** f **7.** b **8.** i **9.** d **10.** g

16. **1.** g **2.** d **3.** c **4.** i **5.** a **6.** f **7.** h **8.** b **9.** j **10.** e

17. A. **1.** idziecie – idę – idzie **2.** idziemy **3.** idziesz **4.** idą
B. **1.** chodzą **2.** chodzę **3.** chodzi **4.** chodzisz **5.** chodzimy – chodzicie
C. **1.** jedziemy **2.** jedzie **3.** Jadę **4.** Jedziesz **5.** jedziecie **6.** jadą
D. **1.** jeździsz – jeżdżę **2.** jeździmy – jeździcie **3.** jeździ **4.** jeżdżą

18. A. **1.** jedziecie – jeździmy – jedziemy **2.** jeżdżę – jadę **3.** jedzie **4.** jeździć **5.** jeździsz – jedzie **6.** jadą
B. **1.** chodzę – idę **2.** idziesz – Idę – chodzę **3.** chodzi – iść **4.** chodzi **5.** idzie

19. A. **1.** e **2.** i **3.** a **4.** g **5.** j **6.** k **7.** b **8.** f **9.** d **10.** c **11.** h
B. **1.** h **2.** e **3.** f **4.** a **5.** j **6.** l **7.** g **8.** b **9.** d **10.** k **11.** i **12.** c
C. **1.** f **2.** c **3.** d **4.** j **5.** h **6.** e **7.** b **8.** a **9.** g **10.** i

20. A. **1.** wiesz **2.** wiecie **3.** wie **4.** wiedzą **5.** wiem **6.** Wiemy
B. **1.** jesz **2.** jemy **3.**jedzą **4.** jem **5.** je **6.** jecie

21. **reagować:** ty reagujesz – on reaguje – my reagujemy – oni reagują
telefonować: ja telefonuję – on telefonuje – wy telefonujecie – oni telefonują
pracować: ty pracujesz – my pracujemy – wy pracujecie – oni pracują
studiować: ja studiuję – ty studiujesz – on studiuje – wy studiujecie
malować: ja maluję – ty malujesz – my malujemy – oni malują
fotografować: ja fotografuję – on fotografuje – my fotografujemy – wy fotografujecie

22. **1.** telefonuje **2.** fotografują **3.** studiuje **4.** telefonujemy **5.** pracuje **6.** maluje **7.** reaguje **8.** pracuję **9.** reagujesz **10.** malują **11.** studiuje

23. **1. gotować:** zupę – makaron – obiad – ziemniaki **2. chodzić:** do szkoły – na kurs **3. jeździć:** samochodem – tramwajem – autobusem **4. tańczyć:** tango – walca – z Kasią – na dyskotece **5. telefonować:** do domu, do Natalii **6. obrać:** ziemniaki – cebulę **7. powtarzać:** słowa – fizykę – gramatykę – biologię **8. mieć:** problem – klasówkę – czas – egzamin – brata – samochód **9. smażyć:** rybę – mięso – jajka – kotlet **10. pracować:** w banku – jako taksówkarz – w ogrodzie

24. **1.** Der Vater telefoniert mit dem Opa. **2.** Die Mutter kocht zu Mittag Kartoffeln. **3.** Am Dienstag habe ich eine Prüfung. **4.** Jola macht Krautsalat. **5.** Kasia und Jacek spielen im Garten. **6.** Adam fährt mit dem Auto nach Berlin. **7.** Wir spielen gerne Karten. **8.** Ich muss für morgen ein Referat vorbereiten. **9.** Agata isst kein Fleisch. **10.** Kamil repariert ein Fahrrad. **11.** Iwona geht einkaufen. **12.** Ich muss mit der Katze zum Tierarzt fahren. **13.** Ich habe keine Zeit für einen Spaziergang, weil ich einen Text übersetzen muss. **14.** Ewa schwimmt gern, deshalb geht sie oft in die Schwimmhalle. **15.** Ich habe Lust auf Schokoladeneis.

25. **1.** Telefonuję do banku. **2.** Zupa się gotuje. **3.** W piątek jadę do Frankfurtu. **4.** Anna robi sałatkę owocową. **5.** Moje dzieci grają w piłkę. **6.** Beata i Marek jedzą gulasz. **7.** Czy masz czas? **8.** Peter musi jechać do dentysty. **9.** Monika lubi czytać, więc często chodzi do biblioteki. **10.** Pacjent nie ma apetytu. **11.** W środę zadzwonię/zatelefonuję do Roberta. **12.** Lubimy grać w tenisa.

26. **1.** Niedziela. **2.** Ojciec. **3.** Bo chce grać w nową grę. **4.** Alinka i Beata. **5.** W kuchni. **6.** Obiad. **7.** Pomidorowa. **8.** Kotlety mielone, ziemniaki i zielony groszek, **9.** Alinka. **10.** W swoim pokoju. **11.** Uczy się. **12.** Bo się uczy do egzaminu.

27. **1.** zajęty **2.** pracuje **3.** kurs **4.** wtorek **5.** francuskiego **6.** basen **7.** czwartek **8.** trenuje **9.** robi **10.** karty **11.** powtarza **12.** książkę **13.** telewizję **14.** obiad **15.** gotować

28. **1.** wieczór **2.** kompot **3.** piekarnik **4.** środa **5.** gimnazjum **6.** lodówka **7.** surówka **8.** bezpiecznik **9.** urządzać **10.** śniadanie **11.** praca **12.** bo

29. **1.** na **2.** na **3.** w **4.** na **5.** na, w **6.** z **7.** w **8.** do **9.** z **10.** do **11.** w **12.** do **13.** na **14.** do, na **15.** na

Modul 4

1. A. urlop – Kanary – autokarowa – długo – trzy – Kiedy – wrześniu – miejsca
B. katalogi – oferty – Dokąd – Szwajcarii – droga – Włoszech – Czech – Kiedy – przełomie
C. Dlaczego – jadę – kajakowy – szorty – kąpielowy – sweter – śpiwór – latarkę
D. kurs – Dokąd – cztery – Co – pary – spódnice – bluzek – książki

2. **1.** g **2.** a **3.** j **4.** d **5.** b **6.** h **7.** c **8.** f **9.** e **10.** i

3. **1.** b **2.** e **3.** a **4.** c **5.** j **6.** d **7.** h **8.** g **9.** f **10.** i

4. **N.:** dzień **G.:** tygodnia – dni **D.:** dniowi – tygodniom **A.:** dzień **I.:** tygodniem – dniami **L.:** dniu – tygodniach

5. **1.** dzieci **2.** ryby **3.** grzyby **4.** sukienki **5.** sweterki **6.** bluzki **7.** spódnice **8.** dni **9.** koszule **10.** krawaty **11.** skarpetki **12.** konferencje **13.** oferty **14.** miejsca **15.** tygodnie **16.** katalogi **17.** narty **18.** książki **19.** karty **20.** kotlety

6. **1.** krem **2.** kurs **3.** wycieczka **4.** kostium **5.** golarka **6.** kajak **7.** śpiwór **8.** plecak **9.** walizka **10.** latarka **11.** słownik **12.** namiot **13.** opalacz **14.** umowa **15.** konferencja **16.** miesiąc **17.** osoba **18.** garnitur **19.** szczoteczka **20.** obiad

7. **1.** wrzesień **2.** spływ **3.** Mazury **4.** garnitur **5.** śnieg **6.** na **7.** narty **8.** luty **9.** autokar **10.** kajak **11.** słownik **12.** piżama **13.** krawat **14.** grzyby **15.** umowa **16.** kostium **17.** walizka **18.** mam **19.** rzeka **20.** szorty

8. **1.** Kiedy **2.** Na jak długo **3.** Dlaczego **4.** Dlaczego **5.** Dokąd **6.** Ile **7.** Którą **8.** Co **9.** Kiedy **10.** Który **11.** Ile **12.** Dokąd

9. **1.** b **2.** d **3.** a **4.** b **5.** a **6.** d

10. **1.** kimś **2.** gdzieś **3.** coś **4.** jakiś **5.** Ktoś **6.** kiedyś **7.** jakiś **8.** jakieś **9.** jakiś **10.** jakiejś **11.** coś **12.** jakąś **13.** jakiś **14.** coś

11. **jechać:** jedźcie! **pakować:** pakuj! **zabierać:** zabierajmy! **zabrać:** zabierzmy! – zabierzcie!

zapomnieć: zapomnij! – zapomnijcie! **zobaczyć:** zobacz! – zobaczmy! **pojechać:** pojedźmy! – pojedźcie! **wziąć:** weź! – weźcie! **brać:** bierz! – bierzmy! **jeść:** jedzmy! – jedzcie! **zjeść:** zjedz! – zjedzcie! **pić:** pij! – pijmy! **wypić:** wypijmy! – wypijcie! **spróbować:** spróbuj! – spróbujcie! **powtórzyć:** powtórz! – powtórzmy! **robić:** róbmy! – róbcie!

12. **1.** my **2.** wy **3.** ty **4.** my **5.** wy **6.** ty **7.** wy **8.** ty **9.** wy **10.** my **11.** ty **12.** wy **13.** ty **14.** my **15.** wy **16.** ty

13. **1.** Powtórz! **2.** Idźcie! **3.** Nie jedzcie! **4.** Idźmy! **5.** Ugotujmy! **6.** Zamówcie! **7.** Kupuj! **8.** Nie zapomnijmy! **9.** Studiuj! **10.** Uzupełnijcie!

14. **1.** Napisz **2.** zapomnij **3.** Pojedźmy! **4.** Zjedz **5.** Weź **6.** Obejrzyjmy! **7.** Zarezerwujcie **8.** Porozmawiajcie **9.** Chodźmy **10.** Spędźmy

15. **1.** Ergänzen Sie bitte die Sätze. **2.** Beantworten Sie bitte die Fragen. **3.** Reservieren Sie bitte einen Tisch im Restaurant. **4.** Füllen Sie bitte das Formular aus. **5.** Helfen Sie mir bitte. **6.** Wiederholen Sie bitte. **7.** Schreiben Sie bitte die Telefonnummer (auf). **8.** Öffnen Sie bitte die Bücher. **9.** Bringen Sie bitte die Weinkarte. **10.** Nennen Sie bitte die Konsultationstermine.

16. **2.** Niech pan odpowie na pytania. – Niech państwo odpowiedzą na pytania. – Czy mógłby pan/Czy mogłaby pani/Czy mogliby państwo/Czy mogłyby panie odpowiedzieć na pytania? **3.** Niech pan zarezerwuje stolik w restauracji. – Niech państwo zarezerwują stolik w restauracji. – Czy mógłby pan/Czy mogłaby pani/Czy mogliby państwo/Czy mogłyby panie zarezerwować stolik w restauracji? **4.** Nich pan wypełni formularz. – Niech państwo wypełnią formularz. – Czy mógłby pan/Czy mogłaby pani/Czy mogliby państwo/Czy mogłyby panie wypełnić formularz? **5.** Niech mi pan pomoże. – Niech mi państwo pomogą. – Czy mógłby pan/Czy mogłaby pani/Czy mogliby państwo/Czy mogłyby panie mi pomóc? **6.** Niech pan powtórzy. – Niech państwo powtórzą. – Czy mógłby pan/Czy mogłaby pani/Czy mogliby państwo/Czy mogłyby panie powtórzyć? **7.** Niech pan zapisze numer telefonu. – Niech państwo zapiszą numer telefonu. – Czy mógłby pan/Czy mogłaby pani/Czy mogliby państwo/Czy mogłyby panie zapisać numer telefonu? **8.** Niech pan otworzy książki. – Niech państwo otworzą książki. – Czy mógłby pan/Czy mogłaby pani/Czy mogliby państwo/Czy mogłyby panie otworzyć książki? **9.** Niech pan przyniesie kartę win. – Niech państwo przyniosą kartę win. – Czy mógłby pan/Czy mogłaby pani/Czy mogliby państwo/Czy mogłyby panie przynieść kartę win? **10.** Niech pan poda terminy konsultacji. – Niech państwo podadzą terminy konsultacji. – Czy mógłby pan/Czy mogłaby pani/Czy mogliby państwo/Czy mogłyby panie podać terminy konsultacji?

17. **1.** Proszę nam pomóc. **2.** Proszę pokazać mi ten niebieski sweter. **3.** Proszę przynieść butelkę wody mineralnej. **4.** Proszę wypełnić formularz. **5.** Proszę zapisać adres mailowy. **6.** Proszę powtórzyć. **7.** Proszę wskazać mi drogę do banku. **8.** Proszę zapisać adres instytutu. **9.** Proszę naprawić ten komputer. **10.** Proszę przepisać ten tekst. **11.** Proszę zarezerwować pokój dwuosobowy w jakimś dobrym hotelu w centrum. **12.** Proszę otworzyć walizkę. **13.** Proszę polecić mi dobry hotel. **14.** Proszę chwilę poczekać.

18. **1.** kajak – narty – rower **2.** spódnica – sukienka – garnitur – spodnie – sweter – kostium – bluzka – koszula – płaszcz **3.** golarka – szczoteczka do zębów – szampon **4.** walizka – plecak – torba **5.** luty – wrzesień – listopad – marzec – grudzień – czerwiec **6.** jesień – wiosna – zima – lato **7.** muzeum – zamek – pałac – katedra – skansen **8.** hotel – pensjonat – kemping – kwatera prywatna – gospodarstwo agroturystyczne

19. **1.** d – f **2.** a – h – i **3.** j **4.** b **5.** m **6.** c – k – ł **7.** e – n **8.** g – l

20. **a.** 4 **b.** 5 **c.** 1 **d.** 6 **e.** 9 **f.** 2 **g.** 10 **h.** 12 **i.** 3 **j.** 8 **k.** 13 **l.** 15 **ł.** 11 **m.** 7 **n.** 14

21. **1.** śpiwór – latarka **2.** golarka elektryczna – garnitur **3.** szczoteczka do zębów – dres – wygodne buty – bielizna **4.** wędka – pojemnik na ryby – przynęta **5.** mapa – pompka rowerowa – apteczka turystyczna **6.** plecak – mapa – śpiwór – sweter – spodnie

22. **1.** W dużym hotelu w Gdańsku. **2.** Urlopowicze i biznesmeni. **3.** 92 pokoje i 7 apartamentów. **4.** Przeważnie urlopowicze. **5.** Na początku września. **6.** Do Francji. **7.** Na trzy tygodnie. **8.** Bratem męża Ewy. **9.** Grzegorz. **10.** Tłumaczem francuskiego i niemieckiego. **11.** Francuskiego. **12.** Korespondencyjny.

23. **1.** e **2.** h **3.** a **4.** c **5.** k **6.** j **7.** b **8.** d **9.** g **10.** l **11.** i **12.** f

24. **1.** szefem **2.** stycznia **3.** dni **4.** marcu **5.** Amsterdamie **6.** urlop **7.** brata **8.** czerwcu **9.** lipcu **10.** czas **11.** przełomie **12.** Mazury **13.** chodzić **14.** grzyby **15.** listopadzie **16.** szkolenie **17.** grudniu **18.** miesiąca

25. A. Gdańsk – Danzig • Warszawa – Warschau • Wrocław – Breslau • Kraków – Krakau • Bydgoszcz – Bromberg • Szczecin –

Stettin • Kołobrzeg – Kolberg • Poznań – Posen • Olsztyn – Allenstein
B. Karkonosze – Riesengebirge • Tatry – Tatra • Mazury – Masuren • Wisła – Weichsel • Odra – Oder • Pomorze – Pommern • Warmia – Ermland • Górny Śląsk – Oberschlesien • Nysa – Neiße
C. Wawel – Kraków • Wilanów – Warszawa • Katedra w Oliwie – Gdańsk • Muzeum Powozów – Łańcut • Zamek Książąt Pomorskich – Szczecin • Dom rodzinny Chopina – Żelazowa Wola • Uniwersytet imienia Mikołaja Kopernika – Toruń

26. Polska – Warszawa • Niemcy – Berlin • Austria – Wiedeń • Hiszpania – Madryt • Francja – Paryż • Litwa – Wilno • Belgia – Bruksela • Wielka Brytania – Londyn • Rosja – Moskwa • Bułgaria – Sofia • Cypr – Nikozja • Szwecja – Sztokholm • Dania – Kopenhaga • Ukraina – Kijów • Grecja – Ateny • Włochy – Rzym • Czechy – Praga • Węgry – Budapeszt • Rumunia – Bukareszt

27. **W pociągu:** **4.** P – **8.** R – **11.** R – **16.** R
W samolocie: **1.** R – **3.** P – **7.** P – **10.** P
W biurze podróży: **2.** P – **6.** P – **12.** P – **13.** R – **15.** R
Na lotnisku: **5.** P – **9.** P – **14.** P

28. A. Bałtyk – Ostsee • Morze Północne – Nordsee • Ren – Rhein • Men – Main • Dunaj – Donau • Wezera – Weser • Soława – Saale • Odra – Oder • Łaba – Elbe • Hawela – Havel • Szprewa – Spree
B. Kolonia – Köln • Lipsk – Leipzig • Moguncja – Mainz • Kilonia – Kiel • Poczdam – Potsdam • Drezno – Dresden • Trewir – Trier • Getynga – Göttingen • Ratyzbona – Regensburg • Monachium – München • Norymberga – Nürnberg • Akwizgran – Aachen • Brema – Bremen • Koblencja – Koblenz • Lubeka – Lübeck
C. Frankonia – Franken • Łużyce – Lausitz • Szwajcaria Saksońska – Sächsische Schweiz • Rudawy – Erzgebirge • Bawaria – Bayern • Saksonia – Sachsen • Hesja – Hessen • Brandenburgia – Brandenburg • Turyngia – Thüringen • Nadrenia-Palatynat – Rheinland-Pfalz • Dolna Saksonia – Niedersachsen • Rugia – Rügen • Uznam – Usedom •

29. **1.** spływ **2.** śpiwór **3.** plecaka **4.** sweter **5.** kurtkę **6.** zapomnieć **7.** par **8.** kubka **9.** latarka **10.** zębów **11.** ręczniki

Modul 5

1. A. mieszkania – pomogę – nowe – osiedlu – Duże – pokoje
B. mieszkanie – piątek – podarować – co – żadnego – reprodukcję – pomysł
C. fotele – kupić – kanapa – rację – kanapy – dużo – katalogi – domu – komplet

2. **1.** f **2.** a **3.** d **4.** k **5.** h **6.** l **7.** i **8.** b **9.** c **10.** g **11.** e **12.** j

3. **1.** lodówka **2.** biurko **3.** dywan **4.** taboret **5.** balkon **6.** czy **7.** drzwi **8.** stół **9.** klamka **10.** fotel **11.** metro **12.** konferencja

4. **1.** f **2.** j **3.** g **4.** a **5.** l **6.** c **7.** i **8.** b **9.** k **10.** d **11.** h **12.** e

5. **stać:** ja stoję – ty stoisz – on stoi – my stoimy – wy stoicie – oni stoją **wisieć:** ja wiszę – ty wisisz – on wisi – my wisimy – wy wisicie – oni wiszą **leżeć:** ja leżę – ty leżysz – on leży – my leżymy – wy leżycie – oni leżą **siedzieć:** ja siedzę – ty siedzisz – on siedzi – my siedzimy – wy siedzicie – oni siedzą

6. **1.** d **2.** h **3.** f **4.** a **5.** l **6.** k **7.** e **8.** b **9.** j **10.** g **11.** c **12.** i

7. **1.** a – F **2.** b – H **3.** c – C **4.** c – B **5.** c – K **6.** c – I **7.** d – E **8.** e – N **9.** a – A **10.** c – J **11.** c – M **12.** a – G **13.** a – L **14.** g – Ł **15.** f – D

8. A. **1.** c – K **2.** g – F **3.** h – G **4.** i – A **5.** l – B **6.** f – L **7.** b – H **8.** k – D **9.** a – I **10.** e – J **11.** j – E **12.** d – C
B. **1.** f – G **2.** e – A **3.** l – K **4.** g – H **5.** h – I **6.** d – E **7.** c – B **8.** i – J **9.** j – F **10.** b – C **11.** k – L **12.** a – D

9. **1.** f **2.** a **3.** h **4.** b **5.** j **6.** d **7.** i **8.** c **9.** e **10.** g

10. wieżowcu (wysokościowcu, wysokim/wielopiętrowym domu) – nie musimy – Przed drzwiami – przedpokoju – stojak – drzwi – zmywarkę • jest (znajduje się) – drzwiami – kanapę – nocują – meblościanka – odbiornik radiowy (radio) – podłodze – stoją – biurko – łóżku – ubrania (ubiory, rzeczy) – kwiatami • Pokój – Przy – drukarkę – szafie – śpi – nocna – ścianie – okna

11. A. panu Stawskiemu – twojemu (synowi) – naszemu kuzynowi – Kazikowi Bednarskiemu – inżynierowi Romanowi Turskiemu – dziadkowi – wnuczkowi – Jackowi Kowalczykowi – lwu
B. naszej cioci – Krysi (Solskiej) – Ani Sosnowskiej – Joli (Ratajczyk) – Izabeli Marczak – Iwonie – Irenie – mojej kochanej mamie – Hance – pacjentce – Renacie – Dorocie – Nataszy – myszy – młodzieży – wodzie – legendzie
C. czerwonemu jabłku – znanemu (muzeum) – dobremu gimnazjum – cielęciu – szczenięciu
D. (dobrym) lekarzom – znanym pisarzom – starym sąsiadom – pięknym paniom – nowym koleżankom – małym dzieciom – bezdomnym psom – czarnym kotom

12. **1.** naszej córce **2.** naszym gościom **3.** wszystkim dzieciom **4.** francuskim turystom **5.** miłemu sąsiadowi **6.** psu **7.** mojej siostrze **8.** babci **9.** kasjerce **10.** aptekarzowi **11.** pacjentowi **12.** Januszowi **13.** naszemu synowi **14.** waszej mamie **15.** mojemu kotu

13. **1.** Marek möchte sich mit mir treffen. **2.** Zum Geburtstag bekommt Magda von mir eine Blumenvase aus Porzellan. **3.** Es gibt einen Brief für dich. **4.** Ich grüße dich herzlich. **5.** Ich weiß nicht, wo Henryk ist. Er ist weder zu Hause noch auf Arbeit. **6.** Die Katze hat Hunger. Ich gebe ihr etwas Fisch. **7.** Marta ist krank. Ruf sie an! **8.** Dieses Buch ist wirklich interessant. Du musst es unbedingt lesen! **9.** Wir haben eine neue Wohnung. Wir müssen dafür irgendwelche Möbel kaufen. **10.** Dieses Radio ist kaputt. Karol wird es reparieren. **11.** Wann besucht ihr uns? **12.** Ihr könnt bei uns übernachten. **13.** Wir kommen zu euch am Sonnabend. **14.** Piotr will mit euch Karten spielen. **15.** Renata und Sylwia gehen ins Kino. Darf ich mit ihnen hingehen? **16.** Meine Tanten wohnen am Meer. Ich verbringe gern Ferien bei ihnen. **17.** Monika und Grzegorz machen eine Einweihungsfeier. Wir müssen unbedingt zu ihnen gehen und ihnen etwas für die neue Wohnung schenken.

14. **1.** c **2.** b **3.** b **4.** c **5.** a **6.** a **7.** b **8.** a **9.** b **10.** c

15. **1.** Pokażę im nasze mieszkanie. **2.** Czy znacie ją? **3.** Oni mają nowy samochód. **4.** Kupimy jej komputer. **5.** Kup jemu (mu) lody! **6.** Rozmawiamy o nich. **7.** One mieszkają w Krakowie. **8.** Idziemy do niego. **9.** Wracam od nich. **10.** Chyba sprzedam samochód jej./Chyba sprzedam jej samochód.**11.** Co damy jemu (mu) na imieniny? **12.** Jak dacie jemu (mu) na imię ?

16. **1.** krzesło **2.** lustro **3.** meblościanka **4.** fotel **5.** biurko **6.** dywan **7.** wersalka **8.** amerykanka **9.** lodówka **10.** prysznic **11.** wanna **12.** kredens **13.** taboret **14.** stół **15.** łóżko **16.** umywalka **17.** pralka **18.** tapczan **19.** obrus **20.** firanka **21.** ręcznik **22.** odkurzacz **23.** żelazko **24.** parapet **25.** piętro **26.** parter **27.** piwnica **28.** winda **29.** schody **30.** okno **31.** drzwi **32.** taras **33.** balkon **34.** wycieraczka **35.** domofon **36.** dzwonek **37.** ogród **38.** garaż **39.** podwórko

17. **1.** Pokażę im nasz ogród. **2.** Odwiedzimy ich jutro. **3.** Kupiłem je dla mamy. **4.** Gabriela rozmawia o niej z bratem. **5.** Mam dla niej aparat fotograficzny. **6.** Przyjedziemy do was w kwietniu. **7.** Pójdę z nią dzisiaj wieczorem do teatru. **8.** Wrócę od nich za dwie godziny. **9.** Podarujemy jej do nowego mieszkania serwis do kawy. **10.** Ożenię się z nią w lipcu.

18. **1.** parapetówkę **2.** kieliszki **3.** piętrze **4.** winda – schodach **5.** wycieraczka **6.** przedpokoju **7.** kuchni **8.** balkon

19. **1.** pojechać – jechać **2.** zjeść – jeść **3.** kupić – kupować **4.** zapytać – pytać **5.** odpowiedzieć – odpowiadać **6.** napisać – pisać **7.** zrobić – robić **8.** wypić – pić **9.** zadzwonić – dzwonić **10.** pokazać – pokazywać **11.** odwiedzić – odwiedzać **12.** sprzedać – sprzedawać

20. **1.** na urlop **2.** obiad **3.** kwiaty/owoce **4.** o drogę do muzeum **5.** na pytania **6.** list **7.** zakupy **8.** piwo **9.** do siostry **10.** miasto **11.** dziadków **12.** owoce/kwiaty

21. **1.** przeprowadzać się – imperfektiv **2.** kupić – perfektiv **3.** być – imperfektiv **4.** wisieć – imperfektiv **5.** odwiedzić – perfektiv **6.** stać – imperfektiv **7.** dać – perfektiv **8.** powiedzieć – perfektiv **9.** lubić – imperfektiv **10.** mieszkać – imperfektiv **11.** postawić – perfektiv **12.** wziąć – perfektiv, zjeść – perfektiv

22. **1.** budynek ośmiopiętrowy **2.** antena satelitarna **3.** deska do prasowania **4.** ręcznik kąpielowy **5.** łożko piętrowe **6.** kwiaty doniczkowe **7.** garaż podziemny **8.** kuchenka mikrofalowa **9.** stojak na parasole **10.** komplet wypoczynkowy **11.** domek jednorodzinny **12.** szafki nocne **13.** drukarka laserowa **14.** wykładzina podłogowa

23. **1.** c **2.** g **3.** a **4.** j **5.** f **6.** h **7.** b **8.** i **9.** e **10.** d

24. **1.** W siedmiopiętrowym bloku. **2.** Na trzecim. **3.** Szkoła, plac zabaw, hipermarket, stacja metra i stacja benzynowa. **4.** Z czterech. **5.** Biurko i regał. **6.** Jest grafikiem i pracuje głównie w domu. **7.** Jest salonem, jadalnią i sypialnią. **8.** Nie – potrzebna jest jeszcze kanapa. **9.** W łazience. **10.** Tak. **11.** Dwoje. **12.** I wanna, i prysznic

25. **1.** b **2.** a **3.** b **4.** b **5.** c **6.** a **7.** c **8.** a **9.** a **10.** b

26. **1.** f **2.** g **3.** ł **4.** b **5.** l **6.** m **7.** d **8.** a **9.** i **10.** o **11.** n **12.** e **13.** c **14.** k **15.** h **16.** j

27. **1.** c **2.** g **3.** b **4.** f **5.** k **6.** a **7.** i **8.** e **9.** l **10.** h **11.** d **12.** m **13.** j **14.** ł

28. **1.** Za – do **2.** za – na **3.** do – w **4.** W – z **5.** między – naprzeciwko **6.** Dla – na **7.** W – na **8.** Na – przy **9.** Na – nad **10.** do – w **11.** do – na **12.** W – po

29. **1.** stół kuchenny **2.** zmywarka do naczyń **3.** pralka automatyczna **4.** łóżko piętrowe **5.** lampa wisząca **6.** komplet wypoczynkowy **7.** kuchenka mikrofalowa **8.** drzwi wejściowe **9.** szafa na ubrania **10.** drukarka laserowa **11.** stojak na parasole **12.** wanna z prysznicem

Modul 6

1. A. późno – przepraszam – było – zapomniałem – martwiłam się – jestem – o – telefon

B. byłaś – razy – Byłam –stało – miała – poślizg – koniecznie – pewno
C. Zostałem – wyjdą – byłem – zrobić – jutro – samochód – centrum – Dzięki

2. **1.** e **2.** i **3.** l **4.** o **5.** c **6.** k **7.** ł **8.** m **9.** d **10.** a **11.** j **12.** n **13.** h **14.** g **15.** f **16.** b

3. **1.** wstał **2.** wziął – ogolił się **3.** wypił – jadł **4.** ubrał się – wyszedł **5.** pojechał **6.** przyjechał – lądował **7.** kupił – poszedł **8.** Czekał **9.** przeszła **10.** przywitał – wziął – poszli

4. **1.** Jesteśmy na urlopie nad morzem. **2.** Pogoda jest wspaniała. **3.** Codziennie przed południem chodzimy na plażę. **4.** Dzieci kąpią się w morzu, ja pływam, a moja żona najchętniej leży na kocu i opala się. **5.** Obiady jemy zwykle w smażalni ryb. **6.** Ryby bardzo nam smakują. **7.** Popołudnia czasem też spędzamy na plaży, a czasem chodzimy na spacery po lesie. **8.** Dzieci zbierają jagody, których jest tam mnóstwo. **9.** Potem jemy na podwieczorek jagody z cukrem i bitą śmietaną. **10.** Wieczorami czasem rozpalamy ognisko i razem ze znajomymi pieczemy kiełbaski.

5. **1.** b **2.** a **3.** c **4.** b **5.** b **6.** a **7.** c **8.** c **9.** a **10.** c

6. **1.** b **2.** a **3.** b **4.** a – b **5.** b **6.** a **7.** b **8.** b

7. wstał – musiał – odjeżdżał – wziął – ogolił się – ubrał – wypił – zadzwonił – czekał – trwała – były – wsiadł – kupił – zarezerwował – był – poszedł – zjadł – przyjechał

8. **A.** wstałem – musiałem – odjeżdżał – wziąłem – ogoliłem się – ubrałem – wypiłem – zadzwoniłem – czekałem – trwała – były – wsiadłem – kupiłem – zarezerwowałem – byłem – poszedłem – zjadłem – przyjechałem (für die weibliche Form: die Endung *-em* wird durch *-am* ersetzt, Ausnahme: odjeżdżał)
B. wstaliśmy – musieliśmy – odjeżdżał – wzięliśmy– ogoliliśmy się – ubraliśmy – wypiliśmy – zadzwoniliśmy – czekaliśmy – trwała – były – wsiedliśmy – kupiliśmy – zarezerwowaliśmy – byliśmy – poszliśmy – zjedliśmy – przyjechaliśmy
C. wstała – musiała – odjeżdżał – wzięła – (–) – ubrała się – wypiła – zadzwoniła – czekała – trwała – były – wsiadła – kupiła – zarezerwowała – była – poszedła – zjadła – przyjechała

9. **1.** W czwartek kurs polskiego skończył się już o trzynastej. **2.** Leszek Michalski miał dyżur w mediotece. **3.** Po obiedzie Roger poszedł do medioteki. **4.** Gilbert i Alice pojechali autobusem do Łazienek. **5.** Susanne chciała zwiedzić Zamek Królewski, dlatego pojechała na Plac Zamkowy. **6.** Larysa i Michaela nie miały ochoty na zwiedzanie. **7.** Wolały iść na lody.

10. **1.** der erste Sohn **2.** das zweite Kind **3.** das dritte Zimmer **4.** die vierte Etage **5.** der fünfte Tag **6.** der sechste Dezember **7.** die siebte Unterrichtsstunde **8.** das achte Auto **9.** die neunte Symphonie **10.** die zehnte Seite **11.** die elfte Nummer/die Nummer elf **12.** der zwölfte Monat **13.** der dreizehnte Mai **14.** die vierzehnte Woche **15.** der zwanzigste Geburtstag **16.** der dreißigste Jahrestag **17.** der vierzigste Kunde **18.** der fünfzigste Brief **19.** die zweiundsiebzigste Etage **20.** der hundertste Jahrestag

11. **1.** h **2.** f **3.** d **4.** l **5.** a **6.** j **7.** k **8.** e **9.** c **10.** i **11.** g **12.** b **13.** m **14.** ł

12. **1.** Przeczytałem (przeczytałam) dopiero pierwszy rozdział. **2.** Mieszkam na drugim piętrze. **3.** Ósmego kwietnia zdałem (zdałam) egzamin. **4.** Czwartego dnia urlopu zwiedziłem (zwiedziłam) zamek. **5.** Ta winda nie staje (nie zatrzymuje się) na trzecim piętrze. **6.** To był nasz pierwszy samochód. **7.** Pani Kowalczyk urodziła wczoraj ósme dziecko. **8.** Dziewiątego sierpnia jadę do Berlina. **9.** Czternastego marca przeprowadzamy się. **10.** Julia chodzi do czwartej klasy.

13. **1.** Dieses Zitat befindet sich auf der Seite 127. **2.** Wir wohnen am Schlossplatz, Nummer achtzehn. **3.** Gabriela hat im Deklamationswettbewerb den ersten Platz belegt. **4.** Als Hauptgericht nehme ich Gulasch mit Klößen und Rotkraut. **5.** Franciszek studiert Psychologie im sechsten Semester. **6.** Die Apotheke ist auf der anderen Straßenseite. **7.** Szymon isst schon das vierte Stück Torte! **8.** In der dritten Stunde haben wir Physik.

14. **1.** 14:27 **2.** 8:19 **3.** 0:03 **4.** 21:11 **5.** 7:15 **6.** 12:02 **7.** 18:57 **8.** 4:12 **9.** 9:00 **10.** 17:34 **11.** 15:00 **12.** 11:08 **13.** 2:15 **14.** 19:45 **15.** 15:28

15. **1.** dwudziesta pierwsza **2.** siedemnasta czterdzieści **3.** dwudziesta trzecia pięćdziesiąt osiem **4.** dwudziesta piętnaście **5.** szósta dwadzieścia trzy **6.** siedemnasta **7.** dwudziesta trzecia dziesięć **8.** szesnasta sześć **9.** ósma pięćdziesiąt pięć **10.** dwunasta dwadzieścia

16. **1. a:** später **2. a und b:** gleichzeitig **3. a:** früher **4. a:** früher **5. a und b:** gleichzeitig **6. a:** früher **7. a:** früher **8. a:** später **9. a:** früher **10. a und b:** gleichzeitig **11. a:** später **12. a und b:** gleichzeitig

17. **a.)** trzynasta szesnaście – szesnaście po pierwszej po południu **b.)** druga czterdzieści pięć – za kwadrans trzecia nad ranem **c.)** piętnasta pięćdziesiąt pięć – za pięć czwarta po południu **d.)** czternasta dziesięć – dziesięć po drugiej po południu

e.) zero piętnaście – kwadrans po północy **f.)** osiemnasta trzydzieści trzy – trzy po wpół do siódmej wieczorem **g.)** dwudziesta pierwsza dwadzieścia osiem – za dwie wpół do dziesiątej wieczorem **h.)** dwudziesta druga czterdzieści – za dwadzieścia jedenasta wieczorem **i.)** dziewiąta trzydzieści siedem – siedem po wpół do dziesiątej **j.)** czwarta zero jeden – minuta po czwartej rano **k.)** piąta czterdzieści osiem – za dwanaście szósta **l.)** szestasta pięćdziesiąt dziewięć – za minutę piąta po południu

18. 5 – 8 – 9 – 1 – 4 – 14 – 10 – 13 – 15 – 3 – 18 – 12 – 17 – 6 – 16 – 7 – 2 – 11

19. **1.** Grzegorz wstał dziesięć po siódmej. Umył się, ogolił i ubrał. **2.** Pięć po wpół do ósmej zjadł śniadanie. **3.** Za pięć ósma wyszedł do pracy. **4.** O ósmej wsiadł do samochodu. **5.** Dwadzieścia po ósmej przyjechał do szpitala. **6.** Od wpół do dziewiątej do jedenastej czterdzieści pięć przyjmował pacjentów w przychodni przyszpitalnej. **7.** O dwunastej poszedł na obiad. **8.** Od dwunastej trzydzieści pięć do dwunastej pięćdziesiąt przygotowywał się do operacji. **9.** Od dwunastej pięćdziesiąt pięć do czternastej dziesięć operował pacjenta. **10.** Od czternastej dziesięć do czternastej pięćdziesiąt przygotowywał dokumentację. **11.** Za dziesięć trzecia wypił kawę. **12.** Pięć po trzeciej rozmawiał z kolegami. **13.** O piętnastej czterdzieści zbadał nowo przyjętego pacjenta. **14.** O szesnastej dziesięć skierował pacjenta na oddział kardiologiczny. **15.** Od szesnastej piętnaście do siedemnastej dwadzieścia pięć omawiał z ordynatorem trudny przypadek. **16.** O wpół do szóstej skończył pracę i pojechał na dworzec. **17.** Za pięć szósta przyjechał na dworzec. **18.** Dziesięć po szóstej był na peronie i czekał na pociąg. **19.** Pociąg przyjechał o osiemnastej dwadzieścia trzy. Żona Grzegorza wysiadła z wagonu i Grzegorz przywitał się z nią. **20.** Pięć po wpół do siódmej wsiedli oboje do samochodu i pojechali do domu. **21.** Pięć po siódmej weszli do mieszkania. **22.** Za dwadzieścia ósma zjedli kolację i rozmawiali. **23.** Od dwudziestej pierwszej dziesięć do dwudziestej drugiej dwadzieścia Grzegorz czytał czasopismo medyczne. **24.** Za pięć wpół do jedenastej umył się i poszedł spać.

20. **1.** Mieszkamy na drugim piętrze. **2.** To jest nasze pierwsze mieszkanie. **3.** Kowalskim urodził się czwarty syn. **4.** Jacek wrócił o ósmej wieczorem. **5.** Byliśmy na urlopie od szóstego do dwudziestego pierwszego maja. **6.** Na drugim programie jest ciekawy film. **7.** Na przyjęciu czułam się jak piąte koło u wozu. **8.** Trzeciego dnia zwiedziliśmy zamek królewski. **9.** Czy może mi pan pokazać tamtą drugą akwarelę? **10.** W czwartym pokoju jest nasza sypialnia. **11.** Film zaczął się o dwudziestej. **12.** Co jest na drugie danie? **13.** Nasz autobus odjeżdża dokładnie o wpół do trzeciej. **14.** To jest moja sąsiadka z trzeciego piętra. **15.** Ciocia Sylwia obchodzi imieniny trzeciego listopada.

21. **1.** d **2.** h **3.** f **4.** b **5.** c **6.** g **7.** a **8.** e

22. **1.** i **2.** g **3.** a **4.** c **5.** f **6.** b **7.** e **8.** h **9.** j **10.** d

23. **1.** zjadła śniadanie **2.** chodziłam po sklepach **3.** poszedł na basen **4.** spędzili weekend **5.** zachorował na gruźlicę **6.** obchodzili srebrne wesele **7.** kąpały się w jeziorze **8.** spał do południa **9.** mówił po polsku **10.** zwiedzili muzeum

24. spędziliśmy – Polecieliśmy – zawiózł – był – była – kąpaliśmy się – Byliśmy – zwiedziliśmy – pojechaliśmy – braliśmy – pokazał – opowiadał

25. **1.** przyjechali **2.** kupiła – był **3.** chcieliśmy (chciałyśmy) **4.** byliście (byłyście) **5.** nauczyła się **6.** wpadł – udało się **7.** wrócił **8.** były **9.** przeprowadziliśmy się (przeprowadziłyśmy się) **10.** zjadłeś **11.** zgubił **12.** zdałem (zdałam)

26. **1.** W poniedziałek Laura odwiedziła chorą koleżankę. **2.** We wtorek kupiliśmy (kupiłyśmy) nowy komplet wypoczynkowy. **3.** W środę Michał i Tomek grali w szachy. **4.** W czwartek miałeś (miałaś) konferencję. **5.** W piątek mama pracowała do drugiej. **6.** W sobotę przyjechał do nas wuj Piotr. **7.** W niedzielę wszyscy poszli do zoo. **8.** W lipcu Franciszek pojechał nad morze. **9.** Dwa lata temu spędziliśmy (spędziłyśmy) urlop w Polsce. **10.** Latem dzieci często kąpały się w jeziorze.

27. **1.** Studiowałem (Studiowałam) na uniwersytecie w Monachium. **2.** W sierpniu przeprowadziliśmy się (przeprowadziłyśmy się) do Berlina. **3.** Wczoraj pracowaliśmy (pracowałyśmy) do godziny dwudziestej pierwszej. **4.** Moja sekretarka zarezerwowała dla nas trzy pokoje hotelowe. **5.** Pociąg do Krakowa już odjechał.

28. **1.** tak **2.** nie **3.** nie **4.** nie **5.** nie **6.** tak **7.** tak **8.** nie **9.** nie **10.** tak **11.** nie **12.** nie **13.** nie **14.** nie **15.** nie

Modul 7

1. A. zmęczona – pięć – kupiłaś – prezent – dwóch – sklepach – tym
B. urlopie – wycieczce – ciekawy – szesnastu – miast – muzeach – kilkanaście – dwustu
C. wieczór – pokoje – cztery – dostać –

piętnaście – jednoosobowe – pokój – trzecim
D. Chciałbym – jedenastego – trzecim – miałaby – byłyby – Proponowałabym – dwa – mogłoby – nazwisko

2. A. **D.**: dwóm godzinom **A.**: dwie godziny **I.**: dwiema godzinami **L.**: dwóch godzinach • **G.**: trzech aptek **D.**: trzem aptekom **L.**: trzech aptekach • **G.**: ośmiu ulic **A.**: osiem ulic **I.**: ośmioma ulicami • **D.**: pięciu szkołom **I.**: pięcioma szkołami • **G.**: kilku godzin **I.**: kilkoma godzinami **L.**: kilku godzinach • **G.**: siedmiu księgarń **D.**: siedmiu księgarniom **A.**: siedem księgarń
B. **D.**: dwóm zamkom **A.**: dwa zamki **L.**: dwóch zamkach • **G.**: siedmiu hoteli **D.**: siedmiu hotelom **A.**: siedem hoteli • **G.**: trzech domów **I.**: siedmioma domami **L.**: siedmiu domach
C. **G.**: dwóch panów **I.**: dwoma panami **L.**: dwóch panach • **D.**: ośmiu turystom **A.**: ośmiu turystów **I.**: ośmioma turystami • **G.**: wielu ludzi **I.**: wieloma ludźmi **L.**: wielu ludziach
D. **D.**: trzem krzesłom **A.**: trzy krzesła • **G.**: siedmiu okien **A.**: siedem okien **L.**: siedmiu oknach • **D.**: kilkunastu słowom **A.**: kilkanaście słów **I.**: kilkunastoma słowami **L.**: kilkunastu słowach

3. **1.** a **2.** c **3.** a **4.** b **5.** a **6.** b **7.** c **8.** a **9.** b **10.** a **11.** b **12.**a

4. **1.** trzy **2.** dwie **3.** pięciu **4.** sześciu **5.** cztery **6.** trzy **7.** sześcioma **8.** dwoma **9.** czterdziestu **10.** siedmiu **11.** pięć **12.** dwanaście **13.** siedemdziesiąt dwa **14.** siedem **15.** dwadzieścia osiem **16.** cztery **17.** dwadzieścia sześć

5. **1.** M **2.** M+F *(wahrscheinlich)* **3.** F **4.** M **5.** F **6.** M+F **7.** F **8.** M+F **9.** M **10.** M **11.** F **12.** M **13.** M+F **14.** F **15.** M **16.** M+F **17.** M+F *(wahrscheinlich)* **18.** M **19.** M+F **20.** M+F **21.** M **22.** F **23.** M **24.** M+F

6. **1.** Hania hat Briefe an vier Freunde geschrieben. **2.** Die Kowalczyks sind mit drei Kindern in den Zoo gefahren. **3.** Meine Oma hatte sechs Geschwister. **4.** Es fehlen noch drei Touristen. **5.** Auf dieser Station arbeiten vier Ärzte. **6.** Piotr und Sylwia haben zwei Kinder. **7.** Es fehlen Plätze für drei Passagiere. **8.** Ich muss drei Türen streichen. **9.** Das ist ein Konzert für zwei Geigen, ein Cello und einen Kontrabass.

7. **1.** Dostałem (dostałam) maile od siedmiorga kolegów. **2.** Mój dziadek miał ośmioro rodzeństwa. **3.** Nauczyciel rozmawia z siedmiorgiem uczniów. **4.** Moja przyjaciółka ma czworo dzieci. **5.** Moja suka ma sześcioro szczeniąt. **6.** Zarezerwowaliśmy pokoje dla trzydzieściorga gości. **7.** Brakuje walizek czworga pasażerów. **8.** W tej kancelarii pracuje siedmioro adwokatów. **9.** Już około dwadzieściorga klientów pytało o tę książkę! **10.** Na placu zabaw bawi się trzynaścioro dzieci. **11.** Profesor przeegzaminował już jedenaścioro studentów. **12.** W konferencji bierze udział czworo kolegów z mojego biura.

8. **1.** nie **2.** nie **3.** tak **4.** tak **5.** nie **6.** tak **7.** tak **8.** nie **9.** nie **10.** nie **11.** nie **12.** tak

9. **1.** d **2.** e **3.** b **4.** a **5.** j **6.** g **7.** c **8.** i **9.** f **10.** h

10. **1.** szkoła **2.** kino **3.** muzeum **4.** basen **5.** lodziarnia **6.** szpital **7.** kwiaciarnia **8.** muzeum **9.** bar **10.** biblioteka **11.** lodziarnia **12.** bar

11. **1.** d **2.** k **3.** l **4.** h **5.** f **6.** c **7.** b **8.** a **9.** g **10.** i **11.** j **12.** e

12. W budynku nr **2.** (**1.** sklep muzyczny **3.** przedszkole **4.** biuro podróży **5.** poczta **6.** lodziarnia **7.** hotel **8.** restauracja **9.** basen **10.** kino **11.** kwiaciarnia **12.** gabinet dentystyczny)

13. **1.** na obiad **2.** przystanek **3.** kościół **4.** szpital **5.** dworzec **6.** nocleg **7.** lotnisko **8.** przedszkole **9.** policja **10.** stacja benzynowa **11.** żłobek **12.** biurowiec

14. A. **1.** e – H **2.** f – E **3.** j – C **4.** a – D **5.** b – G **6.** g – F **7.** i – J **8.** c – I **9.** d – A **10.** h – B
B. **1.** f – B **2.** d – A **3.** a – D **4.** j – E **5.** i – G **6.** h – C **7.** c – H **8.** e – J **9.** b – F **10.** g – I
C. **1.** e – G **2.** f – A **3.** g – H **4.** j – C **5.** b – I **6.** h – D **7.** c – J **8.** a – E **9.** d – B **10.** i – F

15. **1.** c **2.** a **3.** f **4.** b **5.** d **6.** e

16. **1.** c **2.** a **3.** g **4.** e **5.** b **6.** j **7.** i **8.** d **9.** f **10.** l **11.** h **12.** k

17. **1.** słowniki – książki **2.** nadajemy paczki – wysyłamy listy – kupujemy znaczki **3.** spacerujemy – siedzimy na ławce **4.** kupujemy chleb – kupujemy bułki **5.** kupujemy bilet kolejowy – czekamy na pociąg **6.** zamawiamy okulary – dobieramy soczewki kontaktowe – oddajemy okulary do naprawy **7.** jemy zupę mleczną – zamawiamy naleśniki z serem **8.** nocujemy – rezerwujemy pokój **9.** prosimy o kredyt – podejmujemy pieniądze **10.** trenujemy – gramy w siatkówkę – uprawiamy gimnastykę

18. **1.** b **2.** h **3.** a **4.** j **5.** d **6.** g **7.** k **8.** e **9.** l **10.** f **11.** c **12.** i

19. **1.** Jeśli będziemy mieli dosyć pieniędzy, polecimy na Wyspy Kanaryjskie. **2.** Jeśli Ania kupi sobie rower, nie będzie chodziła do pracy pieszo. **3.** Jeśli chcesz jechać autobusem, musisz najpierw kupić bilet w kiosku. **4.** Jeśli pan jest studentem, przysługuje panu

bilet ulgowy. **5.** Jeśli będzie mi potrzebna gotówka, pójdę do banku. **6.** Jeśli samochód jest zepsuty, oddam go do warsztatu. **7.** Jeśli macie mało czasu, musicie wezwać taksówkę. **8.** Jeśli Adam chce studiować prawo, musi najpierw zdać maturę. **9.** Jeśli na parkingu nie będzie wolnych miejsc, zaparkujemy na ulicy. **10.** Jeśli chcesz kupić kwiaty, musisz iść do kwiaciarni.

20. **1.** ja **2.** on **3.** my **4.** one **5.** oni **6.** ty **7.** ona **8.** ty **9.** my **10.** ono **11.** ty **12.** wy

21. **1.** Kupilibyśmy kwiaty. **2.** Ela i Marcin pojechaliby do Sopotu. **3.** Jacek ożeniłby się z Beatą. **4.** Janusz miałby nowy samochód. **5.** Poszedłbym (poszłabym) idę na ryby. **6.** Pojechalibyście (pojechałybyście) na urlop. **7.** Paweł poszedłby do dentysty. **8.** Posłuchałbyś (posłuchałabyś) muzyki. **9.** Oglądalibyśmy (oglądałybyśmy) ciekawy reportaż telewizyjny. **10.** Karol i Dorota polecieliby do Lizbony. **11.** Mielibyśmy (miałybyśmy) problem. **12.** Iza i Marta przygotowałyby referat. **13.** Pojechalibyśmy (pojechałybyśmy) do centrum handlowego. **14.** Mechanik naprawiłby mój samochód.

22. **1.** d **2.** g **3.** a **4.** h **5.** j **6.** c **7.** b **8.** i **9.** f **10.** e

23. **1.** g **2.** f **3.** a **4.** j **5.** c **6.** i **7.** b **8.** e **9.** h **10.** d

24. **1.** Gdyby Martyna chciała kupić nowe buty, pojechałaby do centrum handlowego. **2.** Gdyby Artur nie miał komputera, poszedłby do kawiarni internetowej. **3.** Gdyby Monika nie lubiła kawy, zamówiłaby herbatę. **4.** Gdyby Michał interesował się malarstwem, często chodziłby na wystawy sztuki. **5.** Gdybym miał (miała) jeszcze trochę czasu, poszedłbym (poszłabym) na lody. **6.** Gdyby Franciszek chciał kupić fotele, pojechałby do sklepu meblowego. **7.** Gdyby Agnieszka nie miała wizy, nie mogłaby polecieć do Bostonu. **8.** Gdyby Barbara dobrze mówiła po francusku, mogłaby pracować w Brukseli. **9.** Gdyby Grzegorz nie lubił latać samolotem, musiałby jechać do Moskwy pociągiem. **10.** Gdyby bolał mnie ząb, musiałbym (musiałabym) iść do dentysty. **11.** Gdybyśmy chcieli kupić dom, wzięlibyśmy kredyt. **12.** Gdyby Jacek i Stefan mieli czas, zagraliby w szachy.

25. **1.** dni **2.** hotelu **3.** metrem **4.** muzeum **5.** statkiem **6.** rezydencji **7.** pałac **8.** parku **9.** targ **10.** stacji **11.** bazylikę **12.** cmentarz **13.** katedrę **14.** uniwersytet **15.** lotniska

26. **1.** a **2.** d **3.** d **4.** b **5.** b **6.** c **7.** c **8.** a **9.** d **10.** d **11.** a **12.** b

27. **1.** b **2.** d **3.** h **4.** g **5.** j **6.** a **7.** i **8.** e **9.** f **10.** c

Modul 8

1. A. panu – piersiowej – głowa – gorączkę – zbadać – oddychać – dni – lekarstwa – antybiotyk
B. środek – dorosłej – boli – głowy – recepty – lekarza – skierowanie
C. choroby – koklusz – wietrzną – operacje – wyrostek – lekarstwa – antykoncepcyjną
D. apteki – chory – zapalenie – lekarz – syna – schodów – mózgu – szpitalu

2. **1.** d **2.** e **3.** a **4.** f **5.** l **6.** h **7.** c **8.** j **9.** b **10.** i **11.** g **12.** k

3. **symptomy:** kaszel – mdłości – gorączka – katar – wysypka **części ciała:** noga – brzuch – głowa – ręka – plecy – oko – nos **choroby:** angina – świnka – grypa – zapalenie płuc – koklusz – odra **organy wewnętrzne:** serce – nerki – płuca – wątroba – żołądek **lekarstwa:** krople – czopki – maść – tabletki – pigułki

4. **1.** recepta **2.** okulista **3.** narkoza **4.** chirurg **5.** laryngolog **6.** szpital **7.** pielęgniarka **8.** aptekarz **9.** operacja **10.** strzykawka **11.** dentysta **12.** prześwietlenie **13.** pediatra **14.** skierowanie **15.** sanatorium

5. **1.** c **2.** f **3.** a **4.** b **5.** j **6.** d **7.** h **8.** e **9.** g **10.** i

6. **1.** a – H **2.** b – A **3.** c – E **4.** d – B **5.** e – J **6.** f – C **7.** g – G **8.** h – I **9.** i – D **10.** j – F

7. **1.** nos **2.** kolano **3.** pięta **4.** lekarz **5.** apteka **6.** narkoza **7.** masaż **8.** operacja **9.** płuco **10.** strzykawka

8. **1.** b **2.** b **3.** d **4.** a **5.** c **6.** b **7.** c **8.** c **9.** d **10.** a **11.** d **12.** a

9. **dać:** ty dasz – my damy – wy dacie **przepisać:** ja przepiszę – on przepisze – wy przepiszecie – oni przepiszą **wziąć:** ty weźmiesz – on weźmie – my weźmiemy **pójść:** ja pójdę – ty pójdziesz – wy pójdziecie

10. **1.** Wezmę **2.** przepisze **3.** pójdziesz **4.** wypiszę **5.** pojedzie **6.** poda **7.** udzielą **8.** sprzedamy **9.** zmierzy **10.** pójdę **11.** weźmiecie **12.** zamówię **13.** Zadzwonisz **14.** zaparzę **15.** dostanie **16.** przyniosę – zrobimy **17.** się przeziębisz **18.** przyjedzie **19.** pójdzie – odbierze

11. **1. i:** eine Überweisung ausstellen **2. f:** eine Wunde verbinden **3. k:** ein Antibiotikum verschreiben **4. h:** den Bauch röntgen **5. g:** Erste Hilfe leisten **6. d:** den Notarzt rufen **7. e:** Diät befolgen **8. b:** einen Zahn ziehen **9. a:** den Blutdruck messen **10. c:** das Rezept einlösen **11. j:** eine Spritze geben

12. **1.** da … skierowanie **2.** zrobi … zastrzyk **3.** przepisze … antybiotyk **4.** opatrzy … ranę **5.** prześwietlimy brzuch **6.** udzielą pierwszej

pomocy **7.** zrealizujemy receptę **8.** wezwę pogotowie **9.** wyrwie ząb **10.** zmierzę ... ciśnienie

13. **1.** lekarz **2.** pacjent **3.** pacjentka **4.** pacjent **5.** lekarz **6.** lekarz **7.** lekarz **8.** pacjent **9.** lekarz **10.** pacjent **11.** lekarz **12.** lekarz

14. e – b – a – f – d – g – h – c

15. c – g – a – h – i – d – l – b – j – e –k –f

16. **1.** ja będę szedł/szła **2.** ty będziesz miał/miała **3.** Marcin będzie brał **4.** Iwona będzie leżała **5.** dziecko będzie płakało **6.** my będziemy szukali/szukały **7.** wy będziecie prosili/prosiły **8.** oni będą czekali **9.** one będą kupowały **10.** ja będę czytał/czytała

17. **1.** będzie brała **2.** będzie robiła **3.** będą odwiedzali **4.** będzie chodziła **5.** będę przyjmował/przyjmowała **6.** będą bolały, **7.** będą mieli **8.** będą udzielali **9.** będziemy chodzili/chodziły **10.** będziecie uczestniczyli/uczestniczyły

18. **1.** Będę chodził/chodziła na masaż pleców. **2.** Jurek będzie zażywał lekarstwo. **3.** Magda będzie notowała sobie termin wizyty u lekarza. **4.** Lekarze będą usuwali pacjentowi wyrostek robaczkowy. **5.** Dentysta nie będzie wyrywał ci zęba. **6.** Weterynarz nie będzie szczepił psa przeciw wściekliźnie.

19. **1.** Ja nie będę brał/brała tych tabletek. **2.** Czy ty będziesz chodziła na masaże, Ewo? **3.** On chyba długo będzie leżał w szpitalu **4.** Pani Zofia nie będzie dostawała zastrzyków. **5.** Dziecko będzie brało antybiotyk. **6.** Henryk, Monika i ja będziemy uprawiali sport. **7.** Aniu, Kasiu, kiedy będziecie się szczepiły przeciw grypie? **8.** Chłopcy, kiedy będziecie chodzili na basen? **9.** Dzieci będą chodziły na gimnastykę korekcyjną. **10.** Rodzice będą podawali dziecku lekarstwa.

20. **1.** Nie będę kupował/kupowała syropu od kaszlu. **2.** Marek nie będzie chodził na fizjoterapię. **3.** Monika nie będzie kupowała tabletek przeciwbólowych. **4.** Lekarz nie będzie badał dziecka. **5.** Nie będziemy wzywali/wzywały pogotowia. **6.** Siostra nie będzie robiła pacjentowi okładu. **7.** Nie będę brał/brała tabletki od bólu głowy. **8.** Nie będziemy dzwonili/dzwoniły po lekarza. **9.** Nie będziemy prosili/prosiły o pomoc. **10.** Nie będę się szczepił/szczepiła przeciw grypie.

21. **1.** twój **2.** swoim **3.** swoje **4.** swojego **5.** swoim **6.** mój **7.** Nasze **8.** swoje

22. **1.** jej **2.** swoich **3.** twojej, swoim **4.** wasz **5.** Nasze **6.** mojego **7.** moje **8.** jego **9.** swojego **10.** mojego

23. A. **mein Herz:** moje serce – mojego serca – mojemu sercu – moje serce – moim sercem – moim sercu **mein Bauch:** mój brzuch – mojego brzucha – mojemu brzuchowi – mój brzuch – moim brzuchem – moim brzuchu **mein Bein:** moja noga – mojej nogi – mojej nodze – moją nogę – moją nogą – mojej nodze
B. **meine Eltern:** moi rodzice – moich rodziców – moim rodzicom – moich rodziców – moimi rodzicami – moich rodzicach – moi rodzice! **meine Kinder:** moje dzieci – moich dzieci – moim dzieciom – moje dzieci – moimi dziećmi – moich dzieciach – moje dzieci!
C. **unser Arzt:** nasz lekarz – naszego lekarza – naszemu lekarzowi – naszego lekarza – naszym lekarzem – naszym lekarzu – nasz lekarzu! **eure Apotheke:** wasza apteka – waszej apteki – waszej aptece – waszą aptekę – waszą apteką – waszej aptece **euer Medikament:** wasze lekarstwo – waszego lekarstwa – waszemu lekarstwu – wasze lekarstwo – waszym lekarstwem – waszem lekarstwie
D. **unsere Ärzte:** nasi lekarze – naszych lekarzy – naszym lekarzom – naszych lekarzy – naszymi lekarzami – naszych lekarzach – nasi lekarze! **eure Rezepte:** wasze recepty – waszych recept – waszym receptem – wasze recepty – waszymi receptami – waszych receptach

24. **1.** c **2.** a **3.** b **4.** b **5.** d **6.** a **7.** c **8.** a **9.** d **10.** a

25. **1.** twoje **2.** swojego **3.** mojej **4.** naszego **5.** swoim **6.** swoich **7.** swoim **8.** swoich **9.** naszego **10.** twoimi, twojej **11.** mojej **12.** moje

26. **1.** okulary **2.** ginekologa **3.** pogotowie **4.** gorączkę **5.** ciśnienie **6.** dietę **7.** narkozę **8.** apteki **9.** dzieci **10.** skierowanie

27. A. **1.** c **2.** f **3.** d **4.** h **5.** a **6.** b **7.** e **8.** g
B. **1.** e **2.** c **3.** d **4.** a **5.** b **6.** h **7.** g **8.** f
C. **1.** g **2.** e **3.** b **4.** c **5.** h **6.** d **7.** a **8.** f
D. **1.** b **2.** d **3.** f **4.** h **5.** a **6.** g **7.** c **8.** e
E. **1.** c **2.** a **3.** d **4.** g **5.** f **6.** h **7.** b **8.** e

28. **1.** d **2.** g **3.** a **4.** e **5.** b **6.** c **7.** f **8.** h

29. **1.** trzech **2.** kaszel **3.** gardła **4.** zadzwoniła **5.** przychodni **6.** inni **7.** czekać **8.** Karolinę **9.** ciśnienie **10.** lekarstwa **11.** pięć **12.** miała

30. **1.** Do Basi. **2.** Od trzech dni. **3.** Jednoosobowy z łazienką, balkonem, telefonem i telewizorem. **4.** Po obiedzie. **5.** Po kolacji. **6.** Półgodzinna gimnastyka. **7.** Kąpiele borowinowe, inhalacje, masaże i gimnastykę w wodzie. **8.** Po lesie lub w uzdrowisku. **9.** Rower. **10.** Za pół godziny. **11.** Chce posiedzieć w ogrodzie i poczytać książkę. **12.** Tak, masaż o trzeciej. **13.** Chce popływać. **14.** Czwartek. **15.** Pojechać na rowerze do miasteczka.

Modul 9

1. A. pogoda – śnieg – słońce – was – nartach – zima – pada – plecaki
B. upał – trzydzieści dwa – lato – dni – burza – dnia – spać – basen
C. październik – słoneczne – niebieskie – jesieni – złotej – słonecznie – plucha – wiatr
2. **1.** d **2.** e **3.** a **4.** h **5.** b **6.** c **7.** f **8.** g
3. **1.** Adverb **2.** Adjektiv **3.** Adverb **4.** Adverb **5.** Adjektiv **6.** Adverb **7.** Adjektiv **8.** Adverb **9.** Adjektiv **10.** Adjektiv
4. **Adverb:** kolorowo – zimno
Adjektiv – m: ładny – słoneczny – ciepły – zimny – dobry – brzydki – deszczowy – pogodny – pochmurny **f:** jesienna – słoneczna – ciepła – kolorowa – gorąca – zła – brzydka – deszczowa – pogodna – pochmurna
n: ładne – jesienne – kolorowe – zimne – gorące – dobre – złe – deszczowe – pogodne – pochmurne
5. A. **Dzisiaj jest: 1.** pogodnie **2.** zimno **3.** ciepło **4.** deszczowo **5.** upalnie
B. **Dzisiaj jest: 1.** brzydki **2.** ładny **3.** chłodny **4.** wietrzny **5.** przyjemny **dzień**
6. **1.** zimno **2.** pochmurne **3.** ładna **4.** ciepła **5.** ulewny **6.** mokra **7.** mokro **8.** lekki **9.** sucho
7. **Komparativ:** chłodniej – cieplej – ładniej – pogodniej – weselej – smutniej – krócej – ciszej – lepiej – dalej – bliżej – ciemniej
Superlativ: najzimniej – najcieplej – najładniej – najgoręcej – najpogodniej – najsmutniej – najdłużej – najmniej – najwięcej – najgorzej – najciemniej
8. **1.** mniej – najmniej **2.** goręcej – najgoręcej **3.** zimniej – najzimniej **4.** cieplej – najcieplej **5.** przyjemniej – najprzyjemniej **6.** chłodniej – najchłodniej **7.** więcej – najwięcej **8.** krócej – najkrócej
9. **1.** c **2.** f **3.** k **4.** l **5.** b **6.** g **7.** e **8.** a **9.** d **10.** i **11.** h **12.** j
10. **1.** deszcz **2.** wiatr **3.** słońce **4.** mgła **5.** chmura **6.** ochłodzenie **7.** mróz
11. **linke Spalte:** gorszy – dłuższy – zimniejszy – tańszy – krótszy – silniejszy – ładniejszy – większy – mniejszy – przyjemniejszy – lżejszy
rechte Spalte: najlepszy – najweselszy – najcieplejszy – najdroższy – najmilszy – najsłabszy – najchłodniejszy – najgorętszy – najsmaczniejszy
12. **1.** lepszy **2.** wyższy **3.** nein **4.** bardziej interesujący **5.** chłodniejszy **6.** bardziej deszczowy **7.** słodszy **8.** bardziej słony **9.** cieplejszy **10.** imniejszy **11.** niższy **12.** nein **13.** nein **14.** szybszy **15.** większy **16.** mniejszy **17.** smutniejszy **18.** weselszy **19.** nein **20.** nein
13. **1.** c **2.** f **3.** a **4.** e **5.** b **6.** g **7.** d
14. **1.** dłuższe **2.** więcej **3.** większa **4.** dłużej **5.** chłodniejsza **6.** chłodniej **7.** lepiej **8.** lepszym **9.** ładniej **10.** ładniejsza **11.** cieplej **12.** najcieplejszy
15. **1.** c **2.** e **3.** k **4.** h **5.** j **6.** f **7.** i **8.** a **9.** g **10.** l **11.** b **12.** d
16. **1.** b **2.** a **3.** a **4.** b **5.** a **6.** c **7.** a **8.** b
17. A. **links:** któremu – którego/który – którym **mittig:** która – którą – którą **rechts:** które – któremu – którym
B. **links:** którzy – których – których **rechts:** których – którym – którymi
18. **1.** b **2.** a **3.** b **4.** c **5.** a **6.** c **7.** c **8.** c **9.** a **10.** b **11.** c **12.** a
19. **1.** g **2.** d **3.** a **4.** c **5.** e **6.** b **7.** f
20. **1.** g **2.** f **3.** a **4.** e **5.** c **6.** b **7.** d
21. **1.** e **2.** f **3.** g **4.** c **5.** a **6.** d **7.** b
22. **1.** który **2.** który **3.** która **4.** których **5.** który **6.** którym **7.** które **8.** który **9.** która **10.** której
23. **1.** Podczas urlopu mieliśmy kilka deszczowych dni, w czasie których zwiedziliśmy trzy muzea. **2.** Drogi spowija gęsta mgła, która uniemożliwia prowadzenie samochodu. **3.** Wreszcie pada deszcz, na który wszyscy czekali. **4.** Od tygodnia panują upały, które trudno wytrzymać. **5.** Wczoraj spadł śnieg, z którego dzieci bardzo się cieszą. **6.** Jest straszna ulewa, od której żaden parasol nas nie uchroni. **7.** We wtorek napłynie do nas niż, który przyniesie ochłodzenie. **8.** Kiedy wreszcie nadejdzie lato, które synoptycy zapowiadają od tygodnia? **9.** Pada deszcz i wieje silny wiatr, który wyryrywa ludziom z rąk parasole.
24. **1.** pogody **2.** dni **3.** zawieja **4.** parasol **5.** upał **6.** lawina **7.** tęcza **8.** wichura **9.** piorun **10.** chmury
25. A. **1.** kwietnia **2.** dłuższe **3.** świeci **4.** deszcz **5.** ptaki **6.** drzewa **7.** lato **8.** słoneczne **9.** deszczowe **10.** krótkie **11.** najcieplejszym **12.** wakacji
B. **1.** wrześniu **2.** słoneczna **3.** lato **4.** złota **5.** kwiaty **6.** gruszki **7.** owoce **8.** żółte **9.** barwę **10.** rzadziej **11.** wiatry **12.** deszcz
26. **1.** Krótko przed Bożym Narodzeniem. **2.** Nie. **3.** Był lekki mróz, po południu spadło trochę śniegu. **4.** Przez trzy tygodnie. **5.** Typowo wiosenna. **6.** W marcu. **7.** W połowie kwietnia.
27. **1.** d **2.** g **3.** j **4.** e **5.** c **6.** h **7.** i **8.** f **9.** b **10.** a

Modul 10

1. A. znajomi – filharmonii – dobrej – Polecam – lokal – trzeba – dużo
B. pana – zaparkować – wolno – prawo – pan – zjeść – parkingu – restauracja – niedroga
C. przyjadą – sobotę – pokój – trzeba – warto – Kraków – zarezerwować – noce – zwiedzania
2. **1.** Trzeba kupić bilety na koncert. **2.** Trzeba zrobić zakupy. **3.** Trzeba koniecznie zwiedzić zamek. **4.** Trzeba zarezerwować stolik w restauracji. **5.** Trzeba wszystko przygotować. **6.** Trzeba upiec tort. **7.** Trzeba pojechać do centrum. **8.** Trzeba przygotować program konferencji. **9.** Trzeba odebrać gości z lotniska. **10.** Trzeba zaprosić Monikę i Roberta.
3. **1.** Czy można otworzyć okno? **2.** Czy można prosić o pomoc? **3.** Czy można prosić o informację? **4.** Czy można skorzystać z telefonu? **5.** Czy można wziąć na chwilę ten słownik? **6.** Czy można prosić o rachunek? **7.** Czy można panią prosić do tańca? **8.** Czy można wejść? **9.** Czy można zapłacić kartą? **10.** Czy można coś dodać?
4. **1.** h **2.** b **3.** i **4.** l **5.** j **6.** a **7.** k **8.** c **9.** g **10.** d **11.** f **12.** e
5. **1.** Warto **2.** można **3.** Trzeba **4.** można **5.** wolno **6.** należy/trzeba **7.** warto **8.** wolno/należy **9.** trzeba/należy **10.** należy/można **11.** warto **12.** trzeba
6. **1.** Wir müssen noch Obst kaufen. **2.** Darf man hier rauchen? **3.** Hier darf man nicht parken. **4.** Man soll die Straße nicht bei Rot überqueren. **5.** Es lohnt sich, ins Museum zu gehen. **6.** Kann man wirklich nichts mehr tun? **7.** Sie dürfen nicht Auto fahren. **8.** Zuerst soll man denken, dann handeln! **9.** An dieser Stelle darf man nicht angeln. **10.** Wir müssen mit dem Hund zum Tierarzt gehen.
7. **1.** Trzeba zadzwonić do Anny. **2.** Gdzie można zapalić? **3.** Tutaj nie wolno palić. **4.** Warto iść / pójść do teatru. **5.** Należy/trzeba uważać przy parkowaniu / podczas parkowania. **6.** Trzeba pokazać gościom zamek. **7.** Nie trzeba jechać do biblioteki. **8.** Tutaj nie można pomóc. **9.** W tym miejscu nie wolno się kąpać. **10.** Trzeba oddać samochód do warsztatu.
8. **1.** d **2.** e **3.** h **4.** i **5.** a **6.** c **7.** g **8.** f **9.** b
9. **1.** Boże Narodzenie **2.** Wielkanoc **3.** Wszystkich Świętych **4.** Nowy Rok **5.** Boże Ciało **6.** Dzień Niepodległości **7.** Dzień Konstytucji
10. **Wielkanoc:** pisanki – święconka – mazurek – babka drożdżowa – baranek – Śmigus Dyngus – kraszanki – Droga Krzyżowa **Boże Ciało:** procesja **Wszystkich Świętych:** cmentarz – znicze **Boże Narodzenie:** choinka – kolędy – Święty Mikołaj – prezenty – Wigilia – pasterka – szopka
11. A. **1.** marca **2.** Tygodnia **3.** kościołach **4.** Sobotę **5.** wyłożonego **6.** drożdżową **7.** baranka **8.** wodą **9.** rodzina **10.** jajkiem **11.** wielkanocny **12.** wzajemnie
B. **1.** choinki **2.** grudnia **3.** kolorowych **4.** gwiazda **5.** pierwsza **6.** obrusem **7.** bezmięsne **8.** dwunastu **9.** owoców **10.** dobrobyt **11.** opłatkiem **12.** prezenty **13.** Mikołaj
12. A. **załatwić:** załatwiony – załatwiona – załatwione **kupić:** kupiony – kupiona – kupione **wypełnić:** wypełniony – wypełniona – wypełnione **zabronić:** zabroniony – zabroniona – zabronione **zamówić:** zamówiony – zamówiona – zamówione **zgubić:** zgubiony – zgubiona – zgubione **zapłacić:** zapłacony – zapłacona – zapłacone **znaleźć:** znaleziony – znaleziona – znalezione
B. **napisać:** napisany – napisana – napisane **kochać:** kochany – kochana – kochane **zwiedzać:** zwiedzany – zwiedzana – zwiedzane **zakazać:** zakazany – zakazana – zakazane **fotografować:** fotografowany – fotografowana – fotografowane **opowiadać:** opowiadany – opowiadana – opowiadane **wygrać:** wygrany – wygrana – wygrane **sprzedać:** sprzedany – sprzedana – sprzedane **ugotować:** ugotowany – ugotowana – ugotowane **zaparkować:** zaparkowany – zaparkowana – zaparkowane **schować:** schowany – schowana – schowane
C. **wypić:** wypity – wypita – wypite **popsuć:** popsuty – popsuta – popsute **odkryć:** odkryty – odkryta – odkryte **przeżyć:** przeżyty – przeżyta – przeżyte **uszyć:** uszyty – uszyta – uszyte
13. **1.** e **2.** a **3.** f **4.** h **5.** j **6.** b **7.** d **8.** l **9.** g **10.** k **11.** i **12.** c
14. **1.** zaproszeni – zastawionym **2.** zamówione **3.** przygotowane **4.** zarezerwowany **5.** wybudowany **6.** namalowany **7.** zdany **8.** zamknięta **9.** udekorowanej **10.** smażonego – suszonych **11.** haftowany **12.** zarezerwowane **13.** mrożoną – bitą **14.** zaproszonych **15.** upieczony
15. **1.** wziąć – adwokat **2.** upiec – tort **3.** zmarznąć – dziewczynki **4.** zmęczyć – matka **5.** zająć – miejsce **6.** zjeść – obiad **7.** przeczytać – tekst **8.** wypić – mleko **9.** sfotografować – obiekt **10.** namalować – portret **11.** zaszczepić – pies **12.** zbudować – dom **13.** uprasować – koszula **14.** uprać – pulower **15.** znać – aktorka

16. **1.** f **2.** h **3.** d **4.** a **5.** i **6.** m **7.** c **8.** b **9.** l **10.** n **11.** j **12.** e **13.** k **14.** ł **15.** g

17. **1.** imieniny **2.** urodziny **3.** wesele **4.** chrzciny **5.** Pierwsza Komunia Święta **6.** srebrne wesele **7.** złote gody **8.** Dzień Matki **9.** Dzień Ojca **10.**+**11.** Dzień Babci+Dzień Dziadka **12.** Dzień Dziecka **13.** Mikołajki **14.** Andrzejki **15.** Walentynki

18. **1.** nieprawda **2.** prawda **3.** prawda **4.** nieprawda **5.** nieprawda **6.** prawda **7.** prawda **8.** nieprawda **9.** prawda **10.** nieprawda **11.** nieprawda **12.** nieprawda **13.** prawda **14.** prawda **15.** nieprawda

19. **1.** b **2.** e **3.** f **4.** j **5.** a **6.** i **7.** d **8.** h **9.** c **10.** g

20. **ja** ♂**:** Ich sollte einen Tisch reservieren. **ja** ♀**:** Ich sollte einkaufen. **ty** ♂**:** Du solltest Marta einladen. **ty** ♀**:** Du solltest die Einladungen verschicken. **on:** Er sollte Blumen kaufen. **ona:** Sie sollte den Tisch decken. **ono:** Es sollte der Mutter gratulieren/die Mutter beglückwünschen. **my** ♂♂**:** Wir sollten einen Weihnachtsbaum kaufen. **my** ♀♀**:** Wir sollten das Zimmer schmücken. **wy** ♂♂**:** Ihr solltet die Geschenke verpacken. **wy** ♀♀**:** Ihr solltet Mohn- und Quarkkuchen backen. **oni:** Sie sollten Eier färben. **one:** Sie sollten zum Friedhof fahren.

21. **1.** Powinienem **2.** Powinnyśmy **3.** Powinniśmy **4.** Powinnam **5.** Powinnyśmy **6.** Powinienem **7.** Powinienem **8.** Powinniśmy **9.** Powinnyśmy **10.** Powinniśmy **11.** Powinienem **12.** Powinniśmy **13.** Powinnam **14.** Powinniśmy **15.** Powinnyśmy

22. **1.** Powinna **2.** Powinien **3.** Powinny **4.** Powinni **5.** Powinien **6.** powinny **7.** Powinny **8.** Powinni **9.** Powinna **10.** Powinien **11.** Powinni **12.** Powinna

23. **1.** d **2.** g **3.** a **4.** c **5.** j **6.** b **7.** i **8.** h **9.** e **10.** f

24. **1.** Powinniśmy (Powinnyśmy) zabrać namioty **2.** Powinienem (Powinnam) kupić jej prezent. **3.** Powinniśmy przygotować dobrą kolację. **4.** Powinien kupić kwiaty. **5.** Powinniśmy (Powinnyśmy) pojechać taksówką. **6.** Powinniście kupić choinkę. **7.** Powinniśmy przygotować pokój gościnny. **8.** Powinni wysłać zaproszenia.

25. **1.** wycieczkę **2.** stolicą **3.** siedzibę **4.** zbudowany **5.** obejrzeć **6.** Warto **7.** Wawelskim **8.** mówi **9.** ludzi **10.** znajduje się **11.** wyrzeźbiony **12.** rynku **13.** których **14.** otoczona **15.** Wieliczki **16.** soli **17.** sanatorium **18.** Warte **19.** kaplice **20.** kilkaset

26. **1.** również – także **2.** sławny **3.** obejrzeć **4.** poinformować **5.** doskonale – świetnie – wspaniale **6.** podarunek – upominek **7.** niedrogi **8.** śródmieście **9.** dzwonić **10.** dawniej **11.** kolekcja **12.** oprócz tego – ponadto **13.** aktualnie – teraz **14.** dostatek **15.** wróżba